BESTSELLER

[!]

Julio Scherer García, uno de los grandes periodistas mexicanos, realizó estudios de filosofía y derecho. Ingresó al periódico *Excélsior* en 1946, donde fue reportero de la fuente política, jefe de información, auxiliar de la dirección y director general (1968-1976). Fue fundador de *Plural* (1971), revista que dirigió Octavio Paz. En 1976, a consecuencia de un golpe orquestado por el entonces presidente Luis Echeverría, fue obligado a dejar la dirección de *Excélsior*. Al frente de muchos reporteros y colaboradores que abandonaron con él ese periódico, el 6 de noviembre del mismo año fundó la revista *Proceso*, de la que fue director general hasta el 6 de noviembre de 1996. Entre otros libros, es autor de *La piel y la entraña* (1965), *El poder. Historias de familias* (1990), *Salinas y su imperio* (1997), *El perdón imposible* (2005) y *La pareja* (2006). Ganó el premio Maria Moors Cabot en 1971. Fue designado periodista del año por la Atlas World Press Review de Estados Unidos en 1977. Recibió el premio Manuel Buendía en 1986 y rechazó el Premio Nacional de Periodismo en 1998. En 2002 le fue otorgado el Premio Nuevo Periodismo, de la Fundación Nuevo Periodismo Iberoamericano. En 2006 fue nombrado *doctor honoris* causa por la Universidad de Guadalajara.

JULIO SCHERER GARCÍA

Los presidentes

DeBOLS!LLO

Los presidentes

Primera edición en Debolsillo, 2007

D.R. © 1986, Julio Scherer García

Derechos exclusivos de edición en español reservados
para todo el mundo:

D. R. © 2007, Random House Mondadori, S. A. de C. V.
Av. Homero No. 544, Col. Chapultepec Morales,
Del. Miguel Hidalgo, C. P. 11570, México, D. F.

www.randomhousemondadori.com.mx

Comentarios sobre la edición y contenido de este libro a:
literaria@randomhousemondadori.com.mx

ISBN: 978-970-780-455-5
ISBN: 970-780-455-6

Impreso en México / *Printed in Mexico*

A mis compañeros

El abrazo de Luis Echeverría fue estrecho, intensa su manera de confiarme casi al oído:

«Será para bien de nuestros hijos».

Desde finales de 1968 había descendido sobre el país una tristeza agria, malsana. La matanza del 2 de octubre de ese año, el despotismo del presidente Díaz Ordaz, su desprecio por los intelectuales, su desdén por la prensa, su lejanía de la gente, todo formaba parte de una manera ingrata de vivir la vida.

Unos cuantos minutos estuve con Echeverría el 21 de octubre de 1969. La víspera había sido destapado como precandidato a la Presidencia de la República. Desde el primer momento sus partidarios se adueñaron de los pasillos y antesalas de la Secretaría de Gobernación. Era suyo el espacio, el aire. Lanzaban porras, gritaban sin cesar, cantaban. Echeverría sería candidato, presidente, dios, presidente-dios. Su toma de posesión tendría el significado de un cambio de estación en la naturaleza. Reverdecería el país.

Moya Palencia me había llamado a la dirección de *Excélsior* para que me reuniera con su jefe. «El licenciado desea saludarlo, ponerse a sus órdenes.» Al salir de Gobernación interpreté las palabras de Echeverría como una manera de anticiparme que el ritmo de la respiración cambiaría en Palacio. Duros y crueles habían sido los tiempos de Díaz Ordaz. Otro hombre al frente de la nación podría significar una nación distinta, me decía de regreso al diario.

En ese ánimo hubiera querido olvidar el 2 de octubre.

Aquella noche, en un telefonema urgente me había advertido el secretario de Gobernación que en Tlatelolco caían sobre todo soldados y a punto de colgar el teléfono había dejado en el aire la frase amenazadora: «¿Queda claro, no?». También hubiera deseado apartar la imagen de todos conocida: quince horas diarias en su despacho, servil a fórmulas y rutinas, pendiente de Díaz Ordaz hasta el celo, confundida la solidaridad con el servilismo. Otro tendría que ser el futuro, que el pasado había sido amargo, como nunca antes en los últimos sexenios.

Ante la mirada atónita del país, Echeverría logró su transfiguración. De un día para otro apareció en escena elocuente, vivaz, desenvuelto. Aprendió a sonreír, perdió peso. Si había sido tieso, arrojaba sacos y corbatas al guardarropa y ponía en circulación la guayabera. Si su estilo había sido el de un cortesano, el oído al acecho del superior, sus nuevas maneras eran las del hombre libre.

Su esposa también despertaba. De doña Ester Zuno se comentaba que había sido una luchadora social contenida por la rigidez y las ambiciones del secretario de Gobernación. El presente la revivía. Llamaba al candidato por su apellido, Echeverría, y en su voz había pasión y orgullo. Dejaba en claro que se dirigía a él como a un ciudadano. Echeverría era un nombre para todos y doña Ester aplazaba en público la hora de reunirse con su marido. Ella también deseaba oírse llamar como una igual entre iguales. «Dígame compañera», pedía.

Hablaba sin reposo el candidato. De un lado para otro, excitado siempre, era el movimiento continuo. Envuelto en un cierto aire indómito atraía poderosamente la atención de los periodistas, curiosos por vocación. Aun su cuello de toro y el tranco de sus piernas eran tema obligado de los reportajes y crónicas que daban cuenta minuciosa de las giras que emprendía por la República. Ofrecía el maná, ganado con el trabajo. Censuraba a los negociantes en el PRI y a los políticos en la iniciativa privada. Despreciaba el tiempo estéril, tiempo de reaccionarios y abogaba por una nueva actitud mental, otra manera de mirarnos a nosotros mismos para hacer de la existencia una hazaña cotidiana, tiempo de revolucionarios.

Resumía González Guevara, priísta notable:

—Es posible que haya nacido el líder que México necesita.

Sobre cubierta del transbordador «La Paz», la cara al muelle de Mazatlán, María Ester aguardaba al candidato. Ciudadana del ciudadano, atendía el parloteo de las señoras que viajaban con ella. La adulaban, decían que Echeverría era el carácter, el carisma, México en busca de su destino. Sin amor por las palabras, ensuciaban el lenguaje. Apoyados los brazos en la barandilla del barco con destino a La Paz, yo miraba a la multitud en tierra y observaba a la señora de Echeverría, a un metro de distancia. Me dijo, amable: «Viene con dos horas de retraso, pero no importa. Mire a la gente, Julio, constate su júbilo».

Precedido de un rumor ensordecedor, en el centro de un trajín frenético, envuelto en serpentinas, bañado por confeti de todos los colores, apareció exultante bajo los últimos rayos del sol. Sus brazos y sus manos eran aspas que saludaban a los cuatro puntos cardinales, su boca era un alarido a los rostros desconocidos que se le aproximaban con un ansia casi sexual. Hombres y mujeres avanzaban hacia él para tocarlo y gritarle incoherencias. La multitud se hinchaba y comprimía, bramaba, hacía sonar las matracas, desgranaba porras. Bajo el cielo en llamas, confundidos todos con todos, la alegría era como una epidemia, contagiosa. Finalmente, zarpó el transbordador «La Paz». A la distancia, quedaron los sueños de los soñadores.

Dueño del barco, sin rival, el candidato se dejaba cortejar por los políticos, los invitados, los periodistas que le acompañábamos. En las conversaciones personales sostenía la mirada en la mirada que lo hurgaba o se le rendía. En público su voz sobresalía y sus carcajadas retumbaban. Hacía sentir una personalidad de atleta, sin espacio para la fatiga. Rara vez iba al baño. Principiaban los cuchicheos: «Casi no duerme, ni orina, si no quiere».

En una mesa para cuatro personas, a lo largo de treinta y seis horas de travesía tuvo siempre a los mismos comensales:

11

Martín Luis Guzmán, Manuel Espinosa Iglesias y yo. Desde nuestro encuentro en Gobernación, tres meses antes, no había cruzado palabra con él. Ahora contaba con su compañía. Su sonrisa reencontraba la vida.

«En una frase, Luis, una sola ¿cuál será tu afán como presidente?» «Darles voz a todos los mexicanos, que cada uno conozca sus derechos y obligaciones y que los ejerza. Avanzaré en este camino tanto como pueda.» Le pedí una entrevista. Me dijo que más tarde y también que en su momento *Excélsior* se convertiría en un factor para enfrentar los retos que le esperaban como presidente de la República. Llegada la hora será un capitán valeroso, pensé.

Dos meses después lo vi de nueva cuenta, ahora en la Escuela de Agricultura de los Hermanos Escobar, en Chihuahua. Por la noche, en un salón a reventar, habló a maestros y alumnos con un fervor que no le conocía. Su pasión encendió al auditorio y él quedó a merced de los oyentes. Así es la palabra que comunica.

Un ayudante me indicó en voz baja:

—El señor quiere verlo.

—Acompáñame —me dijo Echeverría.

Juntos recorrimos la exposición agrícola montada en su honor. De reojo le miraba la frente, amplia y redonda como una bóveda. Allí no estaba su fuerza, intelectual no era. Su fuerza era el futuro, otra manera de amar y luchar por el país. Ofrecía la escisión de su propio pasado para hacerse creer. Me impresionó el escenario.

Había rostros tensos, ojos hipnotizados. La ansiedad de algunos transmitía angustia. El candidato podía cambiar la vida que quisiera, torcer el destino que le viniera en gana. No hay prestigio que se compare al prestigio del poder. Frente a una vitrina que exhibía objetos de uso común en el campo, le dije:

—Uno a uno te han acompañado en las giras los directores de los periódicos. Fui el último, ¿por qué, Luis?

—Son conocidas tus diferencias con el presidente.

—¿Es todo?, ¿de veras?

—Debo cuidar las formas. Ni siquiera para mí es fácil el trato con don Gustavo. Tú le conoces.

Solos entre la multitud, me emocionó su voz en sordina:

—Cambiarán las cosas. Ten paciencia.

Dos esferas minúsculas por ojos, las pestañas ralas, a la intemperie los dientes grandes y desiguales, la piel amarilla, salpicada de lunares cafés, gruesos los labios y ancha la base de la nariz, así era don Gustavo Díaz Ordaz. Algunas veces bromeaba acerca de su fealdad, pero si alguien le seguía el juego, estallaba su ira. Irritable, se vigilaba; desconfiado, se mantenía al acecho. Agobiado los últimos años de su vida, después de la tragedia de 1968 resguardó su intimidad. La fortificó tanto que hizo de ella una cárcel. Allí murió.

Un día me dijo que era como una espina y sudaba hasta empapar la camisa.

—No le creo —le dije.

—Sudo como un gordo.

—¿Usted?

—Me consumo.

Otro día me confió de su paso por la Secretaría de Gobernación, un pasatiempo en comparación con su responsabilidad de esos días: presidente de México.

—En términos humanos, no políticos ni históricos, ¿cuál es la diferencia? —le pregunté.

—Las cuerdas.

—No le entiendo, señor presidente.

—El secretario de Gobernación boxea en un ring protegido por cuerdas. El presidente de la República pelea en un ring sin cuerdas. Si cae, cae al vacío.

Me miró a los ojos:

—No puede caer.

—¿Y si lo tocan?

—No puede caer, le digo.

Otro día lo felicité por el discurso que había pronunciado ante el Congreso de los Estados Unidos. «Fue un mensaje valeroso, señor presidente», le dije.

«Al país se le necesita como al agua y al sol y se le ama como al fruto», me dijo a su vez. «No hay mexicano verdadero que no quisiera cobrarse las cuentas pendientes con los Estados Unidos. Son nuestra obsesión y para siempre habremos de repetirles que no olvidamos los agravios. Pero un discurso es algo más que una flecha que da en el blanco. Se lo digo yo. El discurso obedeció sobre todo a razones de consumo interno. Los gringos aceptan nuestras mentadas de madre. No les gustan, pero no pasa de allí.»

Lo conocí a mediados de siglo, en los tiempos remotos del presidente Ruiz Cortines. Ocupaba entonces la oficialía mayor de Gobernación. Rara vez bebía. Nunca lo vi fumar. Era esquelético y filoso. Dejaba al descubierto la carne viva. Era un haz de nervios.

Conversábamos sobre América Latina. «Viaje tanto como pueda», me aconsejaba entonces. Una noche, relajado Díaz Ordaz en Los Pinos, le pedí su intervención para entrevistarme con los jefes de Estado de Guatemala, Honduras, Paraguay, Ecuador, Brasil, Argentina, Santo Domingo. «Con el mayor gusto», me dijo al instante. Quise interrumpirlo, darle las gracias. «No vale la pena», me contuvo. A través de nuestras embajadas, Relaciones Exteriores concertaría las citas que me interesaban. Hablaría con el canciller Antonio Carrillo Flores. Él se encargaría de todo.

La víspera del viaje fui a Palacio. En ese tiempo despachaba el presidente en el Zócalo hasta las dos y media o tres de la tarde. Ese día, en el último momento asuntos urgentes habían reclamado su tiempo. Me deseaba éxito y a través del doctor Emilio Martínez Manautou me enviaba un sobre que más adelante podría serme útil.

Al entregarme el sobre me dijo sonriente el secretario del presidente:

—Me pide tu amigo que lo abras hasta que el avión haya despegado.

—¿Por qué hasta entonces?

—Ésas fueron sus instrucciones.

Rasgué el sobre. Calentaba billetes de cien dólares.

—No tiene sentido, Emilio.

—No vale la pena.

—Dale las gracias al presidente. Te lo ruego.

—No seas ridículo.

—De veras, gracias.

—Como quieras.

—Así.

Hubo un último argumento de Martínez Manautou:

—Ofenderás al presidente, tu amigo.

Paraguay fue el absurdo, Haití el horror. Por atención al gobierno de México, que había solicitado la entrevista, el presidente Alfredo Stroessner me recibiría sólo unos minutos. Fui advertido en la Casa Presidencial: la visita sería protocolaria.

Me vi frente a Stroessner, vestido de blanco. No hubo un gesto, una sonrisa. Me dio su mano como quien presta un objeto. Verde transparente me parecieron sus ojos redondos, abismales.

—Una pregunta, general.

—No está autorizada la entrevista.

—Una sola.

—Off the record.

—¿Por qué persiste el toque de queda en Asunción?

—Mi pueblo me lo pide. Mi pueblo quiere vivir en paz.

La miseria reinventó el azul de fuego en Puerto Príncipe, morado el cielo hasta herir los ojos. Sin una voluta que lo contamine, ni la brisa refrescaba la temperatura.

Al llegar, fui advertido por el embajador de México, Ernesto Soto Reyes:

«No dé limosna, pase lo que pase. Si entrega una moneda, la turba lo seguirá donde vaya, así sea el infierno». «Exagera, embajador.» «Véalos. No podrían ser más pobres.»

En el aeropuerto, entre muchos mendigos, vi un ser pequeñito, sin brazos, sin piernas, sin tronco. Era la cabeza, el pescuezo y algo que continuaba, informe. Babeaba el engendro. En el fondo de sus cuencas había dos canicas, refulgentes e inmóviles. Me ganó la náusea.

Al día siguiente, a las once, el sol rumbo a su apogeo, el embajador me acompañó a la entrevista con Francois Duvalier, Papá Doc. De botas negras, de saco y pantalones negros, blanca la camisa y negra la corbata de pajarito, nos recibió el tirano. Cerradas a piedra y lodo puertas y ventanas de su oficina, el calor nos asfixiaba. Transpiraban nuestros cuerpos, las paredes. No se permitió Duvalier una pausa para ofrecernos un vaso con agua. Las grietas de su cara eran negras, profundas. Sus ojos parecían pedruscos.

Publicada la entrevista a ocho columnas, el embajador de Haití en México aludió a una inadmisible falta de cortesía en la relación de nuestro gobierno con el presidente de su país. La presencia del embajador Soto Reyes en el despacho de Papá Doc avalaba las calumnias divulgadas por una pluma abyecta. Carrillo Flores me llamó a su despacho. Suavemente, conforme a su estilo, me pidió que preparara un texto. Sin darle satisfacciones a Duvalier, debería evitar que el incidente creciera hasta la posible declaratoria de persona non grata en contra de nuestro representante en Puerto Príncipe.

Vi al presidente.

—No haga caso —me dijo.

Insistí. Estaba preocupado.

—Duvalier es un hijo de la chingada —sentenció Díaz Ordaz—. Todavía agregó:

—¿Cree usted que me pueda importar lo que piense un hijo de puta?

Enredadas como cabelleras color castaño, las tres letras formaban una miniatura en los puños de la camisa crema del licenciado Díaz Ordaz. Bordadas a mano, trabajadas con primor, no podía apartar los ojos de esa *G*, de esa *D*, de esa *O*.

Dispuesto el ánimo para la conversación, abandonados los brazos sobre la superficie de su escritorio blanco, percibió el presidente mi ausencia, la mente quién sabe dónde.

—¿Qué le pasa?

—Su camisa, señor presidente.

—¿Qué?

—No, nada.

Sentí su irritación, su genio vivo.

—Las iniciales nunca se las había visto. Me llaman la atención, señor presidente.

—La camisa es de Sulka.

—¿De Sulka?

—Sulka de Londres. ¿Le gusta?

—Muy bonita.

—Hecha a la medida. La seda es de Pekín. Toque. Suave como el agua, acaricié la trama.

Tomó un lápiz. Imperativo, me dijo:

—Le voy a regalar doce con sus iniciales. Déme sus medidas.

—No las conozco. Mi esposa me compra la ropa. —Si no quiere no le regalo nada.

—Por favor, señor presidente.

Al despedirnos, me dijo:

—Entonces, ¿las quiere?

—Por supuesto, señor presidente.

—Tardan tres meses. En cuanto las reciba, se las hago llegar a su domicilio.

Menospreciaba don Gustavo a don Luis.

Un día me confió:

«Está verde».

Otro día:

«No crece. Conserva la mentalidad de subsecretario encargado del despacho».

Alguna vez:

«Si no tiene qué hacer, algo inventa. Le obsesiona el trabajo por el trabajo mismo».

Otra vez:

«Cada noche se hace leer por teléfono los editoriales de *El Nacional,* como si a alguien le importaran esos papasales».

También caía en la burla:

«Lo invité a jugar golf, temprano. Llegó al amanecer». Todo cambió a raíz de octubre de 1968, el mes de la matanza de Tlatelolco y de la fiesta olímpica.

Fui elegido director general de *Excélsior* el 31 de agosto de 1968. El país se endurecía, también el diario. Permanecí al lado de mi antecesor, don Manuel Becerra Acosta, hasta el día de su muerte. Fui su auxiliar. Afirmó en mí el orgullo por la profesión. Hizo del periodismo una convicción y una pasión.

El mismo día de la designación me llamó el presidente Díaz Ordaz por teléfono. Felicitaciones. Detrás de él, todos sus secretarios, los gobernadores, los senadores, los diputados. El milagro de la unanimidad es asunto ordinario en el gobierno. Llovieron telegramas de los prohombres de la iniciativa privada. En el edificio de Reforma 18 cantaron los mariachis, escuché promesas de lealtad, fui abrazado hasta quedar exhausto. Observada desde el exterior, la alegría es siempre igual a sí misma. Hacia adentro tiene mil lenguajes. No hay alegría sin una responsabilidad que la limite, alguna preocupación que la ensombrezca. No es como la euforia, una embriaguez. Menos como el éxtasis, que se da en el amor.

Eran los días de los estudiantes, posesionados del corazón de la ciudad. Sus manifestaciones por el Paseo de la Reforma,

rumbo al Zócalo, causaban tensión en el interior de la cooperativa. La multitud estallaba en injurias a su paso por *Excélsior.*
«Prensa vendida, prensa vendida», gritaba. Eran miles los puños
en alto, los rostros descompuestos, la ira en la piel.

No ocultábamos las noticias. Tampoco la magnitud del fenómeno. En aumento incesante, nuestras ediciones consignaban
desplegados de todos tamaños en apoyo al movimiento estudiantil. Aumentaba también el número de telefonemas a mi
oficina que recomendaban prudencia.

En nuestro oficio sabemos que no hay manera de resistir un
suceso. Es el vacío que se abre. Se traga al reportero, al cartonista, al escritor hecho en la tinta de la información. Me decía
el subdirector, Alberto Ramírez de Aguilar: «Un acontecimiento
me sacude. Cuando me acuesto, me duelen los huesos». En las
páginas del diario, el canto y la rabia estudiantil mezclados, se
abrían paso por sí mismos, inevitablemente.

Septiembre fue turbulento. Cayeron las formas hechas añicos.
Díaz Ordaz rechazó las solicitudes de audiencia de los estudiantes, pero les ofreció su mano desde Guadalajara. «Chóquenla»,
fue el desafortunado giro que empleó. Respondieron los estudiantes que primero analizarían la palma presidencial sometida
a la prueba de la parafina para comprobar si contenía o no re-
siduos de pólvora. Ni el eufemismo suavizó la brutalidad del
desprecio. En ese momento, Palacio Nacional se perdió para
siempre como viejo recinto de los dioses.

Frente a la injuria, rijoso, fue por la venganza el presidente
de la República. Efervescente la fiesta brava, aclamado como
figura Manolo Martínez, calculó Díaz Ordaz que el torero de
moda le ofrecía la oportunidad de la revancha. Conocí el nudo
de esta historia mezquina por motivos circunstanciales.

—El doctor Emilio Martínez Manautou desea comunicarse
con usted —me anunció Elena Guerra, mi secretaria, la noche
del viernes 17 de agosto de 1968.

—Tu amigo, el presidente, te pide por mi conducto que
destaques la entrevista que acaba de conceder a Manolo Mar-

tínez —ordenó casi—. Estuvieron juntos 35 minutos. Te anticipo que fue una conversación muy interesante.

—¿De veras, Emilio?

—Yo te ruego, Julio.

¿Díaz Ordaz taurófilo? Nada podía ser más falso. Por si alguna duda hubiera, el general Luis Gutiérrez Oropeza, jefe del Estado Mayor Presidencial, ha dejado constancia de los hábitos de don Gustavo. En el septuagesimoquinto aniversario de su nacimiento, el 12 de marzo de 1986, le dedica un pequeño libro y precisa: «Tenía afición por el box, el futbol y el beisbol. Practicó el basquetbol, la natación y el golf». De toros y toreros, nada. Sin embargo, la entrevista tuvo el despliegue de un suceso.

Esto, un ejemplo entre muchos, publicó en su portada la foto del presidente y de Manolo Martínez con este pie de grabado: «El licenciado Gustavo Díaz Ordaz recibió ayer, en su despacho, al fino diestro de Monterrey, Manolo Martínez. Durante media hora charlaron de toros, revelándose el licenciado Díaz Ordaz como un conocedor y gran aficionado de la fiesta brava». La maniobra era burda, a sabiendas. Pero de eso se trataba. Golpe por golpe.

Junto con otros fotógrafos, Jaime González había sido comisionado para que cubriera la información del mitin estudiantil en la Plaza de las Tres Culturas, anunciado para las 6 de la tarde del 2 de octubre. Ya entrada la noche, irrumpió en mi oficina. Quedó de pie, apoyadas las manos sobre el anticuado escritorio que heredé del señor Becerra Acosta. Descansaban las patas del mueble sobre cuatro angelitos de bronce con las alas en reposo.

—¿Qué te pasa, Jaime?

—Fue espantoso.

—Estás lívido.

—Pisé cadáveres. Blandos. Me sumía.

La cirugía y el periodismo remueven lo que encuentran. El periodismo ha de ser exacto, como el bisturí.

—¿Qué viste? Dime.

Me dio la espalda y se apartó unos pasos, descompuesto.

A la matanza de Tlatelolco se agregaba la angustia por la edición inminente. De esas horas crueles y lúcidas dan cuenta las ocho columnas de *Excélsior* la madrugada del 3 de octubre:

«Recio combate al dispersar el ejército un mitin de huelguistas». Y en el cintillo: «No habrá estado de sitio», afirma García Barragán.

Horas después, en la primera plana de *Últimas Noticias,* Jorge Villa Alcalá publicó una fotografía helada: zapatos y prendas abandonados en el zacate de la Plaza de las Tres Culturas.

Al crimen insensato dio vida el director del vespertino.

Abel Quezada, como todos, se mantuvo en el frenesí. Enviaba a Reforma 18 tres cartones diarios. «No quiero quedar fuera. Si un cartón no sirve, tendrás para escoger», me dijo al día siguiente de la tragedia. Antes de colgar el teléfono lo escuché, para sí: «Cabrones».

Fueron jornadas de prueba, el principio de una larga batalla entre el sometimiento y la libertad.

Convocó el presidente de la República a los representantes de los medios de comunicación el 5 de octubre a mediodía. Nos reuniríamos en el edificio de la Comisión Organizadora de la Olimpiada, en Lieja y Paseo de la Reforma. La cita era para conversar largo. Comeríamos juntos.

No llegó Díaz Ordaz. Martínez Manautou lo exculpó sin argumentos. «Contrariando sus deseos», empezó. Todos entendimos. Tlatelolco pesaba en el ánimo presidencial.

Había tensión en el comedor dispuesto para el agasajo. Algunas bromas, sin humor, endurecían el ambiente. Díaz Ordaz, coincidían los asistentes, era un patriota. Su mano firme había salvado la Olimpiada y conservaba limpia la imagen de México ante el mundo. «Estudiantes y alborotadores habían dejado al gobierno sin salida», argumentaban los profesionistas de la comunicación, eco de sus empresas.

Saludé a Martínez Manautou. Fue cordial. Su buena educación llega al refinamiento. Como un maniquí le sienta el traje. Rara vez filtra su rostro las turbaciones de las que nadie escapa.

No advertí el momento en que uno de los dos levantó la voz. Ignoro cuál sería mi grado de excitación, no el suyo. Estaba descompuesto.

—Traicionaste al presidente.

—No me digas eso.

—Quiere que lo sepas, que así entiende tu actitud.

Pregunté:

—¿Y tú estás de acuerdo?

—A nadie como a ti ha distinguido con su amistad. No esperaba una acometida así. Oscurecía la frase una relación de muchos años.

—No mezcles las cosas, Emilio. No tienes derecho.

Me acusó de parcialidad ante los hechos. Parapetados en el edificio Chihuahua, los provocadores habían disparado contra los soldados, de arriba-abajo. Resultaba incomprensible mi actitud. Organizó Martínez Manautou el asedio en contra mía. Sus palabras eran cargos: subversión, deslealtad, desorden, caos, patria, lealtad, patriotismo, valor, entereza y, como remate, la razón de Estado.

—Frente al desorden, el orden, óyelo bien. Sólo el Estado garantiza el ejercicio de la libertad, libertad con mayúsculas, la libertad que te permite hacer lo que haces.

—No hay brutalidad que ampare la razón de Estado —le dije, o le grité quizá.

Tampoco supe en qué momento apareció entre nosotros el arquitecto Pedro Ramírez Vázquez, presidente del Comité Organizador de la Olimpiada. Nos invitó a la mesa y de cuajo cortó la discusión airada. Éramos muchos. Sólo tengo presente al doctor Martínez Manautou. Nos pidió que veláramos por el país, hogar del mundo a partir del 12 de octubre. Pospongamos las querellas pendientes, que ya habrá tiempo de ventilarlas, resumía el mensaje que por su conducto nos transmitía el licenciado Díaz Ordaz.

—La factura la cobran terminados los juegos —dijo en los postres, frente a las copas semivacías. Algunas carcajadas festejaron la broma atroz.

Las puertas de Palacio fueron clausuradas para el director de *Excélsior*. Ciego que fuera, las miraba inaccesibles. Se me rechazaba con buenas maneras. No hay peor retórica que la cortesía. Enerva como un veneno dulce.

Medio octubre, todo noviembre y todo diciembre procuré entrevistarme con el licenciado Díaz Ordaz. La corrección era el estilo de la negativa invariable. «El señor presidente está enterado de su solicitud de audiencia y le envía sus saludos. A la primera oportunidad tendrá el mayor gusto en recibirlo.» Respecto del pasado, el presente quedaba trunco.

Yo pensaba que los enigmas de la política había que descifrarlos en Palacio y no aceptaba mi exclusión de sus salones embrujados. Una sensación de agobio llegó a dominarme. Además, no había ido tan lejos como hubiera podido y había violado zonas sagradas que juré respetar.

Era para mí un motivo de orgullo la presencia de don Alejandro Gómez Arias, por muchos años ajeno al quehacer periodístico, en la sexta plana de *Excélsior*. Fue escéptico el día en que me hizo entrega de su primer artículo.

—Será por poco tiempo —dijo.

—No, don Alejandro.

—La decisión la tomará usted, no yo.

El 27 de julio de 1968, frente a la rectoría de la Ciudad Universitaria, el rector Javier Barros Sierra había izado la bandera nacional a media asta. El duelo del Alma Mater condenaba al gobierno, que de un bazucazo había destruido un portón centenario de la Preparatoria Nacional, símbolo y obra de arte.

Gómez Arias, unida su historia personal a la historia de la Universidad, forjador de su autonomía, escribió sobre el tema con palabras como navajas. Me venció el temor a la libertad. Le dije que tenía en las manos un texto de Rosario Castellanos y que dos artículos sobre el mismo tema y en la misma plana editorial, frontales contra el presidente, me parecían excesivos. Le pedí comprensión, margen para la maniobra. Aplazaría la publicación de su artículo. Sin una palabra envió por sus cuartillas esa misma noche.

Los días, entretanto, transcurrían preñados. Tiempo intenso el de esos inicios de 1969. Cambiaba el país. Era voz pública que el presidente sufría alteraciones en su personalidad, confundida la introversión con la soledad. Su esposa, doña Guadalupe Borja, desaparecía de la escena pública. Corría el rumor: no resistió la tensión nerviosa. Temía por la vida de su esposo y la integridad de Gustavo, Guadalupe y Alfredo, sus hijos.

Llegó la noticia, al fin. El presidente me recibiría en Los Pinos. Llegó también la advertencia: cinco minutos.

Frío, de pie, me felicitó por el año nuevo y me preguntó por mi familia, no por mi trabajo; se interesó por mi salud, no por mis proyectos. A su vez me habló de su familia, no del gobierno ni de sus colaboradores; de su amigo de la infancia, Bautista, no del país. Abordó con desgano algún dato de su propia niñez y luego, sin que viniera a cuento, me dijo malhumorado:

—No hay manera de darle gusto a nadie. Si mis hijos van a la escuela en un automóvil usado, soy un avaro y un hipócrita. Si se presentan en un carro último modelo, soy un cínico y un hijo de la chingada.

—¿Y qué hace usted, señor presidente?

—Nada. Dejo que ellos decidan.

—Quisiera que habláramos del 2 de octubre, señor presidente.

—No.

—Le ruego.

—Le repito que no.

—Permítame insistir.

—¿De veras quiere que hablemos?

—Sí, señor presidente.

Ya sentados, el escritorio de por medio, me dijo:

—Sólo una pregunta: ¿continuará en su actitud, que tanto lesiona a México? ¿Continuará en su línea de traición a las instituciones, al país?

Vi sus pómulos saltados, la piel restirada, unos ojos sin color. Sentí la angustia en las pantorrillas. Quise ganar tiempo, enfriar su cólera. Tomé una cajetilla de cerillos abandonada sobre el escritorio y la elevé a la altura del rostro.

—Permítame.

—Diga.

—La cajetilla es una sola, señor presidente. Lo que usted ve no lo veo yo y lo que yo veo no lo ve usted. Existen respecto de Tlatelolco, por lo menos, dos puntos de vista. Conversemos, se lo ruego.

—Es inútil —cortó.

Siguió un periodo de acoso. Un grupo de trabajadores expulsados de *Excélsior* a principios de 1965 volvió a la carga en 1969. El gobierno cuestionó la legalidad de la cooperativa. En la serie de televisión «Anatomías», Jorge Saldaña le dedicó un programa a la casa editorial, «un antro». Fue insólito el titular de *El Día,* a ocho columnas, el 25 de agosto, remate de una campaña de difamación y desprestigio: «Miente *Excélsior*». *Excélsior* era tendencioso, amarillista, vendido a causas deleznables. Multiplicados sus disfraces, aparecía el poder por todos lados.

La suerte es una urdimbre tejida con paciencia. Ya en el gobierno de Miguel de la Madrid, olvidada la historia quién sabe dónde, no habría podido imaginar que un viejo antagonista, enemigo acérrimo en *Excélsior,* me revelaría con todo género de pormenores las maquinaciones que Díaz Ordaz y Luis Echeverría pusieron en juego para quebrantar al diario.

Jorge Velasco, secretario del Consejo de Vigilancia expulsado de la cooperativa en 1965, juró que regresaría triunfador al periódico. Al paso de los años observó cómo desertaban de la lucha muchos de sus compañeros, agotados en un empeño que a la postre juzgaron estéril. No perdió arrestos. Jorge Velasco volvería a la pelea en la primera oportunidad. La vio clara en 1969, poco después de Tlatelolco.

Lo encontré en casa del doctor Alejandro Gertz Manero, invitados ambos a una comida multitudinaria. Nos saludamos con naturalidad y conversamos de buen humor. Hablamos del presente y del futuro. Dejamos para más adelante el tiempo vivido, si acaso.

Hacia finales de 1984 circuló *Dos poderes*,* el testimonio de Manuel Becerra Acosta acerca de los sucesos del 8 de julio de 1976 y algunos apuntes de los años sesenta. Reapareció Velasco. «Quiero contarte lo que en verdad ocurrió en 1969 y en los años subsecuentes», me anunció un día, suya la iniciativa. «Igual que muchos compañeros de entonces, caí en la manipulación de Díaz Ordaz y de Luis Echeverría. Fui instrumento en sus manos, testigo de la intromisión del gobierno en la vida interna de la cooperativa. Fui protagonista. Viví como pocos ese tiempo de mierda y locura.»

—Cuentame, Jorge —le pedí.

—Sí, es tiempo —y me contó la historia:

Al término de una ceremonia en el Palacio de Bellas Artes, el presidente Díaz Ordaz y el licenciado Bernardo Ponce, compañero de Jorge Velasco desde 1965, conversaron unos minutos, conversaron a solas y conversaron recio. Allí mismo el presidente citó a Ponce para que pudieran hablar con calma. El día de su entrevista —me dice Velasco— fui a casa de Bernardo para conocer en caliente el resultado de la audiencia. Llegó jubiloso. Díaz Ordaz nos ayudaría, fueron sus primeras palabras. Al día siguiente nos reuniríamos con el secretario de Gobernación para impulsar la lucha contra las autoridades ilegítimas de *Excélsior*.

---

* Publicado por Editorial Grijalbo.

Echeverría nos recibió a la hora en punto y fue al grano, directo. Nos dijo que era difícil continuar la lucha, que estábamos desmantelados, que de 1965 a la fecha habíamos perdido fuerza, si en verdad alguna vez la habíamos tenido en el interior de la cooperativa. Le dijimos que podríamos hacer expulsar del periódico a un número importante de trabajadores y rehacernos rápidamente. Diez, se dijo en un principio. Cuarenta, acordamos a la postre. Se trataba de provocar una sacudida en Reforma 18. Caldearíamos los ánimos, sin duda, pero ¿bajo qué condiciones? Echeverría nos dijo que en un corto plazo podría restablecerse la legalidad en la casa editorial. Yo le pregunté, directo, quién se haría cargo, entretanto, de los compañeros expulsados, quién los mantendría, para hablar claro. «Gobernación», contestó directo también, con los ojos semicerrados. Nos pidió luego que en su oportunidad le hiciéramos llegar la lista de los trabajadores a los que habría que pagar sus percepciones y todo lo que hiciera falta, de acuerdo con las nóminas del diario. Nadie saldría perjudicado. Echeverría estaría al pendiente de todo.

Como primera medida, alquilamos una oficina en el número 68 de la avenida Juárez, edificio San Antonio, a unas cuadras de *Excélsior*. Gobernación cubriría la renta, el sueldo de la secretaria, el teléfono, la papelería, hasta el alcohol cuando hiciera falta, que a veces no hay como un huisqui para levantar el ánimo. Los viernes, día de pago en la caja de la cooperativa, serían también el día de pago en el despacho de San Antonio. Todo proveería Gobernación: enfermedades, percepciones, vacaciones, gratificaciones trimestrales, la gratificación de fin de año, de nada sería privado el grupo. Algunos, como el licenciado Ponce, Oliverio Duque, yo mismo, no aceptamos y nunca aceptaríamos el salario.

En un par de días hicimos expulsar de *Excélsior* a los trabajadores de que habíamos hablado en Gobernación. En *El Universal*, *El Heraldo* y algunos otros periódicos insertamos un mismo desplegado firmado por los cuarenta, violentísimo contra el poder ilegítimo de la cooperativa. Los resultados de la maniobra salieron a pedir de boca. Habíamos dado el primer paso. Apuntadas las baterías al objetivo, los pagos semanales empezaron a fluir al número 68 de la avenida Juárez. Todo marchaba.

Sin obstáculo real dimos vida a un viejo proyecto: la republicación de un órgano que denunciara los vicios de la cooperativa, sus abusos. *Excélsior libre* lo habíamos llamado en 1965. Circuló unos números. Ahora que Gobernación pagaba, Gobernación nos marcó el alto. Incurríamos en delito al usar el logotipo del diario. Afrontamos las consecuencias, dijimos. No, fue la respuesta.

En el tono persuasivo de una orden disfrazada sugirió Gobernación que eligiéramos a un maestro universitario de prestigio para que expusiera por la televisión los muchos males que aquejaban a la cooperativa. El especialista sentaría los principios de la ley. Nosotros, todo el grupo, seríamos los fiscales. Se trataba de provocar una conmoción dentro y fuera de *Excélsior*. La idea nos pareció excelente. Visité al licenciado Salvador M. Elías, ameritado profesor, personaje del foro, experto en derecho cooperativo. Aceptó. Lo recuerdo bien, brillante ante las cámaras de Jorge Saldaña, conductor impecable de los programas de «Anatomías», que así se llamaba la serie dedicada a grandes problemas nacionales.

Ya a solas, en una reunión que se prolongó por horas, me dijo don Salvador que abriéramos los ojos. Le parecía claro que el gobierno nos alentaba y nos desalentaba, nos dejaba volar y nos recortaba las alas. Jugaba con nosotros. Nos usaba.

Más tarde recordaría esta conversación dulce y amarga, sostenida en el tono de padre a hijo. Al despedirnos, me dijo: «Tenga presente, Jorge, que nacen y se desarrollan en el sistema mexicano discípulos aventajados de Maquiavelo. Recuerde la frase del filósofo florentino: "Divide y vencerás". Piense en los nuestros, que dicen: "Corrompe y vencerás"».

Nos llevó la locura no sé dónde. Un atardecer, reunidos en el edificio San Antonio, bromeábamos apenas y permanecíamos atentos al reloj, que avanzaba con lentitud exasperante. Esa noche, apoyados por fuerzas de choque de la CTM, tomaríamos *Excélsior*. Hacia las ocho, el licenciado Bernardo Ponce y yo nos trasladamos a la oficina de Fidel Velázquez para conocer las últimas instrucciones. Estuvimos unos minutos con el viejo líder. «Voy a consultar», nos dijo, la voz inalterable, como su rostro. Tras una breve espera, con la misma voz y la misma expresión, anunció, intemporal: «Cambiaron los planes». «¿Cómo, don Fidel?». Vio a lo alto y repitió a medias: «Cambiaron».

¿Recuerdas el mitin frente al edificio de *Excélsior,* Julio querido, una mañana soleada? Gobernación se ocupó hasta de sus últimos detalles, Gobernación lo planeó todo. Exhibimos mantas como un contingente de la Confederación Nacional de Organizaciones Populares. Las llevaron grupos de choque de Ciudad Nezahualcóyotl. Rodeados de policías, parte de la escenografía, arengamos a nuestro gusto esa mañana. Levantamos los puños, gritamos, juramos que habría justicia, prometimos nuestro pronto regreso a los linotipos, a la redacción, a los talleres de formación, a publicidad. Volveríamos a *Excélsior*. Allí mismo, eufóricos, decidimos caminar hasta el monumento a Juárez, casi enfrente de nuestra oficina en el edificio San Antonio. Prolongaríamos el mitin, la jornada terminaría con el día. Al invadir el mármol del Hemiciclo, dispuestos a la arenga, algunos policías nos suplicaron que regresáramos tranquilos a nuestras actividades cotidianas.

—¿Por qué? —preguntamos—. ¿Por qué?

La respuesta cayó del cielo, inapelable:

—Orden superior.

Nos sostenía la prolongada amenaza del gobierno contra los directivos de *Excélsior,* espada de Damocles que bailoteaba sobre sus cabezas y que tarde o temprano habría de caer y herirlos de muerte. La Secretaría de Industria y Comercio, a través de la Dirección de Fomento Cooperativo, había dicho por escrito que no había rigor en la casa editorial, que no ajustaba sus actos a las exigencias de la ley. Algún día la letra oficial iría más allá del papel y la tinta. Algún día sería tangible en actos de gobierno, pensaba.

El 2 de septiembre de 1970, al día siguiente del último informe de Díaz Ordaz al Congreso de la Unión, el director de Fomento Cooperativo nos hizo llegar un documento que nos llenó de ánimo. Enviado a los «Ciudadanos Luis Rojas, Ricardo Chávez, Pablo López y demás firmantes», decía:

En relación con la consulta que ustedes hacen a esta Secretaría (de Industria y Comercio) respecto a si la convocatoria suscrita por quienes se ostentan como presidente y secretario del llamado «Consejo de Administración de Excélsior Cía. Editorial, S.C.L.», para la celebración de una Asamblea General Extraordinaria el próximo 11 de septiembre, tiene validez legal así como la asamblea respectiva, informo a ustedes que esta Secretaría no tiene conocimiento legal de dicha convocatoria y que, de acuerdo con lo resuelto en nuestro oficio 04740014, Ex. 6 632.2 (725.1)/71, de 24 de julio de 1969, la Cooperativa Excélsior Cía. Editorial, S.C.L., se encuentra en situación irregular por no ajustar su funcionamiento a las disposiciones legales aplicables, por lo que la convocatoria a la asamblea de referencia no tiene validez alguna.

Atentamente. Sufragio Efectivo. No Reelección. El director. Y la rúbrica: Lic. Jorge F. Montúfar.

Llego al final, me dice Velasco.

Díaz Ordaz vivía el ocaso de su sexenio, Echeverría viajaba por la República como candidato y Mario Moya Palencia despachaba como encargado de la Secretaría de Gobernación. El licenciado Castillo Lavín, juez décimo de lo civil, tenía a su cargo el caso *Excélsior*. Moya Palencia le había recomendado que estuviera pendiente del asunto sin precisión mayor. En un momento oportuno le haría llegar alguna indicación.

Enterados de estos detalles, el licenciado Ponce y yo visitamos al juez. Lo encontramos en el mejor ánimo. Nos dijo que posiblemente fallaría el litigio en un tiempo breve. Al mediodía volví a su despacho y le supliqué, poseído, que dictara su fallo cuanto antes. Le dije que nos urgía tener la sentencia en las manos, acariciala, que llevábamos muchos años en esto, que la crisis emocional de algunos de nuestros compañeros era ya insoportable. Le dije que el caso no ofrecía mayores complicaciones desde el punto de vista legal. Sosteníamos que el libro de actas de la cooperativa contenía datos falsos y demandábamos la posesión de la caja de *Excélsior,* a la que teníamos derecho. Hablé sin reposo y me escuchó sin fatiga. Al despedirnos quedé con una grata sensación.

El lunes a primera hora, informados de la sentencia favorable, fuimos el licenciado Ponce y yo a Gobernación para compartir con el licenciado Moya la buena nueva, conversar con él, planear juntos las acciones inmediatas. Desde el inicio de la entrevista nos dimos cuenta de que la noticia le había tomado por sorpresa. Fue ríspido, cortante. Nos despedimos de él en un clima helado.

Ya en la calle el licenciado Ponce y yo, uno de los dos comentó:

—Esto ya se pudrió.

—Podrido estuvo siempre —dijo el otro.

—Te fuimos a ver ¿recuerdas?

Termina la historia.

—Tomamos café en el hotel El Presidente, de las calles de Hamburgo. Te pedimos el finiquito con *Excélsior.* Nos dijiste que consultarías con la cooperativa.

—¿Por qué me cuentas todo esto, Jorge? —le pregunté a Velasco.

—¿En verdad necesitas que te conteste?

—Sí, Jorge.

—Hay un poco de todo. Venganza, coraje. La mierda, Julio, que se airee.

Sin acceso a Díaz Ordaz, combatido *Excélsior* desde el gobierno, preguntaba a mis compañeros y me preguntaba a mí mismo acerca de las medidas que deberíamos tomar para enfrentar las circunstancias en que nos encontrábamos envueltos. Para todos era claro que el único punto que no podíamos discutir era la diaria afirmación de nuestra independencia como periodistas.

Conocíamos a la gran mayoría de nuestros colegas, inclinados ante el poder. El 7 de junio de 1969, Día de la Libertad de Prensa, aprovecharon la oportunidad para rendirle otra vez acatamiento al presidente Díaz Ordaz, como si lo necesitara tan explícito y servil. El orador oficial centró su discurso en los sucesos del 2 de octubre de 1968. Una ovación como no se había escuchado en estas celebraciones premió sus palabras. Inimitable maestro del lenguaje, Martín Luis Guzmán había dedicado su genio a la exaltación de Díaz Ordaz. Qué no le debía la República: libertad, tranquilidad, paz, orden, progreso.

La ovación seguía y seguía. Igual que una lluvia tenaz, obsesiva. De frente a centenares de periodistas, entre el secretario de la Defensa, general Marcelino García Barragán, y el secretario de Relaciones Exteriores, Antonio Carrillo Flores, yo permanecía con los brazos desmayados. Nada me haría aplaudir. Luis Javier Solana me hablaría más tarde de esa actitud, insólita en el presidium. También la comentaría con Federico Fasano, periodista argentino, amigo común, en términos elogiosos.

No podía haber adivinado Solana mi estado de ánimo. Volvía en esas horas del banquete ocho meses atrás. *Excélsior* había informado con honradez y veracidad acerca de los sucesos de Tlatelolco. Esto era cierto, pero no me engañaba. Habíamos escamoteado a los lectores capítulos enteros de la historia de esos días. Poco sabíamos de la vida pública de los presos políticos, menos aún de su intimidad, y habíamos evitado las entrevistas con ellos. Habíamos permanecido en la calle, presos nosotros frente a su cárcel. Sabía bien que en nuestras manos había estado la decisión de cumplir o no con ese trabajo, pero también sabía que el presidente no había propiciado el mejor clima para el desarrollo de una información irrestricta.

A solas, en mis pesadillas y temores, Díaz Ordaz me perseguía y yo lo perseguía a él. Díaz Ordaz para perjudicarme, yo para contener su ira. La obsesión es un círculo, la voluntad una línea recta que rompe el círculo o se degrada. Resuelto a escapar de mi propio ahogo, no sabía cómo enfrentar el problema. Daba vueltas sobre mí mismo, perplejo. Pensaba en el anverso del presidente Díaz Ordaz, el general Cárdenas. No me resolvía a pedirle una cita y conversar con él sin otro límite que su interés por escucharme.

Al paso de los días más y más me atraía el propósito. En el caso improbable de un rechazo del general, su actitud también representaría una enseñanza que habría de tomar en cuenta. Recurrí a uno de sus hombres de confianza, discreto, salvo con su jefe. Lo enteré de mi urgencia. En su estilo me hizo saber que en su oportunidad tendría noticia de él, si así se lo ordenaba.

Llegó la respuesta. Don Lázaro me hacía saber que conversaríamos tanto como yo quisiera. Sugería que me trasladara con dos compañeros de *Excélsior*, un reportero y un fotógrafo, al pueblito de La Libertad, en Michoacán. Nos ofrecía una avioneta y fijaba la fecha del encuentro.

Francisco Cárdenas Cruz, Mario Aguilera y yo saludamos al general Cárdenas en una escuela de niñas, todas vestidas de blanco. Cantaron en tarasco. Las voces eran como el agua, transparentes. No me atreví a preguntar si el coro había pronunciado mi apellido, que creí escuchar en la frescura del canto matinal.

—Te cantaron en su lengua y te dieron los buenos días. Te dicen las niñas que están contentas y agradecen que las visites —me dijo el general.

El sol la emprendía hacia su plenitud, pero aún hacía fresco. Solos el general y yo iniciamos una larga caminata. A nuestra izquierda corría el caudal de la presa Yosocuta, de la Comisión del Río Balsas.

Me sentí libre, sin frenos. Díaz Ordaz agredía a *Excélsior;* Díaz Ordaz se entrometía en la cooperativa; Díaz Ordaz vivía atormentado por la matanza de Tlatelolco; los muertos lo perseguían y perdía los escrúpulos; Díaz Ordaz era un hijo de la chingada.

Sin dejar de caminar, me sentí paralizado. No tenía derecho a valerme de expresiones ofensivas en una consulta con el ex presidente. Lo escudriñé completo, asustado yo. Miraba de frente el general y mantenía el paso. Recobré la confianza. De nuevo hablé sin una interrupción.

Estallaron mis nervios:

—Hablo sin parar, general, y usted permanece callado. Dígame algo, lo que sea, pero dígame algo. Le abro mi corazón y el suyo sigue cerrado a piedra y lodo.

—¿No entiendes? —me dijo.

—Explíqueme, general.

—Es que no entiendes, de veras.

Un leve movimiento de su labio superior anunciaba a veces una sonrisa.

—Injuriaste al presidente de México y no te detuve. ¿No te basta?

Nada podía objetar.

—Fui yo quien te pidió que vinieras con tus amigos, un fotógrafo y un reportero. No entiendes, de veras.

Me señaló una banca en un jardín poblado por árboles color esmeralda.

—Llama a tus compañeros. Me gustaría que nos tomaran unas fotos juntos.

—Gracias, general.

Instalados entre mesas rústicas, comimos al aire libre, confundido el general con hombres y mujeres que lo miraban en silencio. Apenas probaba bocado, pero simulaba apetito.

—En una de ésas, sin que se den cuenta, cambias tu plato por el mío.

Transcurrió una tarde melancólica. Al despedirnos me abrazó, quiero creer que largamente.

—Gracias por tu visita —me dijo.

Al día siguiente, firmada por Cárdenas Cruz, apareció a ocho columnas la crónica del encuentro. Manuel Becerra Acosta, el subdirector del periódico, sucesor de Alberto Ramírez de Aguilar, gerente de *Excélsior* desde hacía algún tiempo, seleccionó la fotografía para la misma primera plana. A tres columnas, de un cuarto de perfil el general, de perfil el director del diario, la imagen hablaría por sí sola.

Cerca el fin del sexenio de Díaz Ordaz, Elena Poniatowska me pidió unas fotografías de nuestro archivo para ilustrar la obra que terminaba: *La noche de Tlatelolco*. Eligió sin cortapisa. Al despedirnos le pedí que no revelara la procedencia de los documentos que llevaba consigo. Aún pensaba que el periodismo es un problema de equilibrio y contrapesos, arte acrobático con redes de protección.

En el libro de Elena no aparecen los créditos de las fotografías, muchas espeluznantes, bellas todas. Inútilmente me arrepentí de una decisión tan arbitraria. Cada foto tiene su propia historia y su autor: Jaime González, Rafael Escoto, Miguel Castillo y Carlos González. Ellos alumbraron las sombras de la noche terrible. Nadie tenía derecho a desconocer su esfuerzo. Como ninguna otra muerte, mata el trabajo anónimo.

La incertidumbre y la zozobra fueron constantes hasta el

último día del gobierno de Díaz Ordaz. Disuelto el mitin de Tlatelolco al precio de la sangre, la ilegalidad pesó descarada sobre el país. Contra la evidencia negaba el gobierno que las puertas de las cárceles se abrieran y cerraran a su antojo, como negaba también la existencia de prisiones clandestinas.

En una conversación reciente con el general Félix Galván López, jefe del Estado Mayor del general Marcelino García Barragán, secretario de la Defensa Nacional en tiempos del presidente Díaz Ordaz, confirmó lo que todos sabíamos menos el régimen. Autorizado como pocos para hablar de hechos que conoció a fondo, me dijo Galván, en su casa:

—En aquellos días de 1968 actuó como quiso la policía en un área del interior del Campo Militar Número Uno. Tuvo a su servicio instalaciones propias.

—¿Puedo publicar sus palabras, general?

—Sólo le he dicho la verdad. No tengo por qué ocultarla.

Es posible que el huevo de la serpiente que tanto hemos visto crecer desde entonces haya sido incubado en el periodo del presidente López Mateos. Durante su sexenio fue asesinado el líder agrarista Rubén Jaramillo; destruido el movimiento que encabezó Demetrio Vallejo; encarcelados miles de obreros; conocidos algunos casos de tortura, como el del profesor de Coahuila y líder ferrocarrilero, Rogelio Guerra Montemayor, a quien se hizo pasar por homosexual para tratar de explicar la furia desatada contra su cuerpo. También padecieron el encierro Vallejo y Valentín Campa. Fueron prisioneros del régimen el pintor David Alfaro Siqueiros, gloria nacional en la Rotonda de los Hombres Ilustres desde el 6 de enero de 1974, y Filomeno Mata, el hijo del patricio.

López Mateos, hombre bueno y sensible, según decían sus amigos, bohemio, más interesado en los artistas que en el arte, tuvo como brazo derecho a Díaz Ordaz desde el inicio de su gobierno. Ya avanzado el sexenio padeció el presidente dolores súbitos que le partían la cabeza en dos y lo aislaban por horas en un cuarto oscuro de Palacio, según cuenta su secretario particular, Humberto Romero. No parecería extraño que la relación fraterna de López Mateos y Díaz Ordaz hubiera marcado el principio de la era que hoy nos sobresalta y angustia.

El 1° de diciembre de 1958, a unas horas de ceñirse la banda de los símbolos y el poder, a punto de iniciar la jornada con los primeros acuerdos del día, el jefe del Estado Mayor Presidencial, general José Gómez Huerta, preguntó a López Mateos:

—¿Alguna otra instrucción, señor?

—Le encargo a Gustavito, general.

Siqueiros fue aprehendido por su enfrentamiento con el presidente de la República. En un viaje por Sudamérica con escala en las ciudades que poco después visitaría López Mateos en una gira anunciada con profusión, lo llamó impostor y entreguista. Hablaba Siqueiros en mítines encendidos, colmados los salones en los que participaba como orador principal, concedía entrevistas para todos los medios y no perdía oportunidad para emitir su opinión adversa a la política exterior de México.

De regreso a sus murales y a su país, mantuvo el ímpetu. De la mano políticos y periodistas libraron la gran batalla por el presidente de la República. Llamaron a Siqueiros «traidor a la patria, apátrida, renegado, mercenario, farsante, provocador, calumniador, agente del extranjero, artero, desleal, perturbador, desequilibrado, estúpido, infantil, intolerante, exhibicionista, insolente, presidiario, estafador, majadero, criminal de brocha gorda, paranoico, esquizofrénico, decrépito». El recuento lo hizo el propio artista en una carta que dedicó a sus impugnadores. Les decía, entre otras cosas:

«Traidor a la patria, apátrida y mucho de todo lo demás me llamaron cuando empecé a manifestar con mis otros colegas de profesión una ideología revolucionaria en la pintura mural, el grabado y el periodismo obrero».

Su captura fue fulminante, inmediato el traslado a Lecumberri, cárcel de la que no había horror que no se hubiera contado. «Disolución social», acusó el régimen.

Era estrecha mi relación con el muralista. Planeábamos escribir un libro juntos, sus memorias. Más allá de su buena voluntad para iniciar la tarea, cualquier propósito enfrentaba una realidad insuperable. Siqueiros vivía para vivir y vivir tenía un sentido: pintar.

Yo me acostaba con la decisión de visitarlo en la cárcel al día siguiente y me levantaba con el propósito de rumiar el asunto por la noche. Conocía la exaltación de Siqueiros, su capacidad para el sarcasmo y no me era difícil imaginar su rabia contra López Mateos. La ira sería su oración cotidiana. Indeciso, un mes arrastré los redaños.

Lo vi una mañana fresca, sin molde su nariz indescriptible. Vestía el uniforme azul del penal: pantalón y chaquetilla de tela áspera y un gorro con forma de barca.

«Don Julio, qué gusto.» Su abrazo fundió mi vergüenza.

En el polígono, corazón y punto de confluencia de todas las crujías de Lecumberri, entonaba Siqueiros el himno de su propia historia. Él hablaba como en un mitin en la plaza pública y yo escribía frenéticamente, como en una oficialía de partes, los diez dedos sobre el teclado de una máquina portátil. El arte, sus exposiciones, los murales, sus amores, el partido, Diego, Orozco, Trotsky, Stalin, la Brigada Azul, su familia, su abuelo Siete Filos, todo Siqueiros discurría sobre Siqueiros. Sus pulmones eran el viento del mundo. No fue un tiempo estéril el tiempo carcelario. Yo publiqué un pequeño volumen anecdótico, *La piel y la entraña,* y años después Angélica Arenal lanzó *Me llamaban el Coronelazo,*[*] obra autobiográfica que incorporó muchos de mis materiales.

---

[*] Publicada por Editorial Grijalbo en 1977.

Siqueiros llamaba a López Mateos El Mazmorras y se burlaba de él. Al presidente de la Suprema Corte de Justicia, Alfonso Guzmán Neyra, lo llamaba Gusaneira y se burlaba de él. De todos hacía cera y pabilo. Hablaba para sí, para mí, para los guardias pendientes de él, para los soplones, para los analfabetos que poco entendían y que en el tono de quien se dirige a Dios le decían «señor Sequeiro».

Le vi una vez una luz extraña en los ojos. Miraba a una mujer alta y entrona, discutidora, enojada porque una celadora le registraba la ropa, las axilas, las nalgas, el cuerpo entero en busca de mariguana.

—Igualita a mi tía Mercedes —dijo.

Contó, de un soplo:

—Las hermanas de mi mamá fueron todas mujeres verdaderamente extraordinarias. Hablando de la cárcel, ya que estamos aquí, vino en una ocasión a visitarme mi tía Mercedes, mujer de más de un metro ochenta de estatura y a la cual desgraciadamente poco antes de su visita le habían operado un seno, sin duda por amenaza de cáncer. Y sucedió que al hacerle la celadora el registro correspondiente, mi tía, un poco molesta por el toqueteo, le dijo: «¿Qué busca?». A lo cual la celadora le contestó: «A ver si trae algo de más». Entonces mi tía le dijo: «¿Cómo algo de más? Dirá algo de menos, pendeja. ¿No ve que me acaban de cortar una chichi?».

No había mañana ni tarde que no pintara con el olor de los colorantes hasta el fondo de la nariz, embarrados los materiales en la piel, metidos en las uñas, inyectados los ojos en sangre. Entre tóxicos que lo enfermaban, trabajaba con pasión iluminada. El día del cumpleaños de Angélica le regaló un ramo de flores inmensas, que no existen y eran de ella, flores que jamás se marchitarían.

Sentado entre el artista y su abogado defensor, Enrique Ortega Arenas, escuchaba hasta el agotamiento cómo el derecho, enfrentado al poder, es una forma de locura, historia abyecta sin desenlace posible. Algunas veces llegaba de visita el nieto de cinco o seis años e interrumpía la conversación entre su abuelo y su abuela. Con el índice en el gatillo de una pistola cargada con balines, el juguete a unos centímetros de los ojos verdes del pintor, a punto de disparar, a Angélica y a todos aterrorizaba el niño.

—¡Davicito! —le gritaba la abuela.

—¡Déjalo! —gritaba Siqueiros más fuerte. —Te va a dejar tuerto.

—Que me deje.

Siqueiros fue indultado por el gobierno el 11 de julio de 1963. El presidente López Mateos y el subsecretario de Gobernación, Luis Echeverría, firmaron el decreto que le abrió las puertas de la cárcel. En esos días Gustavo Díaz Ordaz, candidato a la Presidencia, recorría la República.

Desde la libertad recobrada, las monumentales fantasías del pintor cubrieron espacios gigantescos. Hubiera pintado las nubes sin importarle su vuelo. Volcado en su trabajo, olvidaba o posponía querellas.

Echeverría y Siqueiros se vieron la tarde del 2 de octubre de 1968 en la Secretaría de Gobernación. El pintor había solicitado audiencia para ocuparse de un asunto que incumbía a su hija Adriana. El país en tensión, conversaban sin soltura. Una llamada por la red precipitó a Echeverría a su cabina telefónica, preservada contra el ruido y contra cualquier mirada indiscreta. Sombrío, regresó Echeverría al despacho. «Se ha cometido un crimen», le dijo a Siqueiros. No aclaró qué clase de crimen. ¿Crimen contra las instituciones? ¿Crimen contra inocentes? ¿Emboscada contra el ejército? Equívoca la frase, la teñía de intención el testigo excepcional que la escuchaba.

Heberto Castillo, ex presidiario como Siqueiros y en la misma época que éste, volvió a la libertad contra su voluntad expresa, paradoja que nace de contradicciones en las que alguna vez todos nos vemos envueltos. Uno más en la lista de los presos liberados sin juicio por el Gobierno el 13 de mayo de 1971, se negaba a dejar la celda mientras alguno de sus compañeros continuara en Lecumberri. De nada valieron sus protestas. Sin firmar la boleta que lo hacía libre, volvió a la vida ilimitada.

Con alguna frecuencia coincidían Heberto Castillo y David Alfaro Siqueiros en el Hotel de México. El muralista llenaba de colores espacios inmensos y despertaba el interés de críticos de arte en el mundo entero. El ingeniero, experto en masas y resistencias, vigilaba la estructura del edificio, levantado con una técnica de su invención, la tridilosa.

Varias veces tocaron el tema de Tlatelolco. Siqueiros relataba su encuentro del 2 de octubre con Echeverría. Le constaba su turbación. Otro era el juicio de Heberto. «Echeverría es un simulador, un farsante», le decía a Siqueiros. Al tiempo, concluían.

A principios de agosto de 1968, en ascenso el movimiento estudiantil, Daniel Cosío Villegas se aproximó al diario. De la manera más natural me hizo saber su deseo de incorporarse a la sección editorial de *Excélsior*. Entregaría su colaboración semanal cada jueves a las doce en punto. Tendría un espacio fijo en la sexta o séptima plana. Sus textos constarían de mil palabras. Sólo por excepción se excedería o limitaría, dos o tres palabras de más o de menos, si acaso. No toleraría alteración alguna en sus artículos, «ni una coma», salvo consulta previa, sin misterios ni cábalas. Don Manuel Becerra Acosta, a dos semanas de su muerte, autorizó su inclusión en la nómina del periódico.

Desde el primer día advirtió el historiador que sometería a juicio al presidente de la República. Colmaban el pasado periodos por investigar, presidido el país por alguno que otro infeliz sin maneras ni ingenio para gobernar con justicia y sabiduría. Sólo a partir de la corrupción podía entenderse el periodismo acrítico acostumbrado en México. Eran muchos los crímenes contra la nación y eran pocos los que se atrevían a descorrer el velo que cubría a nuestros presidentes. Protegidos por la adulación y los intereses, no debía la opinión pública cuestionar sus actos de gobierno.

Fue entrañable mi relación con don Daniel, que se prolonga en doña Ema Salinas, su viuda admirable. Los lunes desayunábamos en Lady Baltimore, a unos metros de su oficina en el edificio Guardiola. Ni su voz, aguda y fuerte como un silbato, distraía de su charla envolvente. Cautivaba su naturalidad, una fresca soltura para analizar situaciones y personajes, sobre todo a los grandes, a Díaz Ordaz primero y a Luis Echeverría durante casi todo su sexenio. Repudiaba don Daniel la institución presidencial. «No ha nacido el hombre que pueda manejar con honestidad un poder absoluto», sentenciaba.

Cosío Villegas fue uno de los muchos escritores que enriqueció las páginas editoriales en periodos críticos que nos tocan muy de cerca. Su trabajo contribuyó a un mayor ascenso del diario, sostenido por una planta de reporteros notables. Entre reporteros y escritores privó un denominador común: su independencia frente al poder.

Algunos, como Adolfo Christlieb Ibarrola, presidente de Acción Nacional, dueño de una prosa implacable y del mejor espacio en la séptima plana, llegaron al desprecio. El día de su onomástico, cuatro días antes de la matanza de Tlatelolco, recibió un telegrama de felicitación fechado en Palacio Nacional, que respondió al instante:

México, D.F., a 28 de septiembre de 1968
Sr. Lic. Gustavo Díaz Ordaz
Presidente de la República
Palacio Nacional

Con pena devuelvo a usted su telegrama de esta fecha, dirigido al licenciado Adolfo Christlieb Ibarrola, expresándole sus mejores votos por su ventura personal, con motivo de su día onomástico.

Lamentablemente todos los informes recibidos concuerdan en que desde hace tiempo, el destinatario es persona totalmente desconocida para el remitente.

Atentamente.

Lic. Adolfo Christlieb Ibarrola

En la misma fecha escribió a Alfonso Martínez Domínguez, presidente del PRI:

Devuelvo a usted el telegrama que, firmado por Alfonso Martínez Domínguez, recibí el día de hoy, deseándome felicidades con motivo de mi onomástico.

Hace tiempo conocí una persona que llevaba el mismo nombre de usted, pero todos los informes recibidos concuerdan en que aquella persona murió, por lo que el simple nombre de un posible homónimo carece de significado para mí.

Al universitario Luis M. Farías, presidente de la Gran Comisión de la Cámara de Diputados en los días estremecedores del conflicto entre el gobierno y la UNAM, soldado fiel de Díaz Ordaz, enemigo público de la autonomía universitaria y del rector Barros Sierra, le envió el siguiente telegrama el día preciso de la Navidad de 1968:

México, D.F., a 24 de diciembre de 1968.

Sr. Lic. Luis M. Farías.

Presente.

Luisito:

Certero, aunque no nuevo, fue el diagnóstico sobre mis trastornadas facultades mentales que, para bien de México, gloria tuya y enmienda mía, ordenaste hacer público desde la tribuna de la Cámara de Diputados.

También te agradezco que el bochornoso comportamiento de los energúmenos injuriadores de mi familia, dentro del recinto parlamentario, haya quedado consignado en el Diario de Debates para escarmiento y perpetuo ejemplo de la juventud mexicana, por la que tanto y tan atinadamente has luchado. Tuve oportunidad de hacer ver a mis hijos, pero sobre todo a mis hijas y a mi mujer, el irreparable daño que a los ojos del pueblo de México causaron al prestigio y dignidad del Poder Legislativo. Lloraron sinceramente.

Dentro de este marco de locos y leperillos irresponsables, temo que el frágil bibelot que hoy se recibió en mi casa como obsequio navideño del C. Presidente de la H. Cámara de Diputados, pueda ser roto o empeñado con motivo de una de las frecuentes crisis de violencia o majadería que se suceden en esta caverna que es mi casa y la tuya también. Este penoso riesgo, que no puedo controlar, me obliga a devolvértelo. Feliz Navidad.

El 3 de enero de 1970, una vez más tuvo Alfonso Martínez Domínguez noticia cierta de la familia Christlieb. Ésta es la carta que recibió en sus oficinas del Comité Ejecutivo Nacional del PRI:

Estimado don Alfonso:
Recibí el regalo que usted mandó a mi casa. Lo agradezco como rasgo de cordialidad, pero no puedo aceptarlo.

Conozco la relación de trato político y personal que mi marido tuvo con usted en la XLVI Legislatura, y las posibilidades de avance democrático que Adolfo veía en una apertura de buena fe. Cuando Adolfo renunció a la presidencia de Acción Nacional señaló claramente la falta de buena fe en la otra parte, y declaró que él estaba física y políticamente agotado.

Quiero decir algo que explica mi actitud. De acuerdo con la expresa afirmación de los médicos, la noticia de los acontecimientos de Yucatán el 23 de noviembre impresionó en forma desastrosa a Adolfo, lo deprimió gravemente y apresuró su muerte. Adolfo era un hombre íntegro, de una sola pieza, sin divisiones arbitrarias de criterio ni de moral. Lo que Adolfo defendió en público lo practicó en su vida privada y, a pesar del dolor que me causa su ausencia, me parece digno de su vida que los hechos de Yucatán hayan acelerado su muerte.

Debe usted aceptar que para mí resulta incomprensible la conducta de quienes aniquilan al adversario leal mientras vive y luego lo ensalzan ya muerto. México necesita democracia y justicia entre los vivos y no coronas o conmemoraciones para los demócratas que mueren injustamente derrotados.

No tengo odio ni rencor. Pero tampoco puedo permitir que la memoria de Adolfo tranquilice conciencias culpablemente opuestas a la de mi marido, o borre las legítimas diferencias de campo y de bandera que Adolfo defendió con lealtad y respeto durante toda su vida.

Yo sentiría que al aceptar el regalo, me resignaría a considerar a mi marido indiferente frente a México en el otro mundo. Si algo ha de cambiar en la actitud política de usted, no será por el regalo a la viuda, sino por la fuerza de la amistad, del ejemplo y de la muerte de Adolfo.

Agradezco el regalo que usted envió y estoy segura de que entenderá por qué no puedo aceptarlo.

Atentamente.
Hilda Morales viuda de Christlieb

Diría Perogrullo que no hay manera de encontrar a un hombre libre entre hombres sumisos. Se da la libertad por un ánimo común o la libertad personal languidece y degenera. La libertad es una lumbre que necesita de muchas lumbres para ser lumbre verdadera. Tampoco existe el tirano solitario. Sus sombras lo siguen adonde quiera que vaya.

Afirmaba Echeverría que entendía su tarea como el esfuerzo complementario de una voluntad colectiva para hacer de México un país cada vez más libre. Libres todos, la nación también lo sería. «Coordinador de los esfuerzos nacionales», se llamó a sí mismo. A la prensa le decía que nada le importaba tanto como la libre difusión de las ideas. Podrían escudriñar los reporteros lo que les viniera en gana, que trabajaría bajo la inapelable luz del mediodía.

Sin sorpresa para nadie condenó Echeverría al gobierno de Tlatelolco. Dio forma a una idea redonda. Emisarios del pasado llamó a sus antagonistas, desechos de la historia. A Díaz Ordaz lo sepultó sin contemplaciones, más allá de la muerte, en el olvido. Nunca más pronunció su nombre. El 10 de junio de 1971, sueltos «Los Halcones» por las calles de la ciudad, observó impasible cómo iniciaban la acometida contra el regente Alfonso Martínez Domínguez y el jefe de la policía, Rogelio Flores Curiel.

Fui en ese tiempo un asiduo de la casa presidencial. Los Pinos y sus ritos, las oleadas de funcionarios y personajes citados a la misma hora por el presidente de la República, atendidos de la mejor manera y distribuidos como se pudiera, fueron el escenario ideal para mi trabajo. Allí topaba con quien quisiera y con quien no imaginaba, allí me hacía de citas y entrevistas para nutrir al diario de información privilegiada. En el barullo, Echeverría se hacía de espacio para conversar conmigo. Centinela de la libertad de expresión, me preguntaba:

—Entre tú y yo, ¿obstaculiza tu trabajo alguno de mis colaboradores?

—No, señor presidente.

—Si ocurre, me avisas. A través de Fausto.

Fausto Zapata, su jefe de prensa, poseía la virtud por excelencia de los hombres dotados para las relaciones públicas: ponía el mundo a los pies de los periodistas que le interesaban. Como si nada me estuviera vedado, abogué ante él por un sobrino entrañable, en la estampida de su juventud y sin pleno dominio sobre sus facultades mentales. Opinaban los médicos que en México no podría tratársele con posibilidades ciertas de éxito. Una clínica en el sur de los Estados Unidos sería el sitio adecuado para contener el mal que lo rondaba. Abierta mi relación con el poder, le pedí ayuda a Zapata. «Por supuesto», me dijo. «¿Con cargo al erario?», pregunté afirmativamente. «Por supuesto», corroboró.

La vida da vueltas y provoca revueltas. José Alvarado, presencia incomparable en las páginas editoriales de *Excélsior*, fue atacado por un cáncer en la garganta. Por las noches, ni prescindía de algunos huisquis que le quemaban las cuerdas bucales ni permitía que se le hablara del mal que lo destruía.

—Pepe —le dije un día—, tengo manera de hacer que lo examinen en Estados Unidos o en Europa, donde usted quiera. Me gustaría tratar el asunto con el presidente.

—No se atreva —me dijo—. Si de una ayuda se trata, sólo podría aceptarla de mi casa de trabajo.

Doña Ester formaba parte esencial del mundo efervescente de Los Pinos. Iba y venía como si se le acabaran las horas para salvar al país, ajena al tiempo que renacía en el tiempo y multiplicaba sus oportunidades para ayudar a las mujeres que la acosaban. Hija del político comunista José Guadalupe Zuno, gobernador de Jalisco veinte años atrás, luchaba por conservar un lugar en el corazón de su padre y hacerse de un sitio al lado de su marido priísta. De sus diferencias con el presidente daba cuenta involuntaria el poeta León Felipe, viejo amigo del matrimonio. Echeverría lo citaba. María Ester lo recitaba.

Otro era el ritmo en los espacios reservados a la vida familiar en la casa presidencial. Atendían la mesa del comedor dos jovencitas de uniforme azul celeste, recta la falda, ligeramente abierta la blusa de cuello blanco. Sus mangas hasta el antebrazo terminaban en una cenefa también blanca. El presidente acostumbraba preparar para sí y para los demás los tacos de frijoles refritos y estaba más al pendiente de los platos ajenos que de los propios. No hacía sonar la campana de plata colocada cerca de sus cubiertos y en un tono suave pedía a la muchacha que estuviera cerca de él: «Hija, por favor lo que sigue».

A doña Ester yo le confiaba problemas personales. Me parecía frágil su coraza de mujer dura. Alguna vez me preguntaba Echeverría por mi trabajo de reportero. Poco le contaba, porque sentía que se interesaba y desinteresaba casi simultáneamente por situaciones opuestas. Alguna vez, pensaba, podría escribir apuntes acerca de relatos escuchados o situaciones vividas con Bassols, Cárdenas, Lombardo, Siqueiros, Revueltas, Ruiz Cortines, personajes todos que me atraían por las más diversas razones.

En la casa alquilada de Bassols, en Tacubaya, me atreví un día a una pregunta inaudita seguida de una respuesta aún más inaudita:

—¿En verdad es muy inteligente el general Cárdenas, señor licenciado? —quise saber.

—Es muy pendejo —me dijo.

—Pero muy culto, ¿no?

—Por supuesto que no y deje de indagar. Cárdenas pertenece a una categoría privilegiada. Late la política en la yema de sus dedos, allí la siente y entiende, ¿comprende usted? Hay especies animales que conocen como nadie la dirección del viento, porque el viento lo llevan en el lomo como una segunda piel. Así es Cárdenas.

No podía olvidar a Vicente Lombardo Toledano y el mundo inimaginable de su vida hacia adentro. El 5 de abril de 1965, a los 71 años de edad, viudo, se casó con María Teresa Puente. Sin límite el romanticismo del ideólogo, en un extremo del jardín de su casa levantó un cobertizo. Bajo su protección sembró hierbas de olor: naranjo, laurel, hierbabuena, tomillo, vainilla. Allí acudía con María Teresa Puente para transformar de otra manera el mundo.

Revueltas se consumía hasta en las horas del reposo y ninguno era tan divertido como Siqueiros. Durante la inauguración de una de sus tantas exposiciones, rodeado de admiradores y admiradoras, una hermosa señora se lanzó sobre el pintor y le plantó un beso en la cara, tan cerca como pudo de los labios. Dominó el salón pletórico del Palacio de Bellas Artes la voz guerrera de Angélica:

—¡David!

Dio vuelta el rostro inocente del pintor:

—Pero, hija, mujer que besa en público no besa en privado.

Opuesto era el mundo de Revueltas, torturado en su desesperación por llegar al fondo de sí mismo, honrado hasta sangrarse.

Durante una expedición militar a las islas Revillagigedo, ordenada por el presidente Ruiz Cortines para que «un grupo de mexicanos reivindicara a nombre de la patria ese girón de tierra abandonada», Revueltas miraba en silencio el anillo plateado que lo rodeaba. Incorporado a la comitiva como periodista, recordaba *Los muros de agua* de su novela autobiográfica, sus días de presidiario en las Islas Marías. Ahora se perdía desde temprano en el blanco cobalto de parajes hirvientes y regresaba al campamento ya bien entrada la noche.

—¿En qué piensas, Pepe? —le preguntaba.

—Yo no soy para esto —decía.

—¿Te aburres?

—Me desprecio.

«Los políticos comemos sapos», solía decir don Adolfo Ruiz Cortines. «Plato grande para los políticos grandes, plato chico para los pollos.»

En su casa sin lujos del puerto de Veracruz, sigilosa la muerte en su recámara, varias veces lo visité en compañía de Teodoro Cesarman, su médico. Fuera de la cama, con frío o calor conservaba el ex presidente un abrigo hasta el tobillo, su saco de solapas inmensas, la corbata de pajarito y los pantalones de tubo. Vivía semiabandonado.

Le pregunté por su salud. «De mal en peor, como los años,

más y más pesados.» Le pregunté por su ánimo. «Regular. No abusamos del poder, pero no hicimos todo lo que debimos. Los ricos se hicieron más ricos.» Tuve la intención de bromear y le dije que al menos ya no tenía que tragar sapos, ex presidente como era. «Se equivoca, porque no sabe de esto. Ni la vejez puede con la política. Sólo la muerte la vence.»

Nos dijo también que los sapos no podían faltar en el menú para los dos tipos de comensales que conocía: unos que se sentaban a la mesa con entusiasmo y pedían más, acostumbrados al sabor nauseabundo del platillo, a la consistencia chiclosa de los sapos, a su baba. Otros que tragaban su ración con repugnancia y a solas hacían esfuerzos por vomitar. «Quedamos pocos. Viejo como estoy, hago por vomitar.»

La mañana del 10 de junio de 1971 jóvenes inermes fueron agredidos a la vista de miles de testigos horrorizados. Desfilaban por las calles de la ciudad, alborotadores y pacíficos, cuando oleadas de energúmenos les cayeron encima a palos y golpes de karate. Algunos murieron. Muchos escaparon, heridos. En el estupor, la voz serena del presidente ofreció justicia. Cesó al regente Alfonso Martínez Domínguez y al jefe de la policía, coronel Rogelio Flores Curiel. Enfrentaría el gobierno las consecuencias de la investigación, las que fueran. No habría un segundo Tlatelolco en el país.

El coronel Manuel Díaz Escobar, diplomado del Estado Mayor, fue señalado como autor de la acción brutal. Ya en las postrimerías del régimen de Díaz Ordaz había entrenado con rigor a un grupo de jóvenes atletas. «Halcones» se pusieron por nombre, feroces en la lucha y en la rapiña. Bajo el gobierno de Echeverría, el coronel Díaz Escobar ocupaba un puesto oscuro en el Departamento del Distrito Federal. Era voz pública que en su caja de caudales cobraba los haberes para el grupo paramilitar que comandaba. Enérgico, el presidente de la República enfrentó el problema, pero no a Díaz Escobar.

Participó *Excélsior* en la indignación y esperanza del país. A Octavio Paz le pedí un artículo que abordara el tema. Me respondió que no tenía tiempo. Le rogué que me dictara por teléfono un texto breve. Accedió. La actitud del presidente le parecía loable. No obstante, deberíamos aplazar cualquier opinión definitiva. Al Príncipe ha de mirársele de lejos, si de juzgarlo se trata, sostenía Octavio. «No te acerques demasiado al fuego del poder, que no es fuego que purifique», me previno. También le pedí un texto a Carlos Fuentes. Aceptó del mejor grado. Dos columnas paralelas en la parte superior izquierda de la primera plana de *Excélsior* dieron cuenta de sus opiniones. Echeverría no era Díaz Ordaz.

Busqué a Martínez Domínguez y a Flores Curiel. Callaron ambos. El silencio cómplice o el silencio cobarde selló sus labios. Busqué a Díaz Escobar. Sólo averigüé que había desaparecido.

Doña Ester y don Luis habían posado para Oswaldo Guayasamín, el pintor de las figuras descoyuntadas. Atraído por la novedad, interesado en los incidentes de la pequeña historia, conversaba el presidente sobre él mismo, su esposa y el artista ecuatoriano.

—¿Te atrae la pintura de Guayasamín? —me preguntó.

—Mucho.

—Me dicen que tiene algo de Siqueiros y de Picasso.

—Quizá de Siqueiros. De Picasso no sé, la verdad.

—¿Quieres ver nuestros retratos? ¿Tienes tiempo?

—Por supuesto, señor presidente.

Ordenó al capitán Huerta, siempre a unos pasos, que llevara los cuadros a la sala grande de Los Pinos, donde nos encontrábamos.

—¿Qué opinas? —me preguntó.

Yo miraba, desconcertado.

—¿Qué opinas? Dime, abiertamente.

—No me gusta. Nada.

—¿Por qué?

—No sé, pero no me gusta.

—¿Notas algo raro?

—Es usted y no es usted.

Sonrió Echeverría. Su complicado humor enhebraba diálogos reservados. Ordenó, de nuevo al capitán Huerta, que rogara a doña Ester que se reuniera con nosotros. «Dígale que no tarde, capitán.» Al verla aparecer, casi le gritó, impaciente:

—¿Le confiamos el secreto a Julio, hija?

—Claro que sí, Echeverría.

Echeverría se quitó los anteojos y me miró sin parpadear. Vi una cara extraña. La vi con calma y la descubrí triangular, cruel.

—Dime.

—Su cara es muy dura, señor presidente. Me impresiona su gesto. Temible, si he de decirle la verdad.

—Guayasamín me lo hizo notar. Observa el cuadro. Los cristales de los anteojos son dos círculos imperceptibles. Fíjate bien. Apenas se distinguen. El rostro del cuadro es mi verdadero rostro, me dijo Guayasamín.

—Qué barbaridad —dije, nervioso.

—Interesante ¿no? —dijo él.

—Me voy, señor presidente.

—Espera. —Extremada su cordialidad, sonriente siempre, le preguntó a doña Ester:

—¿Qué te parece si la familia Echeverría Zuno le regala a la familia Scherer Ibarra el cuadro de Siqueiros que adquirimos en Canadá?

Ella sonrió y yo tuve ante los ojos el óleo que al instante había llevado a la sala el capitán Huerta. Expuestos como en una galería del dolor, tres espectros se adherían a la vida con la luz radiante de sus ojos.

—¿Cómo se llama el cuadro, señor presidente?

—Yo le llamo «La familia del Tercer Mundo».

Incrédulo frente a la certeza de mis recuerdos, el 28 de junio de 1985 me comuniqué por larga distancia al estudio de Guayasamín, en Guayaquil, y le pregunté por el cuadro del presidente Echeverría, para mí famoso.

—¿Qué quiere saber? Lo tengo fresco en la memoria —me dijo el pintor, accesible.

Le pregunté por los anteojos de Echeverría y le hice notar que me había llamado la atención el gesto cruel de su rostro triangular.

Oí la voz joven del viejo Guayasamín:

—Los anteojos son superficiales. El alma es como es.

Hacia finales de 1972 el presidente Echeverría invitó al presidente Allende a México. En el auditorio de la Universidad de Guadalajara, que más tarde llevaría el nombre del mártir chileno, pronunció un discurso que él diría fue el mejor de su vida. Durante su estancia en el país, Echeverría cubrió de elogios a Allende como no había hecho con ningún otro jefe de Estado.

En el aeropuerto Benito Juárez, firme y silencioso, de luto como todos los miembros de su gabinete y los representantes de los Poderes de la Unión, recibió Echeverría al grupo más representativo del exilio chileno el 26 de mayo de 1974. Desde ese momento fueron continuas las muestras de afecto y solidaridad que prodigó a los hombres y mujeres en el destierro. Doña Ester suavizó cuanto pudo el dolor de las viudas guarecidas bajo un cielo propio y ajeno. Eligió y decoró departamentos tranquilos para Hortensia Bussi y Victoria Morales, La Moy, compañeras que fueron de Salvador Allende y José Tohá, ministro de la Defensa asesinado lentamente en un hospital custodiado por soldados. Doña Ester les mostraba la ciudad con el propósito de hacerlas a su ritmo, las acompañaba al mercado, les enseñaba las frutas y los dulces a los que somos afectos y todos los días las llamaba por teléfono. Matilde Urrutia, la viuda de Pablo Neruda, la abrazaba como hermana cuantas veces se reunían en México.

Fue envidiable mi relación con Allende. Estuve con él los días de su plenitud, triunfante. Lo entrevisté sin grabadora ni libreta de apuntes, estimulados con botella y media de huisqui que bebimos sin apuro. Al despedirnos me pidió que lo visitara cuantas veces quisiera. Lo vi muchas veces. Me sentí su amigo. Sin escrúpulos ni inhibiciones le pregunté por qué le decían Pije, palabra desdeñosa que en México traduciríamos por padrote. Me dijo sin arrogancia que le decían Pije porque le gustaba la buena comida, la buena ropa, el escocés embotellado de origen. «Me dicen Pije mis enemigos, pero callan que a nadie he traicionado, que durante treinta años he sido fiel a mis principios, que vivo la vida de frente. Me dicen Pije porque de nada pueden acusarme. No he sido ladrón ni asesino ni explotador.» Lo vi por última vez unos meses antes de la gran tragedia. «Temo por mi país, no por mí. Temo por los días que vivimos, no por el futuro», me dijo.

Viajé a Santiago el mes de mayo de 1974. Anhelaba mirar y escuchar al general Augusto Pinochet, cuya historia conocía hasta en los detalles de su vida personal. Mis cartas credenciales para enfrentarlo como periodista eran excelentes: director de *Excélsior* y amigo de uno de sus colaboradores, Fernando Léniz, en otro tiempo gerente de *El Mercurio*.

Sin una palabra de bienvenida me recibió el general en su despacho de Diego Portales, semidestruido como había quedado el legendario palacio de La Moneda. De pie me señaló un sillón como quien señala un destino. Ocupó Pinochet el sillón de al lado y sobre el filo del asiento me miró de arriba a abajo como se mira a un huésped impertinente. Sentí su deseo de imponerme una personalidad apabullante y percibí las señales de su lenguaje sin palabras: «Soy la ley… soy respetable… puedo ser temible».

—Le escucho —ordenó.

Los temas iban de menos a más. Avanzaba el interrogatorio y entre pregunta y pregunta más y más tensos y prolongados se hacían sus silencios. No se me ocultaba su impaciencia, su malestar que se transformaba en cólera. De pronto, sin explicación, dio por terminada la entrevista. «¡Basta, basta ya!»

Opuse resistencia. Le dije que no tenía derecho a terminar de esa manera la entrevista. Se descompuso. Respondió que durante semanas y meses yo lo había insultado al permitir que en las páginas del diario bajo mi dirección se publicaran caricaturas que lo ofendían y artículos que lo calumniaban. Adujo que no apreciaba el honor que representaba una conversación con el jefe de la Junta Militar de Chile. Elogió a Léniz. Por él y sólo por él atendería mi cuestionario y ya me haría llegar sus puntos de vista por escrito. Insistí. El periodista escudriña, busca el diálogo, apela al testimonio, le dije. Exasperado, elevó la voz, nasal, desagradable. Se puso de pie y yo, también de pie, hice mi postrer alegato. Frente a una persona que no hubiera sido la de mi condición, periodista extranjero, su ademán habría sido el de la condena. Impecable en su blanca casaca militar, escultórico, rígido el brazo extendido, apuntaba hacia la puerta como quien apunta al abismo.

El encuentro con Pinochet era sólo una parte de la tarea que me había impuesto. Seguía la búsqueda de pruebas sobre la brutalidad impuesta al país por un régimen sanguinario. Ya en las calles de Santiago de poco me servían los buenos oficios del exilio chileno en México, que me había proporcionado nombres de personas confiables que, acaso, pudieran auxiliarme en la investigación. No era un iniciado y podría ser un infiltrado de la dictadura.

Silenciadas las voces de supuestos informantes, escondidos sus ojos no sabía dónde, ardía en impaciencia. La lógica me indicaba que yo mismo podía ser un rastro para los secuaces de Pinochet. Temía por mis posibles confidentes y temía por mí mismo. En ese ánimo exasperado tuve conciencia de la distancia mínima que separa el riesgo calculado del miedo súbito. Es un asalto que revuelve las entrañas, acompañado el vuelco por una sensación viscosa, un sudor que ensucia la piel con un olor agrio. Sufrí el shock cuando un hombre como cualquiera me preguntó por qué habría de confiar en mí, si hasta mi apellido le era desconocido. «¿Deme una razón? ¿Por qué?» Y me miraba sin que yo pudiera saber qué ocultaba debajo de su piel.

—Porque sí, porque la confianza precede al amor, porque yo tampoco sé, en definitiva, quién es usted.

Tendría cincuenta años. Lo acompañaban una jovencita y dos muchachos. Me abrió la puerta de su casa.

—A nuestra hijita, la grande, la volvieron loca.

—¿Vive?

—Expiró con una rata en la vagina.

Sobre la mesa de un comedor sencillo, uno de los jóvenes puso en orden un expediente del Comité para la Paz en Chile. Fue integrado desde el primer día de la dictadura y constaba de ocho anexos y algunos centenares de páginas. En la parte superior del legajo se leía, a máquina: «Torturas».

Bares y restaurantes habían sido transformados por Pinochet en centros de información para sus sabuesos. Los taxis eran confesionarios abiertos a la delación. En el hotel Carrera, donde me hospedaba, manos envilecidas revolvían documentos y papeles, trajes, camisas, calzones, todo. La denuncia y el chivatazo estaban a la orden del día. También la venganza, siniestro ajuste de cuentas al amparo de la tiranía. Vigilaba el ejército aeropuertos y carreteras. No habría podido viajar fuera de Chile con el expediente oculto en un veliz o ingenuamente confundido con los papeles de un portafolios. Desconfiado y nervioso durante el trayecto que me llevó a la residencia del embajador Gonzalo Martínez Corbalá, respiré al entregarle el tesoro que me quemaba por dentro. Amigo de toda la vida de Martínez Corbalá, le solicité que incluyera el paquete en la valija diplomática que en un día o dos viajaría a México. No podría haberle proporcionado satisfacción mayor.

Al descender al aeropuerto Benito Juárez, sin demora, me trasladé a Los Pinos para enterar a Echeverría de los días vividos en Santiago. No terminaba mi relato y ya disponía:

—Sube con María Ester.

Sin omitir detalles la puse al tanto de aquel infierno. Ella sabía del sufrimiento en Chile, pero ignoraba hasta dónde la sevicia metódicamente aplicada conduce a la locura. «Perdón, señora» —le dije al terminar un relato construido sólo con dolor.

Sin un comentario ordenó a un capitán del Estado Mayor que le llevara un pequeño busto de Salvador Allende.

—Para usted —me dijo.

Conserva el busto Hero Rodríguez Toro, compañero inolvidable de nuestro tiempo en *Excélsior*.

La mañana del 18 de marzo de 1986 el general Félix Galván López tuvo pruebas de extrema confianza para conmigo. Soldado toda su vida, jefe de la zona militar de Chihuahua, jefe del Estado Mayor del general Marcelino García Barragán, secretario de la Defensa Nacional, ratificó una dramática conversación sostenida tiempo atrás sobre dos fechas sangrientas en la historia reciente del país: el 2 de octubre de 1968 y el 10 de junio de 1971.

Antes de sentarnos a la mesa de su casa, presente el licenciando Ramón Ojeda Mestre, abordé sin preámbulos el tema que me acuciaba:

—Querría leerle, general, el par de cuartillas que escribí sobre el tema del que nos ocupamos el otro día. Escribí también un apunte acerca de usted y unas líneas de la atmósfera en el comedor, durante el desayuno.

—Adelante —me dijo.

Leí con naturalidad una nota ceñida.

—Correcto, es correcto lo que usted dice. Hablamos, efectivamente, en los términos que relata.

—Entonces, general, querría suplicarle que firmara las cuartillas.

—Cómo no.

Dicen:

Flaco y macizo, al general Félix Galván López le sienta el traje como el uniforme. Su voz de mando es natural, igual que la respiración de la sangre. Llama la atención la rigurosa presencia de una señora que sirve la mesa sin un gesto, ahogado el traqueteo de platos y cubiertos. Jefe del Estado Mayor de Marcelino García Barragán en tiempos de Díaz Ordaz, secretario de la Defensa Nacional en la época de López Portillo, aún activo, trabaja en sus memorias. Días en vela le costó la decisión.

—¿Por qué, general?

—Soy militar, no escritor. No sé hacer otra cosa que vivir la vida.

Esa mañana, 18 de marzo de 1986, me dijo con sencillez:

—Contaré hechos, rendiré cuentas. Espero que las páginas borroneadas hablen por sí mismas.

Le pregunté por el 2 de octubre de 1968:

—Poniatowska dice que nosotros torturamos en el Campo Militar Número Uno. No es cierto. Había en el campo, eso sí, una instalación especial para los policías. Allí llevaron estudiantes, profesores, llevaron a quienes quisieron. Imagínese lo que habrá pasado en esos aposentos, lo que no habrán hecho los judiciales.

—No quiero imaginar lo que puedo saber, general. Cuénteme.

Ignoró mi frase Félix Galván.

—Hasta acceso propio tenían los policías para llegar a las instalaciones.

—¿Desprecia a los judiciales, general?

—Los he visto. Cuando fui comandante de la Quinta Zona Militar en Chihuahua le decía al gobernador, Óscar Flores, que no podíamos juntar soldados con policías en la lucha contra el narcotráfico. Los soldados son tropa. Los judiciales traían fajos así de billetes. Algunos hasta se hacían cargar por los soldados después de largas caminatas por la sierra, agotados.

Desde un helicóptero vi una vez a un judicial que llevaba a un hombre amarrado. Descendí a tierra sin pensarlo un segundo. «¿Por qué lo traes así?, no es bestia.» «Pero es narco.» «Suéltalo.» «Se me va, le digo.» «¡Pues suéltalo!» «¿Y si se me va?» «Respondes por él.» Sudaba y jadeaba el judicial. No era hombre para el narcotraficante. No tenía entrenamiento, ni moral, ni energía. No tenía más armas que su capacidad para la intimidación y el poder de la corrupción, su dinero.

Vuelvo a preguntar por el 68, vuelve a ignorar mi pregunta el divisionario. Salto al 10 de junio de 1971.

—¿Formó «Los Halcones» Díaz Escobar?

—Todos lo sabemos. Los formó, los entrenó, los jefaturó. «Los Halcones» fueron creados para combatir a la Liga 23 de Septiembre. Después se les utilizó para otras tareas.

—¿Qué piensa usted de «Los Halcones»?

—Qué puedo pensar, si soy militar. El ejército es mi vida. «Los Halcones» integraron un grupo paramilitar.

—¿Qué opinión le merece un militar de carrera al frente de un grupo paramilitar?

—¿Habla usted de Díaz Escobar?

—Sí, general.

—No fue bien visto en el ejército.

A lo largo de un desayuno que se prolongó por horas, puntualizó algunos datos el general Galván. Tenía dudas acerca del origen de las acusaciones contra el ejército. «Si no le importa puede substituir el apellido (Poniatowska) y anotar simplemente "una escritora", me dijo.» Precisó también que fue el combate a la guerrilla el origen oscuro de «Los Halcones» y no la Liga 23 de Septiembre como razón específica.

Protegido por el presidente de la República, resguardado su pasado, reapareció el coronel Díaz Escobar como agregado militar y aéreo de la embajada de México en Chile, el primero de marzo de 1973. Desde el primer día fue privilegiada su posición. Percibía un sueldo superior al del embajador Martínez Corbalá, de acuerdo con una ley no escrita del servicio exterior y no rendía cuentas al jefe de la misión. Fue suya la plaza de Santiago para los movimientos que a él le parecieran convenientes.

No habría podido reunir Echeverría dos hombres tan opuestos como el embajador y el agregado militar y aéreo. Formado en grupos de izquierda, Martínez Corbalá confiaba en la Unidad Popular y en el presidente Allende. Admirador del general Cárdenas, fue simpatizante del Movimiento de Liberación Nacional que auspició el ex presidente. Sin temor a represalias, se opuso al delito de disolución social que aprobó la Cámara de Diputados bajo el gobierno de Díaz Ordaz. «En contra», gritó con la mano en alto en pleno recinto priísta.

Díaz Escobar tuvo fama de buen soldado hasta el día en que torció su carrera militar. Cambió los honores de su clase por los premios políticos. Ascendió hasta el grado de general de división sin pena ni gloria.

—¿Tuviste alguna relación con Díaz Escobar en Santiago? —le pregunté sin rodeos a Martínez Corbalá.

—Cero —me respondió también sin rodeos.

—¿Supiste de sus andanzas en Chile?

—Simpatizó con Pinochet y censuró la política exterior de México.

—En la posición de Díaz Escobar, no podría haberse atrevido a tanto —le dije al actual senador por San Luis.

—¿Tú crees?

Poco después, por cauces privilegiados, llegó a mis manos una carpeta negra, liviana. Volví con Martínez Corbalá.

Leyó los papeles, sin prisa. Son copia de los informes que el coronel Díaz Escobar envió al general Cuenca Díaz a partir del golpe del 73.

Observé al senador, los ojos pegados a los documentos. Terminada la lectura me vio, tenso y lívido.

—No me extraña —dijo.

El tema lo altera por razones inapelables. Exhibe orgulloso en la sala de su casa una charola de plata, obsequio de personajes metidos en su corazón. Grabada en la pieza se lee esta inscripción:

«Con profundo afecto al embajador Gonzalo Martínez Corbalá, defensor de la vida, la libertad y la dignidad humana en Chile. Chilenos en México. Marzo de 1975. Patricio Hevia, Hortensia Bussi de Allende, Hugo Vigorena, Hugo Miranda, Mario Montanari».

Ni entre sus íntimos habría encontrado Pinochet un partidario tan adicto como el agregado militar y aéreo de la embajada de México en Chile. Díaz Escobar lo tuvo por el hombre del destino en la hora crucial de Chile. Al presidente Allende lo despreció vivo y muerto. De la historia del coronel diplomado de Estado Mayor dan cuenta sus partes al secretario de la Defensa Nacional, general Hermenegildo Cuenca Díaz. El 14 de septiembre de 1973, asesinado Allende, victorioso Pinochet, le informa:

Reuniéronse frente Cancillería 18.00 hrs. numerosos chilenos gritando asesinos a los asilados y muy molestos con embajador por protegerlos *punto*

Existen sentimientos antimexicanos por inclinación nuestro país en favor Allende *coma* su política y familiares *punto* No explícanse cómo México apoya al destructor este país *punto* La mayor parte asilados son comunistas agitadores y extranjeros entrenados en Cuba y otros países y actuado en varias situaciones parecidas en otros países *punto* Considero que puedan crear problemas a México en futuro próximo *punto* Cancillería está rodeada por carabineros y corre peligro de ser atacada con graves consecuencias por gran cantidad de niños y mujeres asilados por lo que es conveniente transportarlos cuanto antes *punto*

Relata el télex del 23 de septiembre:

A la fecha hay sesenta y nueve asilados en residencia y ciento once en Cancillería *punto* Informaré oportunamente cuántos mexicanos viajarán en DC ocho *punto* En orden importancia siguen Argentina, Perú y Colombia *punto* México fue el primer país que evacuó asilados y también será el primero en terminar esta operación *punto* Ha llamado la atención en el mundo oficial y privado la agilidad con que nuestro país ha manejado este importante asunto con repercusiones históricas *punto* Aunque conozco procedimientos control este tipo de personas *coma* sugiero póngase especial interés en interrogatorios ya que entre asilados van reconocidos agitadores internacionales que se sentirán héroes al pisar territorio mexicano los que seguramente no respetarán nuestras leyes y nos pueden crear problemas en un futuro más o menos inmediato *punto* Sin contar altos funcionarios que tenemos asilados y que algunos ya están en México como solicitaron asilo y se les concedió a doscientos cuatro chilenos cuarenta y seis brasileños nueve uruguayos nueve colombianos cuatro argentinos dos soviéticos dos nicaragüenses y de un solo asilado están Cuba Ecuador Suiza Bolivia Portugal *punto* Nuestro embajador G. Mtz. C. con Lic. Valdez viajaron México en DC ocho *punto* Seguiré informando *punto*

Dos días más tarde consigna el informe del agregado militar y aéreo de México en Chile:

La Junta de Gobierno Militar está formada por militares pundonorosos patriotas y de alto nivel técnico profesional que se esforzará por la reconstrucción de Chile ya que actualmente está destrozado *punto* Las esposas y familiares de los militares de inmediato empezaron a donar joyas y dinero para aligerar de algún modo las tremendas carencias que sufre el país y el pueblo las imitó de inmediato *punto* Cada funcionario declaró sus bienes en sobre lacrado para ser abierto y comparado cuando los funcionarios sean relevados de sus cargos *punto* Sería díficil encontrar un gobierno tan firme y de tan buenas intenciones como el actual *punto* La historia los juzgará pero nunca como lo está haciendo ahora el mundo sociocomunista *coma* ya que ésta era la única fórmula para salvar este país que recibió el gobierno con escasa mayoría *coma* subestimó a sus opositores y rompió todos los principios en que se sustentan el arte y la ciencia de la guerra y que tienen total validez en la acción política *punto* Una de las conquistas automáticas de la Junta de Gob. Mil. fue la de restaurar la soberanía de Chile que se encontraba tremendamente lesionada por miles de extranjeros que creyeron con el apoyo de sus países *coma* que Chile era el mejor laboratorio para probar sus teorías *coma* desgarrando los principios internacionales de no intervención y de autodeterminación de los pueblos que nuestro país siempre ha respetado *punto* El pueblo está de plácemes por el cambio pero en el exterior opinan lo contrario y agregan que la sangre corre por las calles tratando de desvirtuar la verdad *punto* Sus informaciones son tendenciosas y esta acción política sí es irreversible y de ninguna manera por EUA *punto* Es sencillamente nacionalista *punto*

Febril, adicto a la causa pinochetista, ese mismo día envió Díaz Escobar un segundo télex a Cuenca Díaz:

Durante estos últimos tres años Chile se convirtió en un centro latinoamericano de apoyo a las actividades subversivas *punto* Trece mil terroristas y extremistas del continente encontraron refugio y ayuda en Chile *coma* para sus actividades de militancia e intromisión en la política interna *coma* violando las condiciones establecidas legalmente para asilados *punto* Los marxistas chilenos a través de empresas estatales convirtieron a Chile en un centro de difusión de propaganda a nivel continental *punto* Libros, panfletos y discos hechos en este país eran exportados y ayudaban a financiar las operaciones de los grupos subversivos *coma* aparte de la ayuda financiera directa que desde aquí se les enviaba *punto* Los tupamaros encontraron la oportunidad de reestructurar sus actividades después de encontrarse casi derrotados y desorganizados *punto* En Santiago uno de sus líderes creó el grupo La Caucha Chica destinado a introducir tupamaros clandestinamente en Uruguay desde Chile y la Unidad Popular prestó todo el apoyo necesario *punto* A los extremistas les dieron trabajo en el gobierno y les otorgaron facilidades para el adiestramiento en las múltiples escuelas de guerrilleros *coma* ya descubiertas *coma* y se les proveyó del armamento necesario llegado a Chile a través de aviones comerciales rusos y cubanos que operaban impunemente en este país *punto* Ciento cincuenta mexicanos estaban dedicados a trabajos prosoviéticos y de extremismo disfrazados de estudiantes becarios en diferentes organismos internacionales o como turistas *coma* la mayor parte con sus pasaportes vencidos que les fueron regularizados en nuestro consulado en esta cancillería antes de salir en los aviones que los evacuaron a México *punto* Los principales agitadores eran cinco mil brasileños, tres mil uruguayos y seguían argentinos, bolivianos, colombianos, cubanos, rusos *punto* Seguiré informando *punto*

Díaz Escobar canta victoria el 1° de octubre de 1973. Su héroe sale avante. Cuenta su júbilo al secretario de la Defensa:

A veinte días del nuevo gobierno no hay colas *coma* el mercado negro casi desapareció *coma* ya empezó a venderse carne a precio oficial *punto* El comercio el trabajo la escuela los transportes y la vida en general son prácticamente normales *punto* La población se nota feliz y sin tensiones y gran parte de la población engañada se está dando cuenta de su error *punto* Ya no hay tiroteos en las noches y sólo sucede como eventualidad *punto* El toque de queda es de las veintidós a las seis horas *punto* Sólo se actúa militarmente contra los que disparan a las patrullas *punto* Después de la miseria anarquía flojera abuso odios robos y atropellos a las leyes así como deseos de entregar al país a manos extranjeras permitiendo que se tambaleara la soberanía *coma* ahora se palpa seguridad confianza orden y deseos de trabajar y ser responsables *punto* Todos quieren participar en la reconstrucción *punto*

En su mensaje del 30 de septiembre, el coronel Díaz Escobar da cuenta de la muerte del presidente Allende:

A las 14.15 horas murió oficialmente el Dr. Allende según la policía civil. Se informó que el presidente Allende decidió rendirse acatando la petición de la JMG. Se le había ofrecido un avión para sacarlo del país junto con su familia y las personas que él indicara.

En efecto dispuso que una patrulla se acercara por la puerta de Morandé 80. En el interior del edificio se había formado una larga fila de funcionarios encabezada por La Payita. Según algunos testigos, Allende iba en último lugar. Sorpresivamente se retiró del lugar regresando al salón La Independencia, sentándose en un sillón de felpa roja y colocándose en el mentón la metralleta que portaba, apretó el gatillo. Dos balas perforaron su cabeza.

Uno de los médicos personales, el Dr. Patricio Guijón al sentir los disparos, volvió y entró al salón y encontró el cuerpo del presidente semirrecostado sobre el diván. La metralleta, de modelo soviético marca *AKA* fue encontrada por el médico apoyada en el antebrazo y abdomen de Allende. Guijón retiró el arma para poder apreciar si Allende aún estaba vivo y al comprobar su muerte la puso nuevamente en el sitio donde la encontró, abandonando el lugar.

Al día siguiente de su muerte fue transportado en helicóptero a Valparaíso y al sepelio sólo asistieron sus hijas. La Sra. Allende no concurrió al entierro ni se ocupó en reclamar e identificar el cadáver para cerciorarse del estado en que se encontraba. A un llamado de las autoridades militares contestó que estaba cansada y que no la molestaran.

Esta información fue dada en T.V. por las autoridades a raíz de las declaraciones que ella hizo en México, aclarando además que la Sra. Allende nunca había sido molestada ni solicitada por lo que no tenía motivo para pedir asilo.

En efecto, así sucedió, pues la Sra. Allende no quería irse a México y el embajador y su esposa la convencieron para que lo hiciera.

Díaz Escobar, afín a Pinochet como un carabinero fiel, fue el último funcionario mexicano que permaneció en la embajada, solitaria y abandonada, cuando ya no había qué hacer en ella. A él correspondió el triste honor de apagar las luces y desconectar los teléfonos, arriar la bandera nacional del jardín y descolgar el escudo del águila y la serpiente del punto más visible de la casa. Corrió las persianas, puso candado a la puerta y rindió parte a la superioridad: «Misión cumplida».

No lo abandonó su buena estrella ni la protección de sus jefes. De Chile pasó a la representación de México en Perú, también como agregado militar y aéreo, también con sueldo superior a cualquier otro funcionario, incluido el embajador y también a cubierto de los maledicentes, que no olvidaban el crimen impune del 10 de junio de 1971 y la investigación pendiente sobre sus autores, «Los Halcones».

El 1° de enero de 1975 dispuso el presidente Echeverría que Manuel Díaz Escobar Figueroa, oriundo de Oaxaca de Juárez, de 56 años de edad, hijo de don Carlos Abelardo Manuel Díaz Escobar y de doña Esperanza Figueroa de Díaz Escobar, fuera ascendido de coronel a general brigadier. Cuatro años y medio después, el 1° de junio de 1979, ya bajo el régimen del presidente López Portillo, Manuel Díaz Escobar Figueroa fue ascendido a general de brigada.

Yo entendía el ascenso a general brigadier dispuesto por Echeverría, cuyo secretario de la Defensa era el general Cuenca Díaz. No entendía, en cambio, el ascenso a general de brigada dispuesto por López Portillo, cuyo secretario de la Defensa era el general Galván López.

—No comprendo —le dije abiertamente al general Galván López— por qué ascendió a general de brigada el general brigadier Manuel Díaz Escobar. No comprendo, porque usted mismo me ha dicho que después del 10 de junio de 1971, Díaz Escobar no fue bien visto en el ejército.

Cortante fue la respuesta del divisionario:

—En 1979 Díaz Escobar era un buen comandante de la zona militar en Tamaulipas.

—¿Y el prestigio perdido?

—Era un buen comandante, le digo.

—Hay otros valores, general.

—Vuelvo a decirle: fue un buen comandante en Tamaulipas, buen soldado.

De insistir en el tema, degeneraría el diálogo en dos monólogos que nunca se encontrarían. Investigué por mi cuenta, fui a la Secretaría de la Defensa, a su archivo, leí la *Ley de Ascensos y Recompensas del Ejército y Fuerzas Nacionales* y me detuve en su artículo 29. Es de corte imperial. Confiere al presidente de la República poder absoluto para decidir acerca del futuro de soldados, aviadores y marinos, pues el Senado, que revisa los casos, tiene entre sus funciones reales la de complacer al jefe de la nación. Es así como una sola voluntad determina quiénes son o no son coroneles, generales brigadieres, generales de brigada y generales de división. Dice el artículo 29:

«Los ascensos a los grados de Coronel, General Brigadier o de Grupo, de Brigada o de Ala y de División, serán conferidos por el Presidente de la República atendiendo preferentemente al mérito, aptitud y competencia profesionales, aplicados a juicio de dicho funcionario».

Palomea el presidente las listas de candidatos a diputados y senadores con el mismo lápiz que palomea los ascensos en las fuerzas armadas. Sólo escapa a su control la promoción por motivos burocráticos y razones de edad. Fue el caso de

Manuel Díaz Escobar. Halcón en 1971, ascendió a general de división a partir del primero de noviembre de 1984. Dice su hoja de servicios, sin pena ni gloria, que el ascenso es «para efectos de retiro».

Cada 20 de noviembre las fuerzas armadas se visten de gala. En la explanada del Campo Militar Número Uno, frente a millares de invitados, el presidente entrega las constancias de ascenso a los mejores soldados de la República. Ese día, al lado del jefe de la nación, el secretario de la Defensa vigila que la ceremonia transcurra con la perfección de una obra plástica.

A Díaz Escobar le entregó el presidente Díaz Ordaz, el 20 de noviembre de 1969, la orden de ascenso que lo transformó en coronel. Jornada inolvidable para un soldado. El día perfecto, honrado por el hombre a quien juró defender con la vida, reconocido de cara a sus compañeros y familiares, estremecido por las cornetas y los tambores, los ojos fijos en la bandera que agita el viento. El 1° de enero de 1975, sin el viento ni el sol del Campo Militar, sin los abrazos de sus compañeros y jefes, sin la mirada orgullosa de sus familiares, sin el eco de los tambores y los timbales, a solas, ascendió de coronel a general brigadier.

El 1° de junio de 1979, el general brigadier Manuel Díaz Escobar agregó una segunda estrella a su uniforme, pero no pudo evitar el sarcasmo de que fue víctima. Adscrito al Cuerpo de Artillería, soldado pegado a la tierra, fue promovido al grado superior precisamente el Día de la Marina y el autor de su gloria, el presidente López Portillo, izaba en ese momento la bandera nacional en algún barco escuela de la Armada.

Le pregunté al licenciado Ramón Ojeda Mestre, secretario particular del general Félix Galván López, en qué circunstancias le fue notificada la orden de ascenso de general brigadier a general de brigada a Manuel Díaz Escobar Figueroa.

Dijo simplemente.

—Entiendo que un ordenanza se trasladó a su domicilio con los papeles del caso.

A toda esta historia que mezcla la digna posición de Echeverría frente a Pinochet y la turbia acción de Díaz Escobar en Santiago se agrega el comportamiento del secretario de Relaciones Exteriores de nuestro país allá por mayo de 1974. De acuerdo con un télex del canciller chileno al canciller mexicano, el vicealmirante Ismael Huerta Díaz y el licenciado Emilio Rabasa se comprometieron a superar el pasado precisamente en los días en que la dictadura pinochetista golpeaba sin piedad al pueblo sometido desde el 13 de septiembre de 1973.

Rabasa viajó a Santiago el 20 de mayo de 1974. En «gratas conversaciones» con Pinochet y el propio Huerta Díaz, según la versión del ministro chileno, pactó la pronta reanudación de relaciones entre los dos países. Consta el dato en el comunicado que Huerta Díaz envió a Tlatelolco y que dice:

I0T0074
Santiagochile 296 26 1543
ETAT
Sr. Emilio Rabasa
Relaciones
MXCTY

Durante su visita a Chile y las gratas conversaciones que tuvo V.E. con el presidente de la Junta de Gobierno y conmigo, se llegó, entre otros, a los siguientes acuerdos destinados a estrechar los vínculos de amistad entre nuestros dos países:

1: Chile y México normalizarían sus relaciones diplomáticas al nivel de embajadores a la mayor brevedad. Vuestra excelencia tuvo a bien declararme que el *agreement* para el embajador de Chile estaba concedido en ese mismo momento, y que México designaría a la brevedad posible su embajador en Santiago.

2: Una misión comercial chilena viajaría a su país en breve plazo para negociar asuntos pendientes. Como ha transcurrido un tiempo prudencial desde su visita y no se ha solicitado el *placet* para el embajador de México en Santiago y como, por otra parte, se me ha insinuado por su gobierno que se retrase la llegada de la misión comercial chilena, que estaba próxima a partir, no vacilo en dirigirme directa y personalmente a vuestra excelencia para hacerle presente mi preocupación por estas circunstancias que puedo atribuir a dificultades transitorias de orden administrativo, ya que, por supuesto, estoy cierto que el gobierno de México hará realidad los acuerdos y compromisos contraídos por vuestra excelencia.

Reitero a vuestra excelencia las seguridades de mi más alta consideración. Ismael Huerta Díaz, vicealmirante ministro de Relaciones Exteriores de Chile.

A la tragedia de Chile, llanto que no termina, asocio recuerdos con la fuerza de las emociones persistentes. Una visita y una carta, provenientes de amigos muy queridos, me devuelven a un pasado al que me abrazo con dolor. Días después del 8 de julio de 1976, Hortensia Bussi de Allende y Victoria Morales de Tohá, La Moy, viudas del presidente Allende y de su ministro de la Defensa, José Tohá, se presentaron inopinadamente en mi casa.

Viven agradecidas al presidente Echeverría, como todo el exilio chileno. En momentos de prueba les ofreció el país como un hogar y un refugio. Pendiente de ellas, doña Ester Zuno de Echeverría se mantuvo a su lado como una hermana constante.

—Salvador lo apreciaba como usted no se imagina —me decía con frecuencia La Tencha. Contaba que la mejor entrevista al doctor Allende, según decía él, llevaba mi firma. La Moy, serena en su luto total, me contó con detalles las mil muertes de José Tohá en manos de sus torturadores. «Usted conocía a José —decía—. ¿Lo recuerda, verdad? Fue como un Quijote, flaco y alto, en los huesos, desprendido de la vida.

Muerto fue como un Cristo. A veces creo que perdió hasta el color de sus ojos dulces.»

Ahora estábamos juntos sin saber qué decirnos. Cualquier giro que tomara la conversación podría llevarnos a Echeverría. Sometidas las palabras al silencio, doña Tencha anunció que se retiraba con La Moy. Ya de pie me dio un abrazo estrecho y un beso largo. A punto de separarnos, dejó que la venciera el afecto.

—Me duele todo esto que ha pasado, don Julio, me duele. Don Luis hablaba de usted como de muy pocos. Pensé que mucho lo quería a usted.

Fechada en la ciudad de México el 2 de septiembre de 1980, recibí de Julio Cortázar copia de la carta que reproduzco:

Señor Ramón Luis Acuna,
Agencia EFE
PARÍS

Querido amigo:

Confío en que haya recibido el texto que le envié hace un par de semanas, pues el correo es tan aleatorio en estas latitudes que uno no está nunca seguro de que los mensajes vayan a llegar a su destino.

En ese mismo envío iban unas líneas para pedirle que me diera noticias sobre las posibles novedades concernientes a la cuestión con *El Mercurio* de Santiago. No he recibido respuesta suya, pero lo atribuyo a las razones antedichas, de modo que no me preocupo demasiado.

Hoy quiero dejar en claro otra cuestión bastante enojosa para mí. Después de pasar dos meses en México y seguir de cerca sus diversas publicaciones, he llegado a la conclusión de que de ninguna manera puedo seguir apareciendo como colaborador (dentro de los servicios de EFE, claro está) en el diario *Excélsior*. La política de este diario con respecto a mis compatriotas exiliados y los exiliados en general, la xenofobia rabiosa que se desprende de frecuentes artículos editoriales, vuelven imposible toda participación, aunque sea dentro de una distribución general de textos hechos por la agencia, en lo que me concierne.

En ese sentido, y luego de hablar con el señor Julio Scherer, director del excelente semanario *Proceso,* he sabido que dicha revista tendría sumo placer en recibir y publicar los textos míos que EFE destina a México. Esto significa que para la agencia no habría ningún perjuicio de tipo económico, pues Scherer está dispuesto a adquirir esos textos dentro de los mismos términos que EFE mantiene con *Excélsior.* Si me estoy expresando con claridad, todo consiste en cerrar inmediatamente el trato, cosa a la que mi amigo Scherer está plenamente dispuesto.

El mismo le enviará, creo, unas líneas para establecer un contacto directo. Yo me voy ahora al interior del país y luego a California, pero cualquier noticia suya puede enviármela a la dirección que le dejé al irme.

Gracias por todo, perdóneme la molestia y hasta pronto, con un saludo muy cordial de su amigo.

Julio Cortázar

Teníamos claro que no era la función de *Excélsior* complacer al presidente ni servir al gobierno. Echeverría era un hombre entre los hombres y si se equivocaba, se equivocaba él y no sus secretarios. Y si cometía errores los cometía él y no sus ayudantes. Y si mentía él era el falaz y no los críticos de su política. No se sumó *Excélsior* a otros diarios en el rito de la adulación al poder. No identificó al presidente con la patria.

Permanece el periodismo en los seres que viven y en las cosas que son. Su grandeza es la del hombre. Su poesía es la del agua que corre sin agotarse. La existencia cotidiana era más rica y compleja, más atractiva y dramática, más novedosa y sorprendente que la actividad de Echeverría y el sistema detrás de él y detrás del sistema las legiones y la lisonja y las frases inauditas consagradas al jefe: «Con usted hasta la abyección, señor presidente».

No inmortaliza la palabra presidencial ni cambia la naturaleza el soplo de su aliento. Sin embargo, habíamos dedicado al presidente nuestros encabezados de la primera plana con monótona regularidad. Abandonábamos la costumbre. Más y más descendían al centro de la página frontal del diario y aun a sus páginas interiores los discursos de Echeverría. Pasaba a mejor vida la sección de sociales, catálogo de matrimonios, fiestas, modas, bautizos, confirmaciones, banquetes. Desaparecía el Día de las Madres con el mensaje del papa a las cabecitas blancas y el festejo del 10 de mayo en el Auditorio Nacional, el director del periódico a un lado de la primera dama, cortesano obligado. Crecía el número de reporteros que se hacían de un prestigio propio, enriquecíamos la información internacional con servicios en todo el mundo. Las páginas editoriales eran cabalmente independientes y en la sección deportiva se hablaba de los ratoncitos verdes en pos de gloria.

Crecía el encono en contra nuestra, florecía la calumnia. Bajo la firma apócrifa de un tal José Luis Franco Guerrero circuló un cuadernillo quincenal titulado *Las malévolas noticias de Excélsior.* Sin pie de imprenta circuló *El Excélsior de Scherer,* firmado por un nombre de paja, Efrén Aguirre. No hubo límite en la ofensa a trabajadores y colaboradores de la cooperativa. Supe por el anónimo que era un degenerado sin redención. A don Daniel Cosío Villegas se le quiso manchar con páginas viles, *Danny el Travieso,* obra con adjetivos y sin rostro visible.

Había, sin embargo, otros signos: el presidente de la República abogaba por una información sin inhibiciones, crítica. Reiteraba, en público y en privado: un gobierno honrado y una prensa independiente son puntales de la sociedad democrática.

Una noche, en Los Pinos, me preguntó Echeverría por mi madre. Frágil, de peso exiguo, se consumía en el dolor de una enfermedad cruel: cáncer. Su cabello gris, ordenado en ondas que caían y se elevaban naturalmente, formaba el marco de un rostro apacible o estremecido, nunca indiferente. No era bella, salvo que se la mirara con atención. Más hacia adentro que hacia fuera vivían sus ojos oscuros. Hablaba en voz baja. Miraba con dulzura.

Su padre fue un abogado en Guanajuato, presidente de la Suprema Corte de Justicia largo tiempo. Reputado como hombre sabio y honrado, padeció sus últimos años entre el lecho y una silla de ruedas, amputada que le fue la pierna izquierda. No lo dejó el humor, transformados sus ojos en luces de colores. Echeverría, abogado, tenía noticia de Julio García. Al inquirir por mi madre pensé que algo indagaba acerca del viejo maestro de civil y derecho internacional. Me equivoqué, como tantas veces.

—Me han dicho que tu madre está enferma.

—Muy enferma, señor presidente.

Me preguntó por el curso de su enfermedad. Lo puse al tanto de pormenores que inevitablemente me lastimaban.

—Te ruego la saludes y le hagas entrega de un presente nuestro, de María Ester y mío.

Me conmovió el gesto. Traté de agradecerlo con pudor.

Había seleccionado el presidente un óleo de Chávez Morado. Rosas y azules pálidos mostraban la ciudad de Guanajuato bajo la luz tenue del amanecer.

—Le recordará a su padre, la infancia, esos años que todos amamos. Transmite el cuadro una sensación de paz, ¿no te parece?

Otro día me preguntó por Regina, una de mis hijas. Su ánimo era entre festivo y malhumorado.

—¿Por qué no me dijiste que se casa Regina? Me enteré por otros conductos, no por ti.

Le ofrecí excusas, apenado. El matrimonio sería sencillo, le dije.

—Ya sé, ya sé y te felicito. No conviertes el matrimonio en negocio con invitaciones a medio mundo. Pero podrías haberme avisado.

—Es una boda en la intimidad —insistí.

—Lo que intento decirte es que ni tú ni nadie van a impedir que le haga un regalo a tu hija.

—No, señor presidente, por supuesto.

—Acompáñame.

A zancadas, como acostumbraba, se adelantó hasta un pequeño salón de la residencia y me plantó frente a dos cuadros de Siqueiros recargados contra la pared, en el suelo.

—¿Cuál te gusta?

—No podría decirle.

—Es para Regina, tu hija.

Me arrebató un toro que en su vida llevaba la muerte. Su piel brillaba como el carbón bajo una luz de fuego y sus ojos eran dos coágulos rojos. El cuadro de al lado comunicaba una sensación de movimiento. Trazos inacabados daban forma a una danzante-mujer, danzante-árbol, danzante-espectro, perturbadora. Ejercicio plástico de un pintor extraordinario, no una obra de arte, juzgué.

—¿Cuál? Dime.

—El regalo lo hace usted, no yo, señor presidente.

—Llévate el grande —decidió. Y ordenó al licenciado Juan José Bremer, su secretario privado, que lo hiciera llegar a mi casa.

Sobre el suelo miré el toro maravilloso.

Animosos y sonrientes, observé al licenciado Luis Echeverría y a don Daniel Cosío Villegas en una comida a la que invitó el escritor, ya entrado 1974. Allí se encontraban Octavio Paz, Víctor Urquidi, Mario Ojeda, Luis González, Mario Moya Palencia, Porfirio Muñoz Ledo, José López Portillo, el secretario de Hacienda que rondaba el poder.

La cita fue a la una y media de la tarde, un sábado. Don Daniel sufría de hipoglucemia y si no se ajustaba a un orden en el horario de las comidas, el dolor lo inutilizaba. Además, le gustaban los huisquis y se daba tiempo para disfrutarlos con sus invitados. Yo llegué el primero. López Portillo fue el segundo. Poco a poco todos los demás.

Conversábamos en el jardín bajo un clima benigno y el presidente no aparecía. A las dos y media don Daniel indicó que la señora de la casa, doña Ema, nos pedía que pasáramos a la mesa. López Portillo suplicó que aguardáramos unos minutos. Si aún no llegaba el invitado principal era debido a su condición de presidente y a su celo de hombre responsable. A todos nos constaba que aun en el sueño velaba. Media hora después, se escuchó de nuevo la voz de don Daniel:

—Pasamos, por favor.

—Yo le ruego, don Daniel —intercedió por segunda vez López Portillo.

—En el país manda el presidente, pero en mi casa mando yo, licenciado —y se adelantó sin otro comentario rumbo al comedor.

A las tres y veinte se presentó Echeverría. Fue recibido con naturalidad, eliminado cualquier falso homenaje de parte del anfitrión. Ni tiempo tuvo el presidente de mirar los esplendores que lo rodeaban: una pintura de Clausell, la selva bajo el diluvio, verde y negra, preñada de todo, aterradora; un hombre absorto en la reflexión, de Diego Rivera y también de éste, don Daniel en su juventud, esbelto, la sonrisa irónica bajo un bigotito negro.

Cosío Villegas nos había reunido con el propósito de que discutiéramos acerca de las relaciones entre el intelectual y el político, la cultura y el poder. Circulaban en esos días planfletos y libros infamantes trabajados en la sombra. Pensaba don Daniel que era una buena oportunidad para que nos ocupáramos también del anonimato impune. Uno de esos libros era *Danny el Travieso.*

Centró la atención Echeverría. Fueron terminantes sus primeras opiniones: no reconocía diferencias esenciales entre los intelectuales en el poder y los intelectuales en el ejercicio de la crítica. Moya Palencia, Muñoz Ledo y López Portillo eran equiparables a Octavio Paz, Luis González o Mario Ojeda. No era así, objetó Cosío Villegas. Los primeros estaban comprometidos con un proyecto específico, los segundos no. No eran libres los primeros, sí los segundos. No se trataba de juzgar los méritos de unos y otros, incuestionables. Importaba analizar sus diferencias como intelectuales. El ejercicio del poder impone limitaciones que no impone el ejercicio de la crítica. En este terreno, aunque se lo proponga, el político no dará alcance al crítico. Uno avanza, el otro vuela. El intelectual es libre para expresarse como le venga en gana, el político no. Calla con frecuencia en beneficio de su propio proyecto. Nada importaría más al político que la libertad plena para hacer, pero la palabra del crítico lo limita. Éste es el juego fascinante y peligroso que hace del poder y la crítica dos fuerzas que se atraen y se repelen, irremisiblemente juntas y fatalmente separadas. Para él, dijo don Daniel, no hay espacio comparable al ilimitado horizonte del intelectual sin compromiso con el poder.

Alguien habló de la autocrítica que el gobierno ejercía por decisión propia. El tema se ahogó en sí mismo. Nadie que se precie de imparcial puede ser juez y parte a la vez. Se habló de los libelos, de *Danny el Travieso*. Dijo Echeverría que él, como nadie, padecía la calumnia y después de él, como nadie, sus colaboradores. Es parte del oficio público, aseveró con naturalidad. Iban y venían las voces. Una de ellas dijo que en todo caso el gobierno tenía la posibilidad de investigar el origen de los anónimos, no los intelectuales, inermes en este terreno.

—Qué piel tan delicada —bromeó Moya sin humor.

—No es un problema de piel delicada. Es un problema de salud pública —respondió Cosío Villegas.

Tema inevitable fue la libertad de prensa. Dije que sólo en breves periodos de nuestra historia se había ejercido sin cortapisas. Me impresionaba en lo personal el caso de los caricaturistas. Maestros de su oficio, herederos de Posada y Orozco, perdían la soltura al enfrentar al presidente. Ellos, que todo satirizan y tocan, pasaban por alto al gran personaje y lo dejaban ir. Muy pocos, admirables, escapaban a esta limitación evidente.

Más interesado en escuchar que en hablar, reservé para más adelante la descripción de un cartón que me apasiona, del Chango García Cabral. Fue publicado en los días del maximato. Desde la terraza del Castillo de Chapultepec se escucha el grito poderoso del presidente Cárdenas: «Yo mando». Y desde una barca, en el lago, la réplica de Calles: «Y yo remando».

Ocupaba Octavio Paz un asiento secundario en una esquina de la mesa. Don Daniel le pidió su opinión acerca de cuanto se hablaba y escuchaba. Se hizo de la palabra Octavio y se hizo el silencio para escucharlo. Habló diez, doce minutos. Entre sus juicios, evoco uno, que me llamó la atención como ninguno otro, la frase directa al corazón en los asuntos que debatíamos: es muy distinto mandar a pensar.

Apenas en agosto del año pasado lo visité en su departamento del Paseo de la Reforma. La presencia de Octavio me reconforta siempre. Más allá de carencias y defectos, su mirada descubre mundos literarios y poéticos que su talento recrea para poder inventar otros mundos. Le pregunté si recordaba la comida en la casa de don Daniel y le pedí que armara, hasta donde le fuera posible, su exposición aquella tarde memorable. El día 26 me entregó la carta que reproduzco íntegra:

Querido Julio:

Contesto a la pregunta que me hiciste hace algunos días. Lo hago por escrito para evitar, en lo posible, los equívocos y las ambigüedades.

Recuerdo, naturalmente, aquella comida en la casa de Daniel Cosío Villegas. Concurrieron el presidente Echeverría, acompañado de varios miembros de su gabinete, así como un pequeño grupo de escritores y periodistas que escribíamos en *Excélsior,* en la época en que tú eras el director de ese diario. No podría reproducir hoy, con todos sus detalles, la larga y animada conversación que sostuvimos, pero sí tengo presente el tema que fue el centro de la discusión y que provocó las afirmaciones y las réplicas más apasionadas: la función de los intelectuales en las sociedades modernas, especialmente en la nuestra, y sus relaciones con los poderes públicos. No fue un debate académico: fue una conversación entre el presidente de la República y en la que él participó con no menos pasión que los otros. Te confieso que hoy, después de tantos años, me parece admirable la libertad con que nos expresamos y, en primer término, la del presidente Echeverría.

En el curso de la conversación evocamos el pasado de nuestro país. Uno de nosotros, tú o Cosío Villegas, subrayó que sólo durante muy cortos periodos de nuestra historia habíamos gozado de plena libertad de prensa. Se mencionó a los gobiernos de Juárez, Lerdo de Tejada, Madero... Después se pasó a conversar sobre la misión del intelectual en el mundo moderno. Se dijo, con razón, que era muy distinta a la que había sido en la Antigüedad y en la Edad Media. Aparte de sus quehaceres específicos, que son los primordiales —escribir, investigar, enseñar— el intelectual desempeña en el mundo actual una función crítica. Si no es la conciencia de la sociedad sí es, con frecuencia, sus ojos y su lengua. El intelectual dice lo que ve y lo que oye; es el testigo y el vocero de su tiempo. De ahí el carácter, a un tiempo íntimo y contradictorio, de sus relaciones con el poder público. Si el intelectual calla ante los abusos y los crímenes de los poderosos, traiciona su condición y traiciona a sus lectores y a sus oyentes; a su vez, el gobierno tiene la obligación, dentro de ciertos límites, de garantizar la libre expresión de las críticas, incluso de aquellas que los gobernantes juzguen equívocas o sin fundamento.

Alguno de los comensales —no recuerdo si fue el mismo presidente Echeverría o Muñoz Ledo— aclaró que reducir la misión del intelectual a la censura y la crítica era un punto de vista muy limitado. Muchas veces los intelectuales forman parte del gobierno; es claro que, en estos casos, su deber es gobernar bien y con justicia, no criticar los actos del régimen al que pertenecen. La función de los intelectuales no sólo era «negativa» (la crítica) sino «positiva» (gobernar). Me tocó a mí responderles. Comencé diciendo que no estaba muy seguro de que los intelectuales en el gobierno fuesen realmente intelectuales. En primer lugar, es muy distinto *mandar a pensar*: lo primero corresponde al gobernante, lo segundo al intelectual. Los intelectuales en el poder dejan de ser intelectuales; aunque sigan siendo cultos, inteligentes e incluso rectos, al aceptar los privilegios y las responsabilidades del mando substituyen a la crítica por la ideología. Una cosa es ser el ideólogo de un régimen, como lo fueron los juristas de Felipe el Hermoso de Francia, los teólogos de los Austrias y los ideólogos del Kremlin, y otra ser un intelectual en el sentido moderno de la palabra. El primero justifica, defiende y orienta la acción de un gobierno y, así, le da un fundamento moral, lógico e histórico; el segundo examina, juzga y, cuando es necesario, contradice y denuncia. (Se me ocurre ahora un ejemplo contemporáneo que no mencioné esa tarde: Cosío Villegas fue un intelectual, Reyes Heroles un ideólogo. Me refiero a la vida pública de ambos, no a sus meritorios trabajos de historiografía mexicana.) Pero mi recelo ante los intelectuales en el poder, agregué, es más profundo que la diferencia entre crítica e ideología. Procuraré en lo que sigue hacer un resumen de lo que dije.

En general, los intelectuales aman a las ideas sobre todas las cosas. Las aman en sus formas más perfectas y cristalizadas: como seres de proposiciones enlazadas, es decir, como sistemas cerrados. Por esto, cuando llegan al poder, pretenden inmediatamente implantar sus hermosas geometrías. Pero la realidad es, por naturaleza, irregular y rebelde a las simetrías racionales. El intelectual no ceja ante la resistencia de la realidad y se empeña en reducirla: la corta y la recorta. Así nace el terror. El amor a las abstracciones es amor a la perfección, mientras que el amor a los hombres es paciencia y compasión ante lo inacabado y lo imperfecto. El intelectual en el poder sacrifica los hombres a las ideas; el gobernante piadoso prefiere los hombres a los esquemas. Los orígenes del terror moderno son intelectuales: la guillotina fue para Robespierre y Sain-Just un silogismo irrefutable.

No recuerdo ahora quiénes fueron mis contradictores ni cuáles sus razones. Recuerdo, sí, que acudí al ejemplo de la antigua China y cité la filosofía política de Lao Tse y de Chuang Tzu. Los «sabios», es decir, los que ahora llamamos intelectuales, dividen siempre a los hombres en instruidos e ignorantes, buenos y malos; poseídos por una inmoderada y estúpida confianza en el «bien» —o sea en su sistema— castigan a los que juzgan malos e ignorantes, que son la mayoría, y premian a los que consideran virtuosos, que son los pocos devotos de su sistema. Así llenan las cárceles de inocentes y desventurados. El mundo moderno corrobora de una manera impresionante las ideas de los dos filósofos taoístas. En un pasaje memorable, Chuang Tzu dice que el gobierno del príncipe tiránico es menos malo que el gobierno de los «sabios» virtuosos: al tirano se le puede asesinar con el puñal o el veneno mientras que las ideas con que los «sabios» justifican sus exacciones son inmortales e incorpóreas. Entonces, ¿cuál es el mejor principio de gobierno? La ausencia de principios. En otro momento Chuang Tzu dice que el mejor gobierno es aquel bajo el cual las cosas pasan por sí mismas y no movidas por la voluntad de arriba: un gobierno débil y mediocre es mejor que un gobierno activo y poderoso... El puro anarquismo de Lao Tse y de

Chuang Tzu es inaplicable, pero es un modelo y puede ser una inspiración. Si los gobernantes tuviesen presentes sus ideas, los pueblos sufrirían menos... La reacción ante mis palabras fue un cortés silencio y dos o tres sonrisas. No importa: me consuela pensar que tú las recuerdas.

Un abrazo de tu amigo,

Octavio Paz

Esa tarde, 26 de agosto, conversé largamente con Octavio. Le dije que meditaba con frecuencia en la condición humana de nuestros presidentes. Todo lo pueden frente a los individuos que bullen a su alrededor, poco pueden frente a la historia que algún día ansiaron modificar. Octavio fue mucho más lejos que yo en sus conclusiones.

Me dijo, sentencioso: «El presidente en México puede hacer todo el mal que quiera y aunque quiera apenas puede hacer el bien».

Estábamos en su biblioteca, protegida por un muro de cristal que la aísla del ruido. Es un mundo de quietud. En tazas pequeñas bebíamos café aromático y fuerte. Octavio Paz daba curso a sus ideas:

Nuestros presidentes no son líderes políticos. Son jefes burocráticos. Su primera obligación es para los grupos que los llevaron y los mantienen en la cúspide. No pueden quedar mal frente a la CTM o a la CNC y negarles una posición, porque la central obrera o la central campesina se resquebrajaría y la estructura del sistema se vendría abajo. Por esta razón los presidentes en México no pueden modificar al PRI. Por esta razón no pueden aceptar el triunfo de la oposición. Por esta razón permanecen sujetos a las fuerzas tradicionales de la burocracia y los sectores burocratizados del partido oficial. Quizás el último presidente que pudo intentar algún cambio fue Díaz Ordaz. Antes de él, Cárdenas, sin duda. Quizá también Miguel Alemán.

Le pregunté a Octavio por el futuro. ¿Quién podría hablar

acerca de él?, me preguntó. Formado por incertidumbres y temores, es un enigma. No obstante, un hecho sobresale: este gobierno perdió su capacidad de coptación. No cuenta con los recursos ni el poder necesarios para neutralizar a los individuos y las fuerzas públicas que antes controlaba.

Por otra parte, el pueblo nada quiere saber del gobierno, pero no encuentra a sus líderes. La izquierda ha dado tristes ejemplos, incapaz de organizarse. Su lenguaje es abstracto. Se entienden entre ellos. Hablan como universitarios para universitarios, con la excepción de Heberto Castillo. Pero Heberto es rígido. El PAN, que no se expresa con lenguaje de universitarios, llano en su comunicación, no convence por sí mismo. Son muchos años de mantenerse ligado a los negocios del gobierno. Los empresarios nunca han sido ni pueden ser militantes y menos mártires. ¿Qué pensar del futuro, preñado de contradicciones?

Conversábamos sin orden. Le recordé a Octavio Paz los días de su regreso a México, después de su renuncia como embajador en la India por la matanza de Tlatelolco, la fundación de *Plural,* la revista cultural de *Excélsior* que dirigió desde su nacimiento a la muerte (de octubre de 1971 a julio de 1976). Evocamos amigos comunes. Nos detuvimos en uno, leal, honrado, inteligente. Ama como pocos el oficio de escritor, pero al momento de la prueba, la pluma en la mano y la hoja sobre la mesa, se paraliza. Algunas veces, muy pocas, sale adelante con trabajos breves, promesas de obras mayores. En su mundo íntimo la inversión de valores da cuerpo al drama.

Pensé en el presidente. Pensé en Miguel de la Madrid.

Ese día, 14 de marzo de 1975, estaba invitado a comer en Los Pinos. No necesitaba hojear la agenda para recordar la cita. Excitaba mi interés la sola presencia de Echeverría. Habitaba en el mundo de lo impredecible.

Por primera vez en muchos años, un presidente caminaría

por el campus universitario, infranqueable para los jefes de la nación desde tiempos anteriores al de Gustavo Díaz Ordaz, aborrecido como nadie por los estudiantes. No olvidaban el 2 de octubre de 1968, secretario de Gobernación Luis Echeverría. Tampoco el 10 de junio de 1971. En el caso de Tlatelolco los reos se contaban de un solo lado y en el caso del 10 de junio nada se sabía de las investigaciones ofrecidas. Se perdían en la distancia los emisarios del pasado de que había hablado el presidente al cesar a Martínez Domínguez, no en la memoria de los jóvenes. Es vivaz la evocación: hace presente el ayer. En estos misterios el calendario no cuenta.

Rodeado de jóvenes sudorosos, sudoroso él, enfurecidos todos, aullaban los muchachos y aullaba Echeverría. En el auditorio de la Facultad de Medicina se comunicaban con improperios. Los estudiantes querían vengarse, humillar al presidente, que los provocaba en su terreno. El presidente quería doblegar a los muchachos, vengarse también, demostrarles que hasta en la Ciudad Universitaria tendría que ser recibido, que no había quien pudiera levantarle un muro al jefe de la nación. Había llegado a la cúspide para transformar al país en seis años y lo iluminaría con la luz del cenit sin la previa luz del amanecer. Nada escaparía a sus propósitos.

«Jóvenes fachistas», aullaba, que no gritaba, bloqueado por muchachos y maestros, por periodistas fascinados y aterrados. «Jóvenes fachistas», se encrespaba, violento y desafiante. La marea subía y el encono rompía los disfraces y mostraba el gesto de la rabia. Los muchachos lo increpaban y se cobraban agravios. Sus puños en alto golpeaban el aire dispuestos a la destrucción. «Jóvenes fachistas», aullaba Echeverría. «Asesino», aullaban los jóvenes. «Hijo de la chingada, cabrón», insultaban hasta desgañitarse. «Así gritaban las juventudes de Hitler y Mussolini», contestaba el presidente. Combatían los bandos a partir del odio, sin más arma que la ferocidad. Los gestos eran los del crimen.

Oficiales del Estado Mayor arrancaron al presidente del cerco que amenazaba su vida. Fue una operación a tiempo, precisa. Volaban por el campus cuando una piedra se estrelló contra la frente de Echeverría. La sangre manchó su traje, la corbata, la camisa. El capitán Jorge Carrillo Olea se hizo cargo de la situación y como a un muñeco hundió al presidente en el asiento trasero de un automóvil. La voz del militar, un bramido, ordenó la marcha fuera de la Universidad.

Invitado a Los Pinos ese día, me disculpé por mi ausencia explicable. Ya me indicaría el presidente la fecha de la nueva reunión, dije al Estado Mayor. Echeverría, sin embargo, precisó que me aguardaba y reiteró la hora de la cita: 13:45 horas.

Lo encontré en los jardines de Los Pinos. Sonreía y se paseaba con la naturalidad de quien ha visitado a un grupo de amigos en un hermoso lugar de recreo. Impecable la camisa blanca, elegido el traje beige, adecuado a la tarde soleada, limpio el rostro, abordaba el tema como un incidente del que no valía la pena ocuparse.

Desencantaba a los periodistas, ávidos de alguna frase caliente. «Pero ¿de qué se preocupan, mis atribulados amigos, si nada ha pasado? Ja, ja, ja.» Las risotadas, monosilábicas, morían sin eco.

—Volveré —había gritado a los estudiantes, ya en plena retirada.

—¿Volverá usted a la Universidad? —le pregunté en el primer momento que estuvimos solos.

—Volveré, por supuesto.

Hacía gala de dominio personal. Ante todo, su voluntad imperaba sobre él mismo. Después, sobre los demás. Su fórmula era la del arquetipo. Si era el más fuerte, el más trabajador, el más osado, el más generoso, tenía derecho a ser obedecido.

Fuimos cinco los comensales. Fausto Zapata, el director de teatro Xavier Rojas, una bella actriz cuyo nombre no recuerdo, el dueño de la casa y yo. Ocupó el presidente la cabecera, yo a su izquierda, Zapata a mi lado. La piedra, la frente, la sangre, las carreras, los gritos, los insultos, el clima infernal del auditorio de Medicina, todo esto era el único tema que me importaba y todo esto era tabú en la mesa presidencial. No podía seguir la conversación sobre asuntos que en ese momento me parecían triviales. Me entretenían las buenas maneras del anfitrión. Ofrecía tacos de romeritos, que él mismo preparaba. Estaba pendiente de las tortillas, siempre a punto, calientes. Ofreció vino, importado. Lo bebí sin gusto. «¿Le afecta lo ocurrido?», deslicé en una de ésas. Me miró sonriente, como a un hombre de otro planeta.

Terminó la comida. Bebimos café, sin prisa, sin ganas. Una especie de indolencia privaba en la mesa. Echeverría se conducía con una inútil maestría. Hablaba, le respondíamos. A punto de morir la charla, volvía a la carga.

—¿No quieren ver una película? —nos preguntó de pronto. Zapata se disculpó. Yo me interesé:

—¿Cuál, señor presidente?

—El viaje de María Ester a Cuba.

Hasta caballos había llevado doña Ester a la isla ardiente. Admiradora de las tradiciones charras, creyó que asombraría a los caribeños con las suertes de nuestros hombres del altiplano. La gira fue un desastre, pero allí estábamos en nuestros equipales, en línea frente a una pequeña pantalla. Doña Ester se había incorporado al grupo y permanecía atenta a sí misma. Embarcado en lo inesperado, yo vivía el tiempo de Palacio como una aventura.

En el mismo salón donde nos encontrábamos se escuchó la tranquila alarma del teléfono y al instante un capitán del Estado Mayor se aproximó a la señora para informarle que su madre la llamaba por larga distancia. El aparato, a unos metros, permitía escuchar las frases de doña Ester:

—No, nada. Sí, aquí está. Adiós, madre.

—Mi madre, Echeverría.

El tranco del presidente y su voz afectada fueron un espectáculo en sí mismos:

—Pero ¿qué le pasa mi atribulada señora? Bien, bien. Sí, por supuesto. Ja, ja, ja.

Se despidió con un «no se preocupe, señora» aún más sonoro que su carcajada redonda y volvió al equipal para sumirse en la contemplación de los caballos que navegaban rumbo a La Habana.

Terminó el documental. Se despidieron los artistas. Volvió la señora a sus ocupaciones.

—No te vayas —me dijo el presidente.

Me invitó a ver otra película, ahora en la sala de cine de la residencia. Las butacas eran una delicia. Podía estirar las piernas tanto como quisiera, moverme como en un sillón.

—No está editada.

—No le entiendo, señor presidente.

—La película que vamos a ver está en crudo y no tiene sonido. En unos días estará lista.

Apareció en pantalla la reina de Inglaterra. Apareció en pantalla el presidente de México. Apareció también la corte de su graciosa majestad. Apareció el séquito del jefe de la nación. Aparecieron multitudes vociferantes y silenciosas. Creaban mundos pasmados los personajes que iban y venían por los monumentos incomparables de la ciudad. En el patio central del Palacio Nacional los tacones de las bailarinas golpeaban con furia las piedras centenarias. Silencio. Volaban las faldas y giraban los talles embelesados al ritmo de notas hechizadas. Silencio. Reverberaba el oro de las trompetas que apuntaban al cielo. Silencio. Candelabros de plata coronados por altas velas encendidas daban vida a otros silencios en la cena de gala que el presidente ofreció a la reina.

Poco a poco se fue poblando la sala. Circulaban por ella sombras silenciosas. Echeverría miraba de vez en vez a su alrededor.

—¿Quiénes son? —le pregunté con un hilo de voz.

—Funcionarios de comercio exterior.

Volvió la luz, las conversaciones cobraron volumen. Vi el reloj: las siete.

Rodeado, Echeverría hablaba de ventas, contratos, exportaciones, divisas y le hablaban de divisas, exportaciones, ventas y contratos. Para nadie existía la Universidad, ni la piedra, ni el peligro en que se vio envuelto el presidente, ni la humillación sufrida.

Ya en los senderos de Los Pinos, me preguntó:

—¿No vienes con nosotros?

—Me retiro, señor presidente.

Junto con sus acompañantes, un autobús lo trasladaría al Instituto de Comercio Exterior, cuyo consejo de administración sesionaría hasta pasada la medianoche.

A cualquiera impresionan las contradicciones del poder y los contrastes de sus protagonistas. Unidos a la historia del 2 de octubre de 1968 están Díaz Ordaz y Luis Echeverría. También Marcelino García Barragán.

Dicen que a caballo parecía fundido en bronce, como el general Amaro, fundador del ejército mexicano. Dicen que su valor no reconocía fronteras. Dicen que fue leal como pocos. Militó en la oposición y fue disciplinado al general Miguel Henríquez Guzmán, enfrentado a don Adolfo Ruiz Cortines. Aceptó la Secretaría de la Defensa Nacional y fue de una pieza con Díaz Ordaz. Identificó al presidente con la patria y a la patria con el presidente y confirió la más alta jerarquía a toda disposición gestada en Palacio. Cumplió con las órdenes que le fueron transmitidas y el 3 de octubre en la madrugada, desolada la República, atrapado Díaz Ordaz en las trampas del odio, dueño García Barragán del país, mantuvo al gobierno en pie. Puede juzgársele en los extremos: acató una orden superior contra la multitud congregada en la Plaza de las Tres Culturas y desdeñó el poder absoluto.

Fue un hombre contra la historia, pero se contuvo frente a las puertas de Palacio. Fue García Barragán hombre sin términos medios.

Yo le hablaba con esta franqueza. Él me decía:

—Tú no eres soldado, formado en la devoción a los símbolos, la bandera y el himno sobre todos, la soberanía nacional como razón de nuestros actos. Si el soldado discrepa del presidente en cuestiones fundamentales, se aparta y se le enfrenta con lealtad. Pero si está a su lado, a su lado se mantiene pase lo que pase.

Invadido por el cáncer, a través de su hijo Javier García Paniagua me hizo saber que deseaba verme. Lo visité en el Hospital Militar. Había rechazado la suite reservada a hombres de su rango. Tampoco había aceptado el lecho normal del servicio. Reposaba en un camastro, extendidos los brazos sobre la sábana impecable. Vi sus manos sin sangre, las uñas de nácar. Tenía sobre sí sueros, sondas, tubos, aparatos, agujas. Las fosas de la nariz, anhelantes, anunciaban el fin. Sus ojos claros miraban desde el sopor.

—Dame un abrazo.

Me incliné sobre su piel y sus huesos. Levemente le acaricié los hombros ya estrechos, de niño. Con una voz apenas audible me dijo que Alemán no fue honesto y que Echeverría defendió lo que combatió y combatió lo que defendió. No fue hombre leal. La honestidad es una bandera que hay que seguir, me dijo también. Luego, debilitado, me pidió que me fuera.

Llegó la muerte. García Paniagua me contó el diálogo con su padre:

—Ya me voy a morir, Javier.

—Sí, Tigre.

—¿Arreglaste todo?

—Como usted lo ordenó.

—¿Compraste el cajón? ¿Sencillo?

—Lo tengo abajo. No es lujoso ni de ocote.

—Quisiera que me enterraras con mi uniforme, pero los míos ya no me han de quedar. Háblale a Galván y pídele su uniforme.

—Ya hablé con él, Tigre.

—¿Y qué te dijo?

—Que me mandaba su uniforme de gala.

—¿Viste que me he encogido?

—No se preocupe. Lo voy a vestir con el uniforme de mi general Galván y así lo entierro.

—¿Ya te lo dio?

—Lo tengo conmigo.

Mencionado entre los posibles sucesores del presidente López Portillo, le pregunté a García Paniagua, en seco:

—¿Aspira a la Presidencia, don Javier?

—De eso no se habla, don Julio.

—A solas sí, don Javier.

—Ni a solas.

—¿Por qué no?

—Conozco las reglas y heredo la disciplina del general: «Dispone el que dispone y si no te gusta te vas a otra trinchera».

—Somos amigos, don Javier.

—Pero no nuestras profesiones.

—No renuncio a la pregunta.

—¿Usted qué piensa?

—Tengo sentimientos ambivalentes.

—¿Cuáles?

—Me atrae la distancia que guarda frente a los dueños del país, los del gobierno y los del dinero. Pero usted podría ser temible. Como nadie.

—¿Por qué?

—Tiene la mano muy pesada.

—Desde abajo no se sabe qué aires se respiran allá arriba. No le falta razón.

Destapado Miguel de la Madrid, quise conocer el desenlace, la salida de García Paniagua del PRI:

—Miguel me anunció que Bartlett sería el coordinador de su campaña y me pidió la secretaría de prensa para Miguel González Avelar y la dirección del IEPES para Salinas de Gortari. ¿Y por qué no te quedas con todo?, le pregunté.

—¿Se arrepiente?

—Era mi deber.

Cada vez que me parecía oportuno, le pedía a García Paniagua el testamento de su padre. Siempre me respondía: «Aún no es tiempo». Alguna vez le pregunté a Reyes Heroles, su amigo y jefe en Gobernación, si el testamento existía realmente: «Así es. Lo conozco».

—¿Por qué no me lo confía, don Javier?

—Aún no es tiempo.

—¿Por qué?

—No tengo explicación. Pero no es oportuno.

Reyes Heroles contaba que buena parte del documento está dedicado al licenciado Echeverría en términos severos.

—Cuénteme, don Javier.

—Si le cuento mejor se lo enseño.

Persistía en mi afán por saber más sobre los sexenios de Díaz Ordaz y Echeverría y el gozne entre ambos, el 2 de octubre.

—Mi padre decía que al hombre se le mide por su lealtad —cortaba García Paniagua.

La silla presidencial transmite el poder y algunos males. Enferma la sangre o el ánimo, o el ánimo y el juicio, o el ánimo, la sangre y el juicio. No es posible ir tumbo tras tumbo de López Mateos a Miguel de la Madrid sin atribuirle a la presidencia algún misterioso veneno.

Martirizado por la migraña, que aparecía y regresaba, el licenciado López Mateos alteró los hábitos de Palacio. Humberto

Romero conoció como nadie el infierno de su amigo, tocado por ese dolor que suspende la vida y deja viva la muerte, sin matarla. Impedido el presidente como un inválido, su secretario cargaba portafolios y expedientes y camino de su oficina al despacho presidencial anunciaba a diestra y siniestra que el acuerdo con el jefe sería prolongado. Ya con él a solas ponía llave a la puerta y conducía al enfermo hasta una pieza pequeña. Acolchonadas sus paredes, amortiguados los sonidos, López Mateos quedaba tendido. Pasaban horas hasta que el hierro se enfriaba en el cráneo y con el fin del sufrimiento volvía el presidente a la vida.

—Ya pasó, Humberto.

—Descansa, Adolfo.

—Estoy bien. Vamos.

Y otra vez a los saludos, a las audiencias, al esfuerzo, a la risa franca que cautivaba, a las señoras sobre todo. El país marchaba y el presidente se veía espléndidamente. Algo fatigado, quizá.

Privado del equilibrio emocional que tanto necesitaba, López Mateos nombró heredero a Gustavo Díaz Ordaz. Conocida su inclinación por el secretario de Gobernación desde el principio del sexenio, es probable que hubiera mantenido su decisión hasta el final. Pero hay quienes lo dudan. Don Adolfo era bondadoso y tranquilo. Don Gustavo, cruel y colérico.

Perseguido por sus muertos y los fantasmas de Tlatelolco, víctima doña Guadalupe Borja de Díaz Ordaz de sueños malignos que le hacían temer por su marido, sus tres hijos y por ella misma, el presidente Díaz Ordaz designó sucesor a Luis Echeverría. Asumió la decisión en los momentos más críticos de su vida como hombre y gobernante, señalado aquí y en el extranjero como asesino de estudiantes.

Más grande que su propio país, él, que había viajado por el mundo; él, que enriquecía el pensamiento universal con la incorporación de la Carta de Derechos y Deberes a la declaración de principios de las Naciones Unidas; él, que estrechó la mano del general De Gaulle bajo el Arco del Triunfo; él, que caminó con Chou En Lai y le escuchó decir que era un estadista notable del tercer mundo; él, que se reunió con Mao Tse Tung, cuya sombra cubría el continente chino; él, que alineó a siete secretarios de Estado, supuestos precandidatos a la Presidencia de la República y los exhibió como en un acertijo, abiertas las apuestas del palenque; él, en pos del Nobel de la Paz o la Secretaría General de la ONU, o ambas distinciones a la vez; él, Luis Echeverría, mesiánico y sin otro amor que la omnipotencia, convirtió en delfín a José López Portillo. Jugaron juntos en la niñez, corrieron aventuras en su juventud, la historia los unió en la madurez y la historia erró en la simbiosis. Echeverría buscó el poder sin límite. López Portillo, el gozo sin freno.

Mostraban las paredes de la ayudantía del Estado Mayor en Los Pinos, a unos metros del despacho presidencial, fotografías y más fotografías de López Portillo. López Portillo en un caballo blanco; López Portillo en un caballo negro; López Portillo con una raqueta en la mano; López Portillo en el momento de disparar una metralleta; López Portillo en una pista de carreras; López Portillo en esquí; López Portillo en el timón de una lancha; López Portillo con un arpón; López Portillo sobre cubierta en un yate; López Portillo en plena caminata; López Portillo al trote con un tarahumara; López Portillo en una montaña; López Portillo en la cumbre.

Las escenas más vistosas eran las de a caballo. El pura sangre blanco saltaba obstáculos en una serie de cuatro instantáneas. El azabache bailaba, incomparable bajo los rayos del sol, abrasados los ojos enormes. Dominador sobre la bestia, mostraba López Portillo la sonrisa a todo lo que daban sus dientes abiertos, feliz, si es verdad que la dicha puede ser dicha.

Deportista, pintor, orador, maestro, filósofo, escritor, bailarín, cantador, charro, perdió el celo por la República en la segunda mitad de su gobierno. Ricardo García Sáinz recuerda que en los tres primeros años fue exacto en las citas, riguroso en el orden de la actividad cotidiana, atento, vivaz, certero en el juicio, rebosante de humor. «Presidente de lujo», le llamaba.

Vino el éxito, la época de la abundancia, el augurio de que este país sería una potencia media, como Francia, y López Portillo perdió el rumbo. Cesó a Carlos Tello, «mi conciencia»; cesó a Reyes Heroles, «mi maestro»; cesó a Díaz Serrano, «mi amigo de toda la vida». Se amarró a un gángster, Arturo Durazo, encargado de la seguridad citadina, cedió al embrujo de Carlos Hank y difundió que le había aceptado un préstamo personal por 150 millones de pesos para construir su gran mansión en la colina de Cuajimalpa, como si el jefe de la nación pudiera tener compromisos de ese carácter con un subordinado; exaltó a su hijo José Ramón a la categoría de consejero áulico y lo llamó «orgullo de mi nepotismo»; designó secretaria de Turismo a Rosa Luz Alegría y la convirtió en la primera mujer de un gabinete presidencial en cincuenta y siete años de revolución institucionalizada.

Transformados sus caprichos en actos de gobierno, designó heredero a Miguel de la Madrid.

Algunos pensaron que los olmos darían peras y que de la personalidad frívola de López Portillo surgiría el presidente que México reclamaba. No fue así. Miguel de la Madrid ofreció orden y disciplina y a nada grande convocó a los mexicanos. No abatió la inflación, como se propuso, y rindió homenaje a la corrupción. Sin matices ni pudor exaltó a Joaquín Hernández Galicia, La Quina, como un líder modelo. Tecnócrata de formación, político sin experiencia, se mantuvo fiel al acreedor extranjero e irremisiblemente se fue apartando de su propia casa, de los suyos.

En 1987 su dedo apuntará al sucesor.

Reportero con alma de policía, policía con alma de reportero, Víctor Payán se movía en el mundo de las noticias y del hampa con fácil naturalidad. Ni la fatiga ni los obstáculos contaban en el tiempo sin tiempo de su trabajo. Empezó desde abajo, como tantos, y llegó a la cumbre en la exultante soledad del triunfo. En los comienzos del sexenio 1976-1982, Arturo Durazo Moreno lo nombró jefe de prensa y relaciones públicas de la Dirección de Policía y Tránsito del Distrito Federal.

A nada renunció. Conservó su posición en *Excélsior* y asumió su nuevo trabajo como hombre de Durazo. Cerca de él, atento al discurso que pronunciaba en los actos públicos, tomaba notas para elaborar el boletín de prensa que más tarde enviaría a los reporteros de la fuente, sus compañeros a ratos, a ratos no, según la tarea que desempeñara.

El 30 de agosto de 1978, un día después del asesinato de Hugo Margáin Charles, el hijo del senador, Payán exhibió su personalidad escindida. Reseñó en la primera plana de *Excélsior,* bajo su firma: «... el hecho (el crimen) se trató de cubrir, pero la información pronto escapó de los barrotes policiales y fue conocida por los periodistas». Funcionario policiaco, Payán aprisionaba la información. Periodista maniatado por las ataduras del cargo oficial, liberaba la información encarcelada.

Encontró las maneras para prevalecer los seis años del gobierno de López Portillo en dos centros de influencia y poder tan disímbolos como el periodismo y la policía. Se movió de jefe a jefe, del jefe Regino Díaz Redondo al jefe Arturo Durazo Moreno y del jefe Arturo Durazo Moreno al jefe Regino Díaz Redondo. Apreciado por ambos, aplicó la vieja fórmula de los contrarios: fue periodista con los policías, policía con los periodistas. Díaz Redondo lo premió con misiones espectaculares: la Olimpiada en el otoño de 1976, la visita del papa Wojtyla a México, la caída del sha de Irán. Durazo Moreno llegó tan lejos como pudo en su relación con el reportero de *Excélsior* y funcionario a su servicio. Lo hizo coronel, del círculo de sus íntimos.

Contó Payán con amigos e influencias que se hicieran sentir en los medios de comunicación. Durazo Moreno fue comparado con los mejores policías del mundo, honrado por universidades de los Estados Unidos, fotografiado con niños, benévolo al recibir apretados ramos de flores. Alfredo Lamont, jefe de relaciones públicas de *Excélsior* y presidente del Club Primera Plana, le entregó el ocho de enero de 1982 una placa como «el hombre del año» de 1981. El general agradeció el homenaje con palabras sencillas. Era sólo un servidor de la sociedad, un colaborador modesto del presidente de la República. Al terminar la ceremonia, Durazo y Lamont reiteraron sus parabienes recíprocos, de amigo a amigo, de institución a institución. Lamont no era un socio cualquiera de la cooperativa. Figuraba en el directorio de *Excélsior,* uno entre los grandes de la casa.

Arrollaba con todo el general, pero tenía a Payán para que no trascendieran sus gestos imperiales. Recuperaba los ímpetus adormecidos durante el viaje matinal de su casa en Tlalpan a su oficina en Tlaxcoaque, catorce kilómetros a toda velocidad en su patrulla blindada y unos minutos bajo el soplo de la gloria. Motociclistas, ayudantes, guardaespaldas, bocinas, sirenas, cambios sincronizados en los semáforos apostados a lo largo de la ruta, el más complicado aparato funcionaba para que pudiera circular por la ciudad como si le perteneciera.

El hombre ama la grandeza y Durazo amó lo grandioso con el corazón henchido. Levantó templos para alojarse en su interior y soñar a sus anchas. Las mil contradicciones del capricho tuvieron acomodo en el palacio que se mandó construir al pie del Ajusco, mucho más que una villa, una ciudad para el placer. En Zihuatanejo, el cielo y el mar por horizonte, estimulado por el sol dorado de las hermosas playas del Pacífico, construyó su Partenón particular. Imitó el arte griego, como imitaba al dios todopoderoso. Mandó cincelar su propia estatua y la de su protector y amigo, el presidente López Portillo. Su fortuna, un secreto para todos y quizás un misterio para él mismo, compraría un poder más alto del que ya había conquistado. Sería senador por Sonora y gobernador por su estado. Después quién sabe hasta dónde pudiera llevarlo su buena estrella.

Hay hombres que son dueños de otros hombres, porque son más fuertes y más aptos. A ese linaje pertenecía Durazo. Podía matar o dejar vivir. Se hizo de aliados, cómplices obligados. Francisco Sahagún Baca, del círculo de los coroneles, segundo en la Dirección de Policía y Tránsito, fue uno de ellos. A su secretaria, María Elena Martínez de González, le ordenaba que lo comunicara con López o con Pérez, oculta la cocaína entre las páginas de la agenda telefónica que enlistaba los apellidos que empezaban con la *ele* o la *pe*. «No, señor», protestaba María Elena. «Anímese, güerita, que al fin no le cuesta».

Ésos eran los juegos de Sahagún Baca, los escapes de su buen humor. Los trabajos serios tenían que ver con los grandes negocios, su paso al paso de Durazo. A la matanza del río Tula, una historia de crueldad y codicia, se vinculan los nombres del uno-dos de la Dirección de Policía y Tránsito. Pero pasan los años y sólo se ennegrece la bruma alrededor del crimen.

Para el coronel Payán todo fueron elogios de parte del general Durazo. En la memoria de labores de la Dirección de Policía y Tránsito que va del 1o. de diciembre de 1976 al 30 de noviembre de 1980 queda constancia de su reconocimiento por el subordinado fiel. Dice el documento:

Acorde a la estructura orgánica de esta dependencia, la Oficina de Prensa y Relaciones Públicas se encuentra adscrita dentro del Área Staff de la Dirección General y tiene por función mantener y consolidar las relaciones entre la institución y la ciudadanía a través de los medios masivos de comunicación.

Estas funciones han sido desempeñadas eficientemente en la

presente administración, preparando, editando y difundiendo por conducto de los medios apropiados, toda aquella información referente al desarrollo de las actividades que competen a esta Dirección General. Entre otras podemos mencionar las campañas de concientización promovidas y encaminadas a preservar la paz y seguridad personal de los habitantes de la Ciudad de México; así también ha auxiliado a la prensa y medios masivos de comunicación para sus requerimientos y necesidades para lograr optimizar el desempeño de sus funciones, informando veraz y oportunamente a la ciudadanía.

Correspondió Payán a la estima de Durazo con su adhesión sin cortapisas. Juntos se les veía en la ciudad de México y en el extranjero. En la alcaldía de Montreal posó Durazo para el álbum de familia con sus íntimos a los lados: Arturo Marbán Kurczy, jefe de licencias y más tarde director operativo; Armando López Santibáñez, director de servicios públicos y estacionamientos; Octavio Menduet, director de eventos especiales; Víctor Payán, director de prensa y relaciones públicas. Coroneles todos. También se ve en la foto a José González González, el guardaespaldas, de pies a cabeza vestido de blanco. A pesar de su elegancia era de clase inferior: teniente coronel. Por exigencias del servicio en esa ocasión permanecieron acuartelados en la ciudad de México el secretario particular de Durazo, coronel Daniel Molina Miranda, y el jefe de Investigaciones Especiales para la Prevención de la Delincuencia, coronel Francisco Sahagún Baca.

Le pregunté a González González:

—¿Qué repartía Payán?

—Prebendas.

—¿Qué clase de prebendas?

—Embutes. Como se estila. También credenciales. De sargento, de teniente, de mayor. Según.

—¿Sólo eso?

—¿Me pregunta por la coca?

—Sí.

—La coca la repartían Durazo y Sahagún Baca. Lo que se llama repartir, ellos.

Conocí a Durazo en casa de un compadre muy querido, Ángel T. Ferreira, a mediados de 1977. Invitado a comer a su casa con el jefe de la policía y algunas otras personas, le advertí que tenía una mala opinión del general. Su relación con Víctor Payán era un antecedente. Me parecía Durazo un prototipo de la corrupción. Turbios habían sido sus años al frente de la lucha contra el narcotráfico en el aeropuerto de la ciudad de México. Ahora, en nuestros días, eran visibles sus abusos al frente de la Dirección de Policía y Tránsito. Me respondió Ferreira que los hombres deben encontrarse algún día, enfrentarse si así lo deciden o determinan las circunstancias, para saber unos de los otros por sí mismos. Me dijo entonces que había conocido a Durazo en la campaña de López Portillo.

Entre doña Olivia Zaldívar, la esposa de Ángel, y sus cuatro hijos, uno de ellos Mario Alberto, mi ahijado, me entretuve en la cocina. Platicábamos, abríamos los ostiones, quitábamos el caparazón a los camarones, pasaban de mano en mano los limones, los platos con cebollas, el cilantro, el perejil. Era un mundo de bromas y afecto profundo. Yo sabía que mi encuentro con Durazo crearía conflictos. No disfrazaba mi desprecio por el falso divisionario, de insoportable prepotencia.

También habían sido invitados Joaquín López Dóriga y Roberto Martínez Vara y se encontraban presentes algunos jefes de Policía y Tránsito. Un trío de cantantes veracruzanos, dos jóvenes y una muchacha, los hermanos Anhota, alegrarían las horas con la picardía gozosa de los sones jarochos.

Parecía de buen humor el general. Construyó un puente para el entendimiento. Los policías y los periodistas se identifican como investigadores, pertenecen a la misma especie, dijo.

Le respondí que sus métodos de trabajo los hacían distintos, especies tan opuestas como un burócrata enfermizo y un atleta en forma.

Desde el saludo, cruzadas las primeras palabras, supe que dijera lo que dijese Durazo encontraría en mí el rechazo. Sólo tenía ojos para las insultantes estrellas de su uniforme, ánimo para impugnarlo. La conversación se endurecía. En la estancia sólo él y yo hablábamos. De nada servían los huisquis. Quise ofenderlo:

—Mire, general, para acabar pronto. Imaginemos que son las dos de la madrugada en una colonia desierta de la ciudad. Para llegar a mi casa debo avanzar de frente y sólo tengo dos posibilidades: la acera de la izquierda y la acera de la derecha. A la distancia vislumbro a un policía uniformado en la acera de la izquierda y en la acera de la derecha a un sujeto con pinta de hampón. Camino por la acera de la derecha, que me ofrece alguna posibilidad de error.

Durazo me dijo que me sobrepasaba y al instante voces precipitadas nos invitaron a la mesa. Durazo ocupó un lugar cerca de una de las cabeceras. A mí se me ofreció una silla casi en el extremo opuesto. El trío empezó a cantar. Con el último verso de una copla alburera alguien intentó romper la tensión, iniciar la charla. Intervino la cantante, menuda y enérgica:

—Somos artistas que nos respetamos. Cantamos para ser escuchados. Si nos interrumpen, nos retiramos.

Continuó la comida entre la jarana picante y un denso malhumor. Durazo bebió su café de un trago. Algunos movimientos en la mesa me hicieron saber que se retiraba. Ángel se aproximó hasta donde yo me encontraba:

—Ésta es su casa y no hay problema, compadre. Aquí puede hacer lo que quiera. Sólo le pido que termine bien las cosas. Despídase del general.

Alcancé a Durazo y lo tomé del brazo. Caminamos unos metros en silencio.

—No se enoje, general, disculpe.

—No me enojo, al contrario. Usted me gusta pa puto y me lo voy a coger un día.

Sentí asco.

—Si es por la fuerza, usted me va a coger. Pero si es por la inteligencia, yo me lo voy a coger a usted.

Me aparté y regresé a la sala de la casa. Me supe cubierto de sudor. Tuve miedo, satisfacción, frustración, rabia, gusto. Hubiera querido injuriarlo. No pude. No me arrepentí.

Lo miraba y miraba sin recordar quién era. Su rostro me era familiar, no la vestimenta: chamarra de cuero negro, pantalones de mezclilla, botas cafés. Exhibía enredadas cadenas de oro en su pecho semidescubierto y una placa, también de oro, con brillantes al centro. Formaban las piedras tres letras: una *jota* y dos *ges*.

—La última vez nos vimos en el Hotel Alameda —me dijo—. Usted y Ducoing tomaban unos tragos.

Volvió a mi memoria el aire tranquilo de José González González. Discreto, se mantenía a distancia de Ducoing. Guardaespaldas de lujo, se conducía con sapiencia. Apuesto y atlético, elegante, parecía ensimismado el zorro con mil ojos y oídos atentos al exterior.

—Permiso —dijo, y acomodó unos papeles sobre mi escritorio, en las oficinas de *Proceso*. Lo sentí cohibido y seguro, jugador primerizo con cuarteta en la mano. Le vi los ojos: dos puntas de acero.

—Le traigo esto.

—¿Qué es?

—La historia de Durazo. Desde adentro.

—No le entiendo.

—Fui su jefe de ayudantes.

—Precisamente por eso.

—Cuento quién fue Durazo.

—¿Usted?

—Con pelos y señales.

—¿Por qué a *Proceso?*

—He ido de un lado a otro y de un lado a otro me han visto la cara de pendejo. Yo no quiero seguir en esto, terminar la vida hecho mierda.

Hice grande el silencio.

—No quiero darle asco a mi mujer y a mi hija, a mi madre.

Seguí callado. Creció la tensión.

—Es una gran historia. Léala, por favor.

—¿Usted quiere que la publiquemos?

—Una parte, en la revista. Después en un libro. Usted tiene imprenta, hace libros.

—¿Por qué nosotros?

—Le llevé la historia a Mohamed. ¿Usted sabe quién es, no? El director de la segunda de *Ovaciones*. Me traicionó. Le dejé los papeles para que los leyera y se los mandó a Durazo, que estaba en Los Ángeles. Par de hijos de la chingada.

—¿Y?

—Durazo me mandó decir que no me atreviera a publicarlos, que era una mierda lo que yo contaba, pendejadas. Pero yo entiendo el mensaje. Oculta una amenaza. Contra mí, contra mi mujer, contra mi hija, de cuatro años. Hijos de la chingada.

—¿Dice usted que ha ido de un lado para otro?

—Me dicen que Echeverría tuvo noticias de la historia. Me aconsejaron que se la enviara. Se la mandé. Alguien la hizo llegar a García Ramírez.

—¿El procurador?

—Sí.

—¿Y qué pasó?

—Nada.

Esa misma noche leí los papeles. En su conjunto resultaban impublicables para *Proceso*. Hervía el hedor. Pero la historia nos incumbía como a nadie. En las páginas de la revista habíamos dado cuenta de las hazañas de Durazo, develado el Partenón, descubierto para la opinión pública su latifundio en Tlalpan, el hipódromo, sus canchas de tenis, el campo de tiro, los lagos, la planta de luz, el helipuerto, la discoteca, las cavas como grutas, los salones para miles de huéspedes y amigos.

—¿Entonces? —me preguntó el guardaespaldas.

Había llegado González González a *Proceso* con pruebas que acreditaban su calidad de informante irrecusable. Su credencial como jefe de ayudantes firmada por Durazo y como jefe de ayudantes con él de arriba a abajo. Fotos y más fotos los mostraban juntos en tranquilas caminatas por las avenidas de Los Ángeles y las vías más recatadas de Montreal, en el Palacio de Bellas Artes el Día del Agente de Policía y Tránsito, en el Festival del Grupo de Promotoras Voluntarias, en la Plaza México, en una charreada en beneficio de la Estancia Infantil de la Policía, en un recorrido con el procurador Alanís Fuentes, en una reunión de burócratas en homenaje al jefe de Policía y Tránsito, a la entrada de Tlaxcoaque, a la salida, en la patrulla de Durazo, en su oficina. Detrás o a un lado de él, a corta distancia siempre, era González González una prolongación del hombre a quien López Portillo consintió como a ningún otro funcionario.

Pudo haber sido secretario de Estado, que ni así los flashes de la publicidad hubieran iluminado con mejor luz al delincuente. Trató de tú a tú a los divisionarios, incluido el secretario de la Defensa Nacional; recibió de John Irwine la fotografía autografiada de uno de los primeros hombres que pisaron la Luna; fue mancuerna de Hank González en ceremonias continuas; fue orador ante comisiones legislativas presididas por Antonio Carrillo Flores y Luis M. Farías; tuvo con Fidel Velázquez familiaridad de amigos, eufóricos ante las cámaras de televisión; fue compañero de López Portillo en el deleite de ambos: las armas. En los stands de tiro del Estado Mayor Presidencial disparaban por turno metralletas israelíes y checas, las mejores del mundo.

También incursionó en el arte. Creador de espacios escultóricos en su imaginación fértil, concibió un magno homenaje en memoria de los policías y bomberos muertos en el cumplimiento del deber. Se propuso honrarlos más allá de la hipérbole, como nadie podría hacerlo. Unió en un haz a la Coatlicue, al Caballero Tigre, a la Gran Tenochtitlan, a la población a él confiada y ordenó una maqueta de dos metros de largo y un metro y medio de ancho. Trabajada con material de vidrio y latón, anticipaba la grandeza del monumento: a punto de expirar, tendido, un policía libraba el último combate por la seguridad de su ciudad. El tiempo o la ira o la ira y el tiempo destruyeron el proyecto. Alguna vez expuesta la maqueta en el viejo edificio de la Dirección de Policía y Tránsito, junto a la pequeña iglesia de la Plaza de Tlaxcoaque, informaba la placa:

Por iniciativa del C. Gral. de Div. Arturo Durazo Moreno, director general de Policía y Tránsito del D.F., se construyó este monumento en el año de 1978, a fin de honrar la memoria de los policías, bomberos y demás custodios de seguridad pública, que en una u otra forma ofrendaron su vida en el cumplimiento del deber.

Consta de tres secciones:

1. Plataforma grecada representativa de las construcciones clásicas de la cultura mexica.

2. Réplica del monolito de la diosa Coatlicue, madre de Huitzilopochtli y protectora de los caídos en combate. Se le atribuye la dualidad de la vida y la muerte.

3. El Caballero Tigre, guardián de la Gran Tenochtitlan, representa al valeroso guerrero caído dignamente en defensa de los habitantes de la ciudad.

Finalmente *Proceso* le pagó a González González ciento cincuenta mil pesos como autor de *Lo negro del Negro Durazo*.

Convine con el gatillero en la difusión inmediata de la primicia, dos reportajes amplios que escribiría Ignacio Ramírez. «Será lo mejor para protegerlo frente a quienes clamen venganza», le dije al firmar el contrato.

Antes de abandonar mi oficina insistió González González.

—Publique el libro.

—No podemos, teniente coronel.

—Ábrame camino.

Un telefonema puso en contacto a don Guillermo Mendizábal con el ex jefe de ayudantes de Durazo.

—¿Le interesa la historia? —le había preguntado al editor.

—Muchísimo.

Ellos hablaron. Ellos se entendieron.

El 29 de enero de 1976 ordenó el Departamento de Justicia de los Estados Unidos la detención de Arturo Durazo Moreno, acusado de narcotráfico. Dice el documento, dado a conocer por *Proceso* el 16 de julio de 1984:

Por medio de la presente pongo en el conocimiento de usted que el día 29 de enero de 1976, el gran jurado de Miami, Florida, aprobó la acusación (en secreto) contra Arturo Durazo Moreno, acusado de cinco cargos de conspiración para importar cocaína a los Estados Unidos de Norteamérica desde julio de 1968 a diciembre de 1971. Enjuiciados junto con Arturo Durazo fueron cinco coconspiradores que actuaron como correos de cocaína.

Los documentos certificados de la acusación y las órdenes de aprehensión deberán llegar a la ciudad de México a principios de la semana próxima.

Sin otro particular por el momento, aprovecho la oportunidad para reiterar a usted las seguridades de mi más atenta y distinguida consideración.

Atentamente

Robert J. Lyman
Director General

La carta llevaba el siguiente membrete:

UNITED STATES DEPARTMENT OF JUSTICE
DRUG ENFORCEMENT ADMINISTRATION
Embassy of the Unites States of America.

Al pie de la misiva el sello que distinguió en 1976 a todos los documentos oficiales del gobierno de los Estados Unidos: *American Revolution Bicentenial,* 1776-1976.

El mes de agosto de 1984, desde Washington, Joseph John Jova, embajador de los Estados Unidos en México de 1974 a 1977, declaró a Rafael Rodríguez Castañeda, jefe de redacción de *Proceso,* que informó a López Portillo acerca de los antecedentes de Durazo y que el presidente electo le aseguró que no había motivo de preocupación, que controlaría a su colaborador. En ese tiempo era Durazo jefe de seguridad de López Portillo. El 20 de abril de 1985, Stephen Czulberg, abogado de la fiscalía de California y representante de la Procuraduría de la República en el juicio de extradición que se siguió a Durazo en los Estados Unidos, dijo en Los Ángeles a Enrique Maza, jefe de información de *Proceso,* que tenía noticia acerca de que José López Portillo y Gerald Ford habían hablado acerca de Durazo y que el presidente de los Estados Unidos había accedido a la exoneración del narcotraficante fichado.

Fue conocida la vida escandalosa del jefe de Policía y Tránsito del Distrito Federal, pública su vida pública y pública su vida privada. A su casa del Ajusco llegaron miles de invitados, que para eso construyó la mansión y su parque de diversiones. Por complicidad en el crimen o por omisión en las investigaciones —si las hubo nunca las dio a conocer—, el horror del río Tula fue un oprobio más en el rosario de oprobios de Durazo Moreno. A pesar de todo, López Portillo lo mantuvo como jefe de la policía y permitió que conservara las insignias de general. No tuvo límite en sus deferencias para con él.

Ni con la mejor buena voluntad hay manera de pensar que el presidente de México ignoró la clase de funcionario que fue su compañero de juegos 40 años atrás. Tampoco es posible soslayar que a tiempo fue advertido de la historia criminal que Durazo cargaba a cuestas. Frente a los hechos, un abismo se abre. ¿Qué ocurrió entre López Portillo y Durazo? ¿Hasta dónde los unió la complicidad, deliberada o consentida? ¿Qué tan profunda fue la ofensa que el presidente infligió al país? ¿Sólo por ceguera sostuvo a Durazo hasta el final? ¿Por qué no aclara la naturaleza de una relación sospechosa, pervertida en los hechos? López Portillo dice que por disciplina política, que un ex presidente se condena al mutismo. ¿Es admisible cuando los temas a debate son los del honor? López Portillo gobernó al país como le dio la gana y Durazo fue su omnipotente jefe de policía. Dioses ambos. Ahora callan. Nada dice Durazo de López Portillo, nada dice López Portillo de Durazo y los dos frente al país persisten en un obstinado silencio, cada uno en su cárcel. Durazo en el reclusorio. López Portillo en su colina de Cuajimalpa, rechazado.

López Portillo inició su gobierno con una plegaria. Dijo a los mexicanos lo que esperaba de cada uno de ellos, trabajo, devoción por el país. A los mexicanos sin amor por México les rogó que se fueran. A los mexicanos marginados, sin suelo ni cielo, les suplicó su perdón. La emoción compartida de los asistentes a la protesta del nuevo presidente, adaptado el Auditorio Nacional como recinto de los Poderes de la Unión, transformó el local en un templo. A muchos se les humedecieron los ojos. Echeverría gritó al final: «¡Viva el presidente López Portillo!». Fue una voz desesperada en busca del último aplauso.

En los inicios de 1977 me recibió López Portillo en Los Pinos. Lo encontré dueño de sí y de cuanto le rodeaba. Sentado en un sillón de cuero negro y alto respaldo, cruzadas las piernas, vestido con un traje oscuro de tela gruesa, todo se movía a su servicio con una suave naturalidad. A una llamada apenas perceptible de un timbre oculto, una bella señora de cabello rubio que descendía hasta media espalda, le llevó su pipa. Fumó el presidente con fruición, largos segundos en silencio. «Sabe a madera y frutos», dijo.

Escribiría un diario, resumen de sus experiencias y reflexiones. Se dice que el hombre en el poder está solo, especie única en las alturas. No lo creía así López Portillo. Pensaba que la soledad se da al momento de tomar una decisión, no en el largo trance que la precede. «No, Juliao, no hay más soledad que la del narcisista y el ególatra», me dijo. Así me llamó siempre, Juliao, la *jota* convertida en una *shhh* susurrante, como quien pide silencio.

Le pesaba dejar la pintura, el pincel que escudriña como los dedos del amante. Ya volvería a las formas y a los colores, enriquecido por el ejercicio del cargo, privilegio como ninguno. No habría hazaña que no intentara ni esfuerzo que dejara de lado en los 6 años que iniciaba. «La vida es poca cosa, Juliao, frente a las posibilidades de entregarse al país.»

Le pregunté por Echeverría. Su afán de servir era patente, me dijo. «Ni un obcecado podría negarlo», subrayó. Le pregunté por el carácter de Echeverría, por sus mundos de adentro, los que López Portillo conocía como nadie. Amigos de muchos años unidos para siempre como heredero y delfín en el mando de la nación, de ellos 12 años sucesivos, podría describirme situaciones sorprendentes. Observé la sonrisa contagiosa del presidente, sus ojos chispeantes bajo las cejas tupidas. «Mira, Juliao, si un peñasco se desprende de las alturas, don Luis no tiene paciencia para aguardar el fin de la carrera vertiginosa. Enfrenta el peñasco y el peñasco lo arrolla.»

—¿Es compulsivo?

—¿Me lo preguntas tú?

Nos reímos. Me sentí torpe, pero no fuera de lugar. Pretendí hurgar en el alma de Echeverría y fui detenido en la búsqueda, pequeña historia de todos los días en el periodismo.

—¿Y tú, Pepe?

—¿Yo qué, Juliao?

—¿Te adaptas a las mil complicaciones del poder?

Al asumir la Presidencia pensó López Portillo que no resistiría la liturgia que impone. Insoportable le resultaba la presencia de un oficial del Estado Mayor a sus espaldas, inevitable como la propia sombra. Poco a poco la estatua le resultó familiar. Después le pareció una prolongación de su voluntad. Acabaría por serle indispensable.

—¿A ese grado, Pepe?

—Así, Juliao. Tú lo sabes. El hombre es también un animal de costumbres.

—¿Y los problemas del país, Pepe?

—Son nubes negras. Pasan.

Repitió lo que tantas veces dijo:

—Sacaré al país del bache. Tres años es todo lo que necesito.

Decía Margarita López Portillo de su hermano:

—No tengo más pasión como directora de Radio, Televisión y Cinematografía que cuidar su imagen como presidente.

Decía López Portillo de la directora de Radio, Televisión y Cinematografía:

—Margarita es mi piel. Si la tocan, me hieren. Hija de Julio García López Portillo, tía de Pepe y Margarita, mi madre sentía por ellos afecto sincero. No imaginó el destino de su sobrino, pero habría seguido sin asombro su carrera vertiginosa hasta la cúspide. Lo tuvo por hombre leal, resuelto, inteligente. Margarita le parecía dulce y bondadosa. Tampoco imaginó su gloria efímera.

Margarita vivió un matrimonio doloroso. Una de sus hijas murió de bronconeumonía en el momento de conflictos desgarrados. Un tiempo se apartó de todos. Eligió La Habana como refugio y allá se fue con su hija única. Contaba, de regreso en México:

—Podía faltar el pan en la mesa de Pepe mi hermano, no en la mía.

Alguna que otra vez se presentaba Margarita en las oficinas de *Excélsior.* Me pedía que publicara sus textos sobre sor Juana, cincuenta o sesenta cuartillas cerradas. «Es un material desproporcionado por su extensión —le decía—. Sacrifica parte del trabajo y con mucho gusto le abrimos espacio en la Sección B.» Nada me tomaba a mal. Parecía tranquila, vencidos los conflictos. Sonreía casi permanentemente.

A partir del nombramiento de López Portillo como director de la Comisión Federal de Electricidad, un salto al primer plano de la política desde la subsecretaría de Patrimonio Nacional, vi con frecuencia al futuro presidente. Era ostensible su personalidad grandilocuente. Me regaló uno de sus libros, *Don Q.* Le confesé que lo había abandonado a medio camino y que me había llamado la atención la pretensión de sus últimas líneas. Consignaban el nombre del autor —José López Portillo y Pacheco—, el lugar —ciudad de México—, la fecha —octubre 31 de 1967— y la hora puntual en que había concluido la obra maestra: 2:55 p.m. Al día siguiente me envió las novecientas ocho páginas de su *Génesis y teoría general del Estado* con una dedicatoria que interpreté como un golpe mordaz y afectuoso: «Para Julio Scherer García, el primo más importante del horizonte familiar, este exceso de sabiduría política. Con afecto. Octubre de 1972».

Dio un segundo salto, más espectacular que el primero y llegó a la Secretaría de Hacienda. Casi como un presentimiento le dije que sería presidente de la República. «¿Por qué?, me preguntó. «Tienes algo en común con Echeverría», respondí en el tono sibilino de una adivinanza. Muchas veces recordé la frase certera. Echeverría y López Portillo parecían distintos y eran iguales, pavorreales ambos. Echeverría ocultaba sus plumas y se mostraba estricto con él mismo, sin espacio para la vanidad. López Portillo desplegaba sus galas y las exhibía orgulloso bajo los rayos del sol.

Alguna vez comentó Porfirio Muñoz Ledo:

—A López Portillo no le gusta el tamaño de sus manos.

—¿Cómo lo sabes?

—Él mismo lo dice.

No le faltaba razón a López Portillo, vista su alta estatura y su constitución atlética.

Publicó *Excélsior* el lunes 24 de febrero de 1975 a todo lo ancho de la primera plana, en su cintillo, sobre el logotipo:

«Este año, impuesto al valor agregado y gravamen a la riqueza patrimonial».

A primera hora Jesús Puente Leyva, director de la Nacional Financiera, me habló enfurecido. Pagaríamos con el desprestigio nuestra audacia inadmisible. La información era falsa, de mala fe. Siguieron otros telefonemas, acusaciones públicas. Acaparó la atención del país el impuesto patrimonial, presentado por casi toda la prensa, el radio y la televisión como una sucia maniobra contra el secretario de Hacienda, que volaba muy alto. Corría el año del destape. El futuro estaba en juego. *Excélsior* urdía bajas intrigas.

Más allá de las discusiones acerca de la presentación de la nota del escándalo, su contenido se apegaba a los hechos. Publicamos en la primera plana el jueves 27 de febrero:

La Secretaría de Hacienda sí estudia la posibilidad de establecer el impuesto a la riqueza patrimonial. Del análisis correspondiente se encargan el grupo interno de esa dependencia y la Subsecretaría de Ingresos. Se les ha fijado la obligación de entregar resultados en junio próximo. El grupo interno está dirigido por el subsecretario de Ingresos y lo constituyen los otros subsecretarios, el oficial mayor y diversos funcionarios y asesores.

Todo lo anterior aparece, sin lugar a dudas, en la publicación oficial de Hacienda. Se trata del número cinco de *Numérica,* Boletín de Circulación Interna, de febrero de 1975. Son de tal manera importantes las atribuciones del grupo de trabajo que, como se refiere en el boletín citado, «presentó a la consideración del titular del ramo estudios y trabajos que condujeron a las proposiciones de política hacendaria que el propio secretario sometería a la consideración del presidente de la República».

El editorial de ese mismo día recogió parte de la descarga lanzada contra *Excélsior* desde todos los frentes. Nuestros adversarios lograban hallazgos notables. Uno de tantos se atrevió a publicar: *«Excélsior* intenta dividir a la familia mexicana».

Descompuesto por la ira, López Portillo habló el viernes ante un auditorio que lo ovacionó de pie. Como el mejor de los suyos fue premiado por los miembros de la Confederación Nacional de Cámaras de Comercio. Echeverría presidió el acto. Hank González, gobernador del Estado de México, fue el anfitrión. Tuvo la asamblea un corte intimidatorio. Echeverría y Hank abrazaron al correligionario ofendido. Los puños en alto y al frente, había gritado López Portillo, cruzado del bien:

«La actitud de ese diario es una actitud irresponsable, formulada por gentes que ni aman ni se solidarizan con México, que quieren perjudicarlo y que no se paran en medios para difundir versiones o interpretaciones conscientemente equivocadas e, incluso, malévolas».

Sin ofrecer pruebas ni establecer una lógica en los hechos, la palabra sagrada, había dicho López Portillo que el anteproyecto de *Numérica* fue arrojado al cesto de la basura y que de allí, del desperdicio, *Excélsior* lo recogió para satisfacer su malevolencia.

Entre salvas de aplausos, había dicho López Portillo:

«Me parece grave responsabilidad convertir los basureros en noticias de actualidad. Y, aprovechando el papel de desperdicio, alarmar a una comunidad que hoy más que nunca requiere de tranquilidad, de solidaridad, de armonía, de entendimiento para enfrentar los graves problemas que la situación internacional entraña para nuestro pueblo».

A las tres de la tarde discutía con el director de la segunda edición de *Últimas Noticias,* Regino Díaz Redondo, la mejor manera de enfrentar los excesos del secretario de Hacienda. Disponíamos de poco tiempo para asumir una posición clara. A las cuatro de la tarde la *Extra* debería circular por la ciudad en manos de los voceadores. Oscilábamos entre publicar un estracto del discurso en páginas interiores o en la primera plana del vespertino. «Tomemos el toro por los cuernos —resolví—. Publiquemos el discurso íntegro, en la primera plana.»

Era la solución. Si López Portillo opinaba que *Excélsior* era un periódico sin escrúpulos dirigido por «gentes malévolas», así deberíamos darlo a conocer. Nuestra calidad de jueces y reos del poder nos obligaba a una actitud sin sospecha.

Un segundo argumento apoyaba la decisión. A López Portillo lo retrataban sus propias palabras, involuntario apunte autobiográfico. Más allá de nuestro trabajo, nos calificaba de viciosos, abierta la acusación a las conjeturas que se quisieran. De temperamento arrebatado, alimentada su ambición por el delirante entusiasmo del auditorio, había señalado:

Qué hermoso gesto de honestidad intelectual y de periodismo responsable el que ese diario hubiera reconocido su error. Pero, señores asambleístas, en lugar de ese gesto de honestidad que hubiera honrado a ese diario de tan gran tradición, en lugar de ello, con verdadera desesperación, aferrados a su irresponsabilidad y a su mentira, siguen manipulando la información para crear confusión, estruendo y disimular sus vicios.

A punto de abandonar mi oficina, una llamada de larga distancia me sobresaltó: López Portillo deseaba conversar conmigo. A través de alguno de sus ayudantes sugería que nos reuniéramos en la ayudantía del Estado Mayor Presidencial, en Los Pinos. Si aceptaba, se trasladaría en helicóptero de Toluca a la ciudad de México y nos veríamos en una hora.

Llegó a la cita minutos antes que yo. Sudaba como si saliera del vapor. Enormes círculos alrededor de los sobacos arrugaban su guayabera a la moda.

—¿Qué nos estamos haciendo, Juliao? —me saludó.

Respondí más con una exclamación que con una frase, azorado:

—Pendejadas, Pepe.

—Pongámosle fin a esto —propuso.

Cinco minutos nos bastaron para concluir un acuerdo. *Excélsior* publicaría el discurso del secretario de Hacienda sin nuevos comentarios editoriales y el secretario de Hacienda silenciaría a los medios de comunicación.

—¿Seguro, Pepe?

—Seguro, Juliao. Tú los conoces bien. —Fui sensible al sarcasmo. El director de *Excélsior* había sido el primero en aceptar la mordaza.

Días después desayunamos en su casa del Pedregal, en Parroquia y Colegio. Cerca del antecomedor colgaba una pera de box. Cátedra de precisión y destreza, la golpeó durante unos minutos. Recuerdo la descarga de los golpes como una ráfaga de metralleta, secos, rítmicos. «Éntrale, Juliao», me retó. Lancé un derechazo de cualquier manera. Estaba López Portillo en pants azules con rayas blancas y rojas. Había levantado pesas, corrido kilómetros.

—Eres una mula. No merecía ese cintillo. —(El cintillo de *Excélsior,* el sábado 5 de marzo, había reiterado nuestra posición en la controversia. Tuvo el valor de un editorial, concreto en sus términos, la rúbrica que la pugna ameritaba. Sin lugar a confusión, puntualizaba el encabezado: «Se estudia la conveniencia del impuesto patrimonial: López Portillo».)

114

—Estaba obligado, Pepe. Era lo menos que podía hacer.

—¿Quién te envió *Numérica?*

—No te lo voy a decir.

—Guajardo Suárez.

—No.

—Lo tengo checado.

—Mi palabra de honor.

—Él fue.

—No miento. —Y no mentía.

—¿Me lo dirás algún día?

—Nunca, Pepe.

Nos despedimos con un abrazo.

—¿Cómo siempre, Juliao?

—Como siempre, Pepe.

En los días previos al destape, Echeverría y López Portillo tuvieron para *Excélsior* y para mí en lo personal pruebas de confianza extrema. El periódico fue avanzada en la sucesión y yo depositario de la clave que hace posible la sexenal transfiguración en nuestro sistema político: la del hombre que de la tierra asciende a los cielos y la del hombre que de las alturas es devuelto a la tierra. Ricardo Garibay fue también testigo y protagonista del misterio. Le pedí que contara su propia historia y por escrito la narra:

El 11 de septiembre de 1975 escribí en *Excélsior* un artículo donde hacía ver a los siete viables precandidatos a la Presidencia de la República. Eran éstos: Muñoz Ledo, Moya Palencia, Bracamontes, Cervantes del Río, Gómez Villanueva, López Portillo y Gálvez Betancourt. Anoté sus cualidades y virtudes —bien visibles entonces—, los defectos personales que se harían institucionales en caso de llegar al poder y los riesgos que por esos correría el país en caso de éste o el otro o el otro posible candidato. El mío, el que me parecía más maduro y menos demagogo, al que había yo tratado más, y él tenía ya ciertas certidumbres de que era «el bueno», era Gálvez Betancourt, y por eso, para no quemar a mi amigo en un destape periodístico, disimulé un poco sus ventajas y terminé diciendo, cargando así, sobre ellas, la tinta: «Acaso necesitemos un Gálvez Betancourt menos inobjetable».

Creí que de ese modo cumplía mi propósito y un compromiso hablado con el propio Gálvez Betancourt, pero al tratar el caso López Portillo había yo conseguido inocentemente una semblanza política que llenó de entusiasmo al presidente Echeverría. Escribí: «En el caso de López Portillo las respuestas han sido unánimes: nadie pone en tela de juicio la capacidad intelectual del posible candidato, ni su poder de organización, ni la firmeza de su carácter, ni su sobriedad personal, ni su valentía cívica, ni la salud mental con que llama pan al pan y vino al vino. En verdad estamos frente a un hombre dotado para cualquier empresa que se proponga; frente a un ciudadano entero y patriota por los cuatro costados. Y esto dicho con absoluta seriedad. Pero todos han coincidido en el temor al temperamento de este secretario de Estado, que tendrá que remar contra la turbulenta socarronería de la política mexicana, minuto a minuto desde el primer minuto de su gobierno. Increíblemente, lo difícil de este aletargado país es que no se le puede gobernar con genio vivo».

Me preparaba para escribir un segundo artículo de la misma materia, centrado ya mañosamente en Gálvez —había una tremenda impaciencia nacional por el destape, que se hacía esperar mucho más en sexenios anteriores, y esa espera era vista como una burla política más de Echeverría, como una tensión extraordinaria y artificial que haría delatarse y estallar a los seis precandidatos no buenos— cuando recibí un telefonema de Fausto Zapata, subsecretario de la Presidencia, el hombre de las relaciones periodísticas de la Presidencia. Que era urgente, urgentísimo y de la mayor importancia que nos viéramos en el Palacio Nacional. Fue el 14 de septiembre, tres días después de la publicación del artículo.

Zapata me recibió en su despacho. Inmediatamente salimos a los claustros de Palacio, hacia la parte presidencial. Iba diciéndome: «Lo que vas a recibir ahora, Ricardo, es una prueba contundente de la estimación, la confianza y el respeto que te tiene el presidente. Vas a recibir algo de la mayor importancia para el país en este momento». Pasamos por varias oficinas, se asomó a dos salones. «No, aquí no. Aquí tampoco». Llegamos a un salón interior, azul pálido, amueblado con exquisitez, con dos puertas y ninguna ventana. Me dijo: «Siéntate». Cerró por dentro una de las puertas, y antes de cerrar también por dentro la otra, puso de guardia, fuera del cuarto, al comandante Jorge Galindo, invariablemente sonriente y apacible; pero era un luchador profesional capaz de matar a un hombre en pocos segundos. Cerró Fausto Zapata la puerta, se guardó la llave y se sentó en un sillón delante de mí, en silencio.

—De qué se trata, pues —dije.

—En el artículo que publicaste la semana pasada, hay algo muy importante y revela la sagacidad política, la madurez política a que has llegado. Esto que te voy a decir lo hago por instrucciones precisas del presidente, serás desde este momento depositario de un secreto que conoce media docena de personas, ni una más, y serás depositario de la confianza expresa y total del presidente de la República.

—¡Caramba!

—Tú destacas, de manera muy marcada, al licenciado López Portillo entre los precandidatos...

—Bueno, en realidad yo quería... —iba a aclarar.

—Y, efectivamente, el candidato será el licenciado López Portillo. José López Portillo será el próximo presidente de México.

—¡Qué!

—José López Portillo será presidente de México. Por decisión del licenciado Echeverría, lo sabe Julio Scherer y lo sabes tú, el propio presidente —como es natural—, yo y otras dos personas. Tú adviertes la gravedad de este conocimiento. Quiere el presidente que escribas —si estás de acuerdo— un artículo, cuanto antes, donde analices la personalidad de López Portillo y hagas ver las líneas generales de su próximo gobierno. Tu discreción deberá ser total. Que el artículo no revele que lo sabes. Que nadie, absolutamente nadie se entere de lo que sabes. El presidente tiene plena confianza en ti, y él y más tarde el licenciado López Portillo te agradecerán este servicio. Lo que vas a hacer, si aceptas, es un favor que no se olvida nunca.

—Acepto —dije—. Necesito hablar con López Portillo.

—Éstos son sus teléfonos directos y privados —dijo Zapata y me dio una tarjeta.

Salí temblando. Fui a ver a Scherer.

—¿Se da usted cuenta de lo que sabemos, Julio?

—Lo suficiente para ser leales a nuestra palabra —dije.

—Claro, lo entiendo.

Ese mismo día hablé con López Portillo, que estaba ya enterado de la intervención de *Excélsior* en el misterio político. López Portillo me delineó las principales características de su futuro gobierno. Cosa curiosa: habló enfáticamente, autoritariamente, arrogantemente, dando a luz, ya, el temperamento que yo vaticinaba y del que hizo gala después, en sus seis años de gobierno. Me hizo, a toda velocidad, por teléfono, el dibujo de sus empeños futuros. Se le oía la voz certerísima, inapelable, casi colérica. Ya en ese momento hacía sentir una acerba crítica al régimen de Echeverría y una personalidad detonante y desafiante a toda crítica. Escribí el artículo y se publicó el 18 de septiembre. Nadie me dio las gracias. Nunca nadie reconoció con alguna actitud, con alguna palabra, mi tarea. Meses después Echeverría hacía pedazos *Excélsior*. López Portillo no fue amigo nuestro, sí lo contrario.

La víspera del destape sonó el teléfono de mi casa, en Naucalpan. Era, desde Acapulco, el licenciado Gálvez Betancourt. No recuerdo con exactitud el diálogo —eran las cuatro o cinco de la mañana—, pero éste fue el contenido:

—Ricardo, láncese, ya, abiertamente, ya, sin ocultar nada. El presidente Luis Echeverría acaba de darme, aquí en Acapulco, la luz verde. Nos vamos a la grande, láncese.

Dios mío —pensé—, cómo es posible tanta perversidad, cómo lanzar a un hombre al más escandaloso fracaso, cómo guardarse el as en la manga de modo tan cruel.

Me enredé exclamando que en ese momento me sentaría a escribir el gran artículo del destape, que qué alegría, que qué bien para México, que grandes felicitaciones, etcétera. Quedé con Gálvez Betancourt que a las once de la mañana hablaríamos en la Dirección del Seguro Social. Más tarde era destapado públicamente, oficialmente, como candidato del PRI a la Presidencia de la República, José López Portillo.

Las palabras daban vueltas alrededor de sí mismas. Fausto Zapata no se decidía a decirme lo que tendría que comunicarme. Atrapado por el circunloquio, tardaba en romperlo. Me hacía sentir que el mensaje del que era portavoz tenía la mayor importancia y que yo debería interpretarlo sin necesidad de que él lo hiciera explícito. Por mi parte, le dificultaba el cometido. Era angustioso el ir y venir de sus palabras.

—Debería visitar al secretario de Hacienda.

—¿Así nomás? ¿Por qué, Fausto?

—Es un deseo del presidente Echeverría.

—¿Relacionado con la sucesión presidencial?

—Así es.

—No entiendo.

—Sí entiende.

—No, Fausto, no entiendo.

—¿No?

—No.

—¿De veras, Julio?

—Se lo aseguro.

—El licenciado López Portillo será el candidato —dijo de un golpe. A la revelación siguió un largo silencio. Volvió la voz de Fausto distinta, cómplice, voz cálida y ahogada. «Conviene que visite al futuro presidente de México. Desde ahora.»

Me llenó de gozo saber sin lugar a dudas.

—Le digo al licenciado López Portillo que sé, por supuesto.

—Eso no.

—¿Por qué, si sé?

Discurrió, imperativo:

—Usted se presenta en la Secretaría de Hacienda con el ánimo de quien hace una visita de cortesía a su titular.

—¿Tiene sentido?

—Así lo quiere el presidente Echeverría.

Compartido el misterio, fue explícito Zapata. Me pidió que *Excélsior* hiciera valer con tino e inteligencia la información que ponía en mis manos como un tesoro. Sugirió la publicación en la sexta plana de un artículo y una caricatura que dieran a entender, a quienes quisieran entender, que López Portillo era el bueno. Adelantó el nombre de un gran escritor como candidato para la tarea: Ricardo Garibay. «De acuerdo —dije—, yo hablo con él.» ¿Y el cartonista? Trataría el tema con Marino, le dije a Zapata.

El jueves 18, en la sexta plana de la primera sección, a tres columnas escribió Ricardo Garibay un texto que desde el encabezado ponía en claro las cosas. «De persona a persona», decía el balazo, título en letra pequeña. Y en letra de mayor tamaño: «Uno de los siete». Uno de los siete era López Portillo. Excluidos los otros seis, era el único.

Al día siguiente, en la misma sexta plana aparecieron dos encapuchados de Marino. Le pregunta el que no es al que sí es: «¿Y tú quién crees que sea el bueno?». El bueno, fuerte, alto, erguido, guarda un silencio ufano. Asoma de la bolsa de su saco una de las patas de sus anteojos, rasgo inconfundible de José López Portillo.

Visité a López Portillo en la Secretaría de Hacienda, a punto de abandonarla para siempre. Comprometidos al sigilo, hacíamos como que platicábamos.

No podría reconstruir la conversación, que existió sin existir, como los sueños o las pesadillas. Recuerdo, sí, que sonreíamos por banalidades.

Estuvimos así algún tiempo. Cauteloso, pregunté como quien se acerca de puntillas a un sitio peligroso:

—En tu situación, Pepe, ¿cómo te sientes?

Me pareció que respiraba.

—¿Cómo quieres que me sienta, Juliao, si ya escucho el tropel de búfalos?

—¿Angustiado, Pepe?

—No exactamente. Ansioso, en todo caso. —Dijo en seguida que la vida es un hilo prendido del presente y si ésa es la vida, ¿qué es la espera, sino una forma de desesperación?

Comimos juntos poco después, el día del anuncio oficial de su precandidatura. Nada me habría gustado más en esa hora y media que adentrarme en el ir y venir de sus pensamientos, participar del vaivén de sus emociones.

—¿Estás bien, Pepe?

—Sí, tranquilo.

—¿A qué hora, Pepe?

—No lo sé con precisión. Supongo que al atardecer.

Hacía calor bajo un cielo nublado. Pocas personas discurrían en la Cafetería del Bosque, frente a las aguas verdes, ligeramente sucias del lago menor. A unas mesas del secretario de Hacienda, un grupo de guaruras seguía atento el parsimonioso desplazamiento del personal de servicio, escasa como era la concurrencia. Ese 22 de septiembre de 1975, López Portillo pidió sopa de verduras y carne asada. Apenas probó el pan. Bebió un refresco. Las piernas estiradas, la mirada en puntos distantes sin ubicación posible para mí, dejaba que transcurriera el tiempo. Le vi las manos apoyadas en los muslos, pequeñas, pobladas de vellos las falanges. La argolla de matrimonio oprimía ligeramente su dedo anular izquierdo.

—¿Tus hijas? ¿La Munsi? (doña Carmen Romano de López Portillo).

—Bien, Juliao, gracias. Centrados.

Bebimos café sin azúcar, endulzado con un flan delicioso, quemada la miel. Antes de separarnos me dijo que su existencia completa daba un vuelco: «Imagínate. Toda la vida pretendí que se me juzgara por mis intenciones. De ahora en adelante sólo contarán mis acciones y sus resultados».

Nos despedimos con un abrazo y se alejó rumbo a su Borgward negro, viejo, que él mismo manejaba. Observé que renqueaba ligeramente. Le dí alcance. Apareció la sonrisa clara de López Portillo, el buen humor que lo animaba, su placer por la vida. «Esta mañana jugamos karate José Ramón y yo. Como ves, se le pasó la mano, o el pie, para ser preciso. Adiós, Juliao.»

Lo vi partir. Asocié su futuro con el diálogo final de *Don Q:*

—Ojalá algún día encuentre yo, o encuentres tú, José, algo por qué entregar toda tu voluntad.

—¡Ojala, *Don Q!*

Al atardecer, informaba la *Extra:*

«José López Portillo. Lo lanzaron en la CTM y en la CNOP».

No hay líneas sesgadas en la biografía del empresario Juan Sánchez Navarro. Considera que el gobierno es un mal necesario y lo dice. Cree que la iniciativa privada es la razón de una sociedad organizada y productiva y lo dice. Sostiene que los mejores han de conservarse en punta y atraer a los rezagados para incorporarlos al progreso y lo dice. Le gusta vivir. Permanece con los poros de la piel abiertos a todas las sensaciones y así fuera en el trópico no desdeñaría una mañana de sol. De su congruencia se jacta: incendiada la tierra por una revolución, sería el último habitante del planeta en armarse. Detesta y teme la violencia.

Varios sucesos quebrantaron nuestra relación. Primero fue el boicot de los capitales privados contra *Excélsior*. En agosto de 1972 retiraron sus anuncios del diario para obligarlo a variar su política informativa y editorial. Después sobrevino el golpe de Echeverría, el ocho de julio de 1976. Al límite me llevaron la rabia y la impotencia. Una y otra vez me repetí las mismas preguntas y las mismas respuestas, circulares, obsesivas. Sin gusto por los días, el tiempo les devolvió poco a poco su sabor. Fue prolongada la cura. He dicho muchas veces que fueron mis compañeros los que me sacaron del ataúd en que me había metido.

Interrumpido por años un trato frecuente, nos reunió de nuevo la curiosidad insaciable de Sánchez Navarro. Apasionado por la vida cotidiana y por el mundo a la distancia de su mirada ávida, interesado por todo, me dijo sin rodeos que deseaba conocer la fecha de mi toma de posesión como director de *El Universal*. Supo en ese mismo momento de mi rechazo al ofrecimiento de Juan Francisco Ealy Ortiz Garza. El día de nuestra expulsión de *Excélsior* formó parte del coro gigantesco que pretendió silenciar en México una noticia que recorrió con escándalo el continente completo y Europa. Ese mismo día envió a Reforma 18 los boletines y la información de la jornada para que el diario no saliera desmantelado al encuentro con sus lectores. No le tenía confianza al joven magnate dueño de *El Universal*. Sería su amigo la primera semana; la segunda, el eficiente director de su periódico; la tercera, un hombre peligroso en el manejo de la información; a la cuarta semana estaría en la calle.

«El diario es tu vocación, no una revista. El diario es la vida, la revista la ve pasar —me dijo Sánchez Navarro—. Acepta el ofrecimiento o te arrepentirás para siempre. Enfrentaste otros riesgos, encara éste.»

Le dije que no existe vida comparable a la vida sin candados cuando se es periodista y que en la revista éramos absolutamente libres. «No hay alternativa para mí, Juan: *Proceso* o *Proceso*.»

El tiempo me dio la razón. Ealy Ortiz Garza contrató como subdirector general de *El Universal* a Benjamín Wong Castañeda, de vieja trayectoria en el oficio, y festejó el nombramiento con fotos, crónicas y parabienes públicos. Al cabo de unos meses, sin una palabra, las buenas y las malas razones guardadas para sí, oculta la cara, le mandó decir a Wong que estaba cesado. Del hecho dio cuenta pormenorizada Miguel Ángel Granados Chapa en su columna «Plaza Pública».

Animados por el propósito de rehacer nuestra amistad, Sánchez Navarro y yo volvimos sobre nuestros pasos. Aclaramos situaciones y recobramos el presente sin amarguras ni reclamos por el pasado.

—Juan —le pregunté un día de noviembre de 1985—, dime, pero dime la verdad: ¿es o no cierto que el presidente Echeverría inspiró el boicot de la iniciativa privada contra *Excélsior*?

—Absolutamente —me dijo.

—¿Absolutamente dices?

—Sí, eso digo.

—Cuéntame —lo apremié.

A juicio de la cúpula de los organismos privados en el país, el Comité Coordinador Empresarial que presidía Sánchez Navarro, *Excélsior* perdía objetividad en la presentación de las noticias y peligrosamente torcía el rumbo a la izquierda. Alarmados por la orientación del periódico más importante del país, industriales, banqueros y comerciantes exponían sus temores al presidente Echeverría. Él los escuchaba con los ojos entrecerrados y sin despegar los labios, igual que un sacerdote atento a la perversión del mundo, pero inerme frente a ese mundo que se le viene encima.

Fue durante una comida en la casa del ingeniero Bernardo Quintana que el tema dejó de ser un soliloquio para los empresarios. Se miraron unos a otros, sorprendidos, cuando Echeverría les dijo que ellos eran los responsables de que la situación hubiese llegado a extremos que juzgaban inaceptables. Mencionó la publicidad, sostén de la cooperativa, y habló de los muchos millones de pesos que por decisión propia canalizaban a la caja de *Excélsior*. Pronunció una frase redonda, clave en la maquinación:

—De qué se quejan —les dijo Echeverría—, si ustedes tienen el pandero en la mano.

—¿Así fue Juan, así lo dijo?

—Hay datos que se me pierden, pormenores confusos que a la distancia de los años no podría precisar con certeza absoluta. Pero no me cabe duda acerca de la frase textual que te refiero. «Ustedes tienen el pandero en la mano», nos dijo. «La frase la recuerdo perfectamente. Fue nítida, impresionante.»

Alentados por Echeverría, organizaron los empresarios el cerco contra *Excélsior*. El boicot sería hasta el final. Influirían en las decisiones de la cooperativa o presionarían hasta asfixiarla.

El 6 de mayo de 1972 los directores de los principales diarios del país cumplimos con el besamanos ceremonial en Palacio. Tramitada la invitación para que el presidente encabezara el Día de la Libertad de Prensa, el 7 de junio, nos formamos en fila para despedirnos del jefe de la nación. Uno a uno avanzábamos hasta donde él se encontraba y repetíamos la escena: sonreía el primer poder, sonreía el cuarto poder, sonreían los dos poderes, sus manos enlazadas en ademán de amistad. La foto histórica eternizaba el instante.

Para los afortunados había tiempo extra, parte del rito. A ellos les hablaba Echeverría en sordina, envuelta en el secreto la escena palaciega. Llegado mi turno, su mano fuerte y larga oprimió ligeramente mi brazo. Era la señal. Era de los elegidos. «Quería decirte», empezó. «Diga, señor presidente.» «Me han llegado informes que no debes menospreciar. Tengo noticia, no confirmada aún, de que los empresarios planean represalias contra *Excélsior.*» Sonrió Echeverría, amistoso. Cualquier dato que tuviera, él se comunicaría conmigo. En cualquier circunstancia podría confiar en él.

—Gracias, señor presidente.

—Sabes que aprecio tu esfuerzo.

Alguna vez, en Los Pinos, frente a un aparato de televisión con las pantallas en línea horizontal, Echeverría encendió todos los canales a la vez. «Mira», dijo. Primero le vi el rostro. Tenía la expresión de quien huele olores que le repugnan. Otra vez me dijo que le preocupaba la influencia de la iniciativa privada en los medios electrónicos. Penetraba por todos lados, como el viento o la humedad, conquistaba territorios que no le correspondían, se hacía de fuerza y se ocultaba, como un roble que creciera hacia el fondo de la tierra. Decía también que nada lesionaba a los medios impresos como la autocensura, el gran enemigo de la libertad de expresión. La autocensura, afirmaba, adelgaza la sangre, debilita los jugos del hombre y hace del varón un eunuco. Correspondían los discursos de Echeverría a su excitada actitud contra los grandes empresarios y sus manejos abusivos. Decía que a la sombra del poder, acaparaban el sol.

Entretanto, se endurecían las relaciones entre la iniciativa privada y el periódico. Eran tensas mis conversaciones con Sánchez Navarro. Sostenía que me apartaba de la equilibrada tradición de *Excélsior,* empeñado en vulnerar a los empresarios. «No armaremos el fusil de nuestro enemigo —amenazaba—. Tarde o temprano romperemos con *Excélsior.*» Yo argumentaba que hablaba así desde una posición de fuerza, apoyado por recursos desmesurados. Le decía también que me resistía a contemplar la convivencia como una paz sujeta al capricho del más fuerte, decretada la guerra cuando le venía en gana. Te ciega el amor propio, la pasión, me decía. No ves más allá de tus intereses, le decía a mi vez. Un día me anunció que bastaba de discusiones estériles. Retirarían su publicidad de *Excélsior,* dispuestos a propinarle una lección al diario y a su empecinado director.

No cedería, por supuesto. Pero a la intranquilidad de los primeros enfrentamientos siguió la angustia. No sé hasta dónde puedan llegar los estragos que causa, pero sí sé que la angustia altera el apetito, el clima, los colores, la sexualidad, que aviva algunas luces y apaga otras muchas, que está en el estómago y no hay modo de agarrarla, que de mala manera se mete con lo mejor de uno mismo.

No hizo falta que buscara a Echeverría. Él me buscó. En Los Pinos escuché un nuevo alegato en favor de la libertad de expresión. No era tolerable que estuviera en manos de intereses particulares. No hay manera de ponerle trabas a la curiosidad del hombre y a su necesidad de transmitirla, dijo. No hay viento que pueda apresar el cuenco de una mano ni idea que pueda dominar el dinero o el poder. Ajustamos detalles.

Por cuenta de las empresas paraestatales, el secretario de Patrimonio Nacional, Horacio Flores de la Peña, haría llegar a la cooperativa la publicidad que le hiciera falta para resistir el boicot empresarial. Le dije al presidente que la situación que enfrentaba colocaba al periódico en una situación de extrema debilidad frente a él mismo y a la iniciativa privada. No teníamos más defensa que el orgullo de periodistas. Cualquier intervención del gobierno en el diario, cualquier insinuación para publicar o no publicar, para publicar de manera determinada o modificar el giro de algún reportaje o editorial, daría al traste con el acuerdo al que habíamos llegado. «Por supuesto», respondió el presidente. «Permita que insista, señor presidente. No podría aceptar que...» Pensaba Echeverría que todo había sido dicho y aclarado. «Por supuesto, Julio, por supuesto, en este proyecto no existe más afán que garantizar la libertad de expresión al mejor periódico del país.»

Una mañana, finalmente, se inició el boicot. Me golpeó el diario, alterada su cara. De un día para otro las señoras quedaban sin información sobre las baratas, los precios y las modas de los grandes almacenes. Por más atractivos que resultaran los mensajes de Aceros Ecatepec y Cananea Mining Co., nada tenían qué hacer comparados con las planas de París Londres, El Palacio de Hierro, El Puerto de Liverpool, Sears Roebuck, Sanborn's. Tampoco tenían substituto los anuncios de los bancos ni los desplegados de la televisión, segunda naturaleza de un público vastísimo.

En el desconcierto, era un alivio el trato con Horacio Flores de la Peña. Pasa por áspero y es sensible. Tiene fama de impaciente y desprecia el tiempo frente al apuro de un amigo. De niño acompañaba a su padre a las reuniones del comité central del Partido Comunista en Saltillo. Lo conducía de la mano, casi siempre de noche, terminado el trabajo. Ya en el local del partido, José Flores Dávila ocupaba su sitio entre los importantes de la junta y miraba de frente sin ver. Perdido para la luz, las horas se le escondían. De madrugada, regresaba con su hijo a casa.

«Llévate eso», me rogó y ordenó una de las primeras veces que conversamos en su oficina para resolver algún problema relativo a la publicidad de alguna paraestatal. «Tiene papeles y facturas», me advirtió. Tomé el portafolios que señalaba y me dispuse a regresar al periódico. «Que te acompañe el capitán Cadena.» Le dije que no, que no tenía por qué molestar a su jefe de ayudantes, que siempre había ido solo de un lado para otro. «Que te acompañe el capitán, te digo.» «No, Horacio.» «Acompáñelo, capitán.»

Camino de Reforma 18 supe de la vida de mi acompañante. Cadete del Colegio Militar en los cuarenta, sufrió y disfrutó las novatadas de la época, crueles y sanguinarias. Contaba, enamorado de su dolor y gloria por haber resistido la prueba:

Nos enrollaban en las alfombras y nos lanzaban a la alberca.

Algunos murieron asfixiados. Nos encerraban en los lockers y le daban vuelta a la llave, por fuera, naturalmente. Luego calentaban con fuego el locker, de acero y lámina gruesa. Era el infierno. No había manera de hacerse para ningún lado ni manera de quedarse quieto. Si gritábamos, más tardábamos en salir. Supe de pelones con quemaduras de tercer grado en las plantas de los pies.

—¿Volvería a esa vida, capitán?

—Mil veces.

Fajos de billetes y dos notas contenía el portafolios. Una de las notas daba cuenta del primer dinero que Flores de la Peña enviaba a *Excélsior:* un millón de pesos. La otra detallaba la lista de las paraestatales que se anunciarían en el diario. Díaz Redondo se encargó de programar sus inserciones y tramitar el cobro de las facturas. «No es tarea para ti», me dijo entonces.

Tiempo de humor ácido fue el de aquella época. Roto el diálogo con la iniciativa privada, fluía la publicidad oficial a Reforma 18, a sabiendas todos que no tenía más función que mantener a flote la economía de la cooperativa. Caíamos en la rutina del absurdo: libres y dependientes del gobierno. Sin noticia de los empresarios, el silencio envenenaba aún más el conflicto. No hay voz con carga igual a la palabra inefable.

Una mañana inesperada me anunció mi secretaria un telefonema de Sánchez Navarro. Llamó, victorioso:

—Estás perdido —me dijo.

—El que está perdido eres tú —contesté por instinto.

Al cabo de unos días, sin explicación alguna, poco a poco hasta alcanzar la normalidad de los mejores tiempos, reapareció la publicidad empresarial en las planas de *Excélsior.* Le pedí al presidente que me contara el desenlace de hechos que no comprendía. Fue parco y distante: «No había manera de que se salieran con la suya. El gobierno estaba de por medio». Pregunté a los empresarios qué había pasado, las razones de su rectificación en un conflicto planteado en términos de principios. Nadie me dijo nada, salvo Carlos Abedrop. Abrió una mirilla por la que vi brumas y sombras:

—He conocido a un hombre falso como ninguno: Luis Echeverría Álvarez.

En su largo relato, el adversario de otros tiempos, Jorge Velasco, me puso en la pista de la historia ignorada. Claras y sucintas fueron sus palabras:

—Pretendió el presidente reducir *Excélsior* a sus intereses y conveniencias. Puso en jaque a los dirigentes de la cooperativa y creyó que así lograría su propósito. Llevó adelante planes meticulosos, metidos perros y gatos en el mismo saco. Se equivocó. Pero hubo un momento en que pareció saldría adelante. De esto llegamos a hablar el licenciado Bernardo Ponce y yo con el licenciado Juan Sánchez Navarro, quien nos confirmó que el presidente veía con muy buenos ojos el boicot contra *Excélsior*. Enterados poco después que de la oficina del licenciado Flores de la Peña salían fuertes cheques a favor de *Excélsior*, le hicimos una reclamación airada al secretario de gobernación, Mario Moya Palencia. Nos conminó, al instante: «Vayan con Flores de la Peña y háblenle fuerte, lo que se llama fuerte».

Fuimos con Flores de la Peña y le dimos cuenta de nuestra indignación. Simple y llano nos dijo que el gobierno federal no aceptaba que *Excélsior* viviera o muriera por voluntad de la iniciativa privada, que la libertad de expresión era un valor social, de todo el pueblo de México, más allá de gobernantes y empresarios. Regresamos con Moya Palencia. Lo pusimos al tanto de todo. Nos dijo que informaría con detalle al presidente de cuanto habíamos hablado. «Eso no se vale», repitió al despedirnos al pie de los elevadores de la Secretaría. No se vale, pero se valía. Se valía todo en los sueños febriles de Echeverría.

El 22 de mayo de 1985 escribí una larga carta a Horacio Flores de la Peña, embajador de México en Moscú. En ella le confirmaba mi intención de «trabajar algunas notas acerca de un episodio que compartí contigo». También le contaba el relato de Jorge Velasco y le pedía que enriqueciera la historia con datos y pormenores para mí desconocidos.

Pronto recibí respuesta. En el meollo de su carta, describe y cuenta:

Es interesante constatar que aun en los tiempos más favorables se descubre la vieja tendencia hacia la intolerancia y lo absoluto, aun en un gobierno que aparenta abrirse a la libertad y a la discusión. Por eso en México no se puede tener nunca la certeza de que hasta la más pequeña de las reformas se ha adquirido en forma irrevocable. Los avances siempre están en peligro; por ello, está uno dispuesto a defenderlos para no correr el riesgo de retroceder en el tiempo hacia la intolerancia y la arbitrariedad, que surgen del ejercicio irrestricto del poder político y económico. El poder político y económico no son dos fuerzas distintas que se hagan equilibrio la una a la otra. En nuestro país las encuentra uno siempre juntas en todas las acciones sucias en contra de la libertad.

En realidad yo no me acuerdo de la visita que tú mencionas, o sea, la del Sr. Jorge Velasco y el Sr. Ponce. No los conozco o no los recuerdo. Fueron tantos los que vinieron, generalmente a indicarme del peligro que corría al defender a *Excélsior*. Jamás la prensa mexicana, a sueldo del Gobierno y de la burguesía, fue capaz de tanta bajeza.

Por el contrario, tengo muy presente la visita de Juan Sánchez Navarro, a quien le dije (cito de memoria) que no era partidario de la censura, ni de la del Gobierno ni de la que podía ejercer el sector privado, que me parecía un juego muy peligroso porque atentaba contra la libertad de expresión y que, en este caso, ellos eran los que destruían uno de los derechos básicos del hombre; que yo era contrario a este atraco a la libertad y que si seguían por ese camino podrían provocar en el Estado la tentación de ejercer la censura, por su cuenta y a nombre de los intereses de la colectividad.

Él me contestó sobre la incongruencia de «pagar para que los atacaran, como personas y en los principios que ellos defendían...» Me prometió meditar porque, efectivamente, consideraba que era un precedente peligroso que podría ser utilizado, después, contra ellos. A los pocos días me avisó que reanudarían los avisos en *Excélsior*. Él era entonces el presidente del Consejo Coordinador Empresarial.

También tuve una conversación con Alemán Sr., en la que le manifesté mi inconformidad con las agresiones de Televisa contra *Excélsior* y en contra mía. En la sección de noticiarios se comenzaron a elaborar en forma de anónimos ataques de tipo personal y familiar en contra mía y de ustedes. No llegaron a circular mucho. Le di las razones para defender a *Excélsior,* las mismas más o menos que tú mencionas en tu carta, él se quiso hacer «el vivo» y me dijo que no tenía nada que ver en Televisa, pero que les daría mi recado. Yo le pedí que ya que era tan gentil de llevar un recado, mejor sería que llevara dos y que el otro era que en «24 Horas», por cada anuncio que una paraestatal insertara en *Excélsior,* retiraba otro de Televisa, cosa que de inmediato empecé a hacer.

La reacción no se hizo esperar. Primero chillaron como marranos atorados con Echeverría y, al no tener éxito, doblaron las manos. Esto explica el odio que siempre me tuvieron y que no los detuvo ni en la injuria ni en la delación que ejercieron con toda su experiencia de fachistas.

Sólo un secretario de Estado me habló para ofrecerme su apoyo: Hugo Margáin. Y conté con la hostilidad de muchos, de unos abierta, como en el caso de Moya, de otros era una especie de silencio o indiferencia. Para otros era el final de mi carrera política, como si la carrera política a ese precio fuera atractiva. Al menos no para mí.

—¿Por qué me llamaste al cinco para las doce, a punto de resolverse el conflicto con *Excélsior?* —le pregunté a Sánchez Navarro.

—Esa llamada representó mi última oportunidad. No tenía otra carta en la mano.

Me cuenta:

—Subervielle y Bailleres habían externado las primeras dudas acerca de la eficacia del boicot. El enemigo a vencer continuaba impasible y ellos resentían la ausencia de sus anuncios del Palacio de Hierro y el Puerto de Liverpool en *Excélsior.* Sospechaban de la buena fe del gobierno. Más que casual resultaba la substitución de anuncios en las páginas del diario, en vez de los desplegados de la iniciativa privada los desplegados de las paraestatales.

—Juan, desistamos —le dijeron al líder de la cúpula empresarial.

Sánchez Navarro les pidió un plazo. Fueron los días en que llamó a mi oficina. Intentó blofear, recurso del jugador con dominio sobre sí mismo. «Ganabas tú», me dice. Había conversado con Horacio Flores de la Peña y vio desnuda la intriga. Maquiavelo sin genio, Echeverría quedaba al descubierto. Cuanto antes debía terminar la maquinación urdida en Palacio, decidió Juan.

—Emboscadas, impudicia, componendas, inmoralidad, ansia de poder sin grandeza fueron algunas características del gobierno de Echeverría —reflexiona Sánchez Navarro—. Un destructor del país, para decirlo pronto. Siguió a Echeverría el presidente López Portillo, la irresponsabilidad política, la frivolidad a la vista de todos. A López Portillo siguió el presidente De la Madrid. Es inteligente, respetable. Todos lo querríamos de líder, pero él no quiere encabezar a la nación en crisis. Gobierna enconchado.

Margarita se multiplicaba en las cosas. Le gustaban tanto. Su escritorio de Radio, Televisión y Cinematografía, en las calles de

Guanajuato, era el escaparate de un bazar. Animalitos, botellas, cajitas, los más variados objetos se confundían entre sí. La luz reflejada en el vidrio de los juguetes, los colores cruzados, multiplicados sus tonos y matices, todo avivaba el universo liliputiense de la hermana del presidente. A mí me atraían los pájaros alados y las catarinas transformadas en pisapapeles.

De porcelana su piel, ella misma habría pasado por una muñeca maravillosa, sin defecto, el lunar junto a la boca. Un pintor dibujó entre rosas su cara redonda. Vi el cuadro en su casa, en Los Pinos, adornada la estancia con macizos de Nochebuena, distribuidas las flores en vasos de cristal y macetones enormes. Escritora bien dotada, ganadora del Premio Lanz Duret 1954 por su novela *Toña Machetes,* le gustaba hablar de ideales y arquetipos, la perfección como tema recurrente. Se miraba en sor Juana y miraba a través de la poetisa. Superado un pasado difícil, descendía de un mundo sin conflictos mayores al mundo de la política, sensible a todos los halagos y pesadumbres.

Pronto la reveló el poder caprichosa y autoritaria. Perdidas las proporciones, llegó a ufanarse de que al mismo secretario de Gobernación, licenciado Jesús Reyes Heroles, lo había puesto en su lugar. De gira por el extranjero el presidente López Portillo, Reyes Heroles había despedido a Raúl Cardiel Reyes del Canal 13 sin consulta previa con la directora de RTC.

—Lo llamé a Los Pinos y me escuchó Jesús, me escuchó. Le dije que a mí ningún perro me ladra en casa.

—Te excediste —le dije.

—¿Yo? No faltaba más.

Temprano el sexenio supe de su ira. Sin respeto a costumbres ni leyes, encarceló a un grupo de cineastas famosos. Los medios apenas tocaron el asunto, no *Proceso.* Las víctimas guardaron silencio, pero se filtraron datos que descubrían a la nueva Margarita. En la persecución hubo maltratos, violencia. Se llegó a la tortura, denunciaría con el tiempo Fernando Macotela.

Difundido el escándalo por *Proceso,* imperó la señora en mi casa. La escuché por teléfono y la supe plantada. Aparté unos centímetros la bocina de la oreja y aun así me llegaban claros sus improperios. Desleal, malagradecido, infiel, traidor. Qué me creía, que así la trataba. «A mí, que quiero limpiar esto, que ayudo a Pepe, quien se desvive por el país, como tú sabes.»

Quise contenerla y sólo avivé su cólera.

—No debo responderte —le dije—, porque te faltaría al respeto.

—¿Sí? Pues quiero que sepas que se acabó la publicidad. Toda. La de RTC y la del Canal 13. No cuentes más con ella.

Era sabido que alentábamos el propósito de fundar «Proceso Diario» y que cuidábamos hasta el último peso para salir avantes con el proyecto. Contábamos con una numerosa planta de reporteros que repartían su trabajo en la revista y en nuestra agencia de noticias, CISA, campo de entrenamiento para el futuro ambicioso. Pero en la disputa no era la publicidad el punto que me alteraba. Un problema con Margarita no podía transformarse en un problema con el gobierno mexicano.

Busqué a López Portillo. «Son primos y se quieren», me dijo. A Margarita la había lastimado la información por el afecto que me guardaba. Debería comprenderla. A mi vez, procedía sin tacto. De alguna manera podía haberla prevenido acerca del material que publicaríamos a fin de que la sorpresa no activara su ira.

—Tú sabes que eso es imposible en nuestro trabajo —le dije.

—Hay modos.

—No sé cuáles.

—En tu mano está averiguarlo.

Protesté por el trato a los cineastas.

—Exageras. Ya están libres.

Me despidió con una promesa: hablaría con su hermana. Volvería la publicidad a *Proceso.*

—Pero entiéndela, Juliao. Y recuerda: es mi piel.

Frustrado el proyecto original de regresar a Reforma 18 en los albores del gobierno de López Portillo, íbamos tras otros sueños. Una nota de Alan Riding publicada en *The New York Times* y reproducida en México por *Excélsior* había dado al traste con el intento. Vicente Leñero se ocupó del tema en *Los periodistas.* Nueve años después, a mediados de 1985, lo reviviría *Vecinos distantes,* el libro de Riding sobre nuestro país. Escribió el corresponsal nacido en Brasil y educado en Inglaterra:

«Bajo el mando de su director de hacía mucho tiempo Julio Scherer García, *Excélsior,* gradualmente, se fue desilusionando de la vacuidad de la retórica izquierdista de Echeverría, quien orquestó una "rebelión" entre los miembros de la cooperativa y Scherer y su equipo fueron depuestos».

Enrique Krauze, subdirector de *Vuelta,* escribió sobre el tema:

«Todo iba sobre ruedas hasta que Riding se enteró de los planes por boca, entre otros, del propio Scherer, quien al confiarle la información en términos privados le suplicó discreción. Riding no esperó a que los hechos se consumaran y publicó la noticia en *The New York Times.* Así la difusión internacional ató de manos al gobierno. Scherer se sintió traicionado».

El párrafo de Krauze dio origen a una escaramuza entre Riding y yo en las mismas páginas de *Vuelta.* Dijo Riding que no podía haberme traicionado puesto que yo, inclusive, le había dictado una nota que decía: «Si el gobierno impone alguna condición a nuestro regreso, no la aceptaremos». «La simple y llana verdad —concluía Riding— es que ni a mí ni a Scherer se nos ocurrió la posibilidad de que Díaz Redondo publicara la nota y obligara al gobierno a retroceder.»

No había sido casual mi advertencia a Riding. El 20 de agosto de 1976, en un viaje relámpago a Costa Rica, había declarado López Portillo a reporteros y corresponsales que los trabajadores de *Excélsior* actuaron libremente en la asamblea del 8 de julio. Me acosaba el recelo y calaba desde siempre una frase de Garibay: «Al nacer candidato casi a solas, en la oscuridad, el futuro presidente de México pacta con la mentira».

Contesté a Riding con una obviedad: todo mundo tiene acceso a la información pública. Así se explica la potestad de los medios de comunicación en las sociedades modernas. Ocurrió, simplemente, que «en un momento clave (el regreso a *Excélsior*) el manejo que dio a su nota (Riding) favoreció a Díaz Redondo, quien no tuvo más tarea que capitalizarla a su favor».

Cerradas las puertas de *Excélsior*, el proyecto original quedaba en pie. Decididos a tener un periódico y ejercer el periodismo, nos afirmábamos en la línea trazada: informar con veracidad. No aceptaríamos la existencia de zonas sagradas del poder. No nos paralizaría el tabú presidencial.

Como nadie disfrutaba Vicente Leñero nuestros encuentros con Reyes Heroles, frecuentes desde el inicio del sexenio de López Portillo. Apasionado, mordaz, informado, no había gastado a lo largo de su vida un minuto en el ejercicio físico, consagrado el tiempo íntegro a la tensión de su inteligencia. Fascinado seguía Vicente los mil caminos por los que discurría el secretario de Gobernación. Le atraía su desdén por las formas, su ímpetu para atacar los temas que le interesaban. Hablaba de los personajes sin falsos respetos y de las señoras sin falsos pudores. Bebía hasta agotarse y conversaba más allá de la fatiga. Fumaba puros enormes como un trabajo compulsivo del que dependiera el bienestar del día completo. Tenía sentido del humor y una ilimitada capacidad para el desprecio no daba paso atrás en las disputas. Se imponía por la fuerza de su razonamiento o se hacía del alegato como un peleador de barrio.

Argumentaba que *Proceso* no podía manejarse como le viniera en gana, más allá de las reglas del sistema. De persistir en su actitud radical contra el gobierno, pronto se extinguiría la llamarada de sus primeros números. Mostraba con naturalidad los recursos visibles para mantener a los medios impresos en el círculo del poder: los discursos pagados al gusto del editor, las gacetillas disfrazadas como información, la publicidad, los préstamos blandos en la Nacional Financiera y toda una inacabable variedad de trabajos de impresión.

Hurgaba en la llaga y nos recordaba que no estábamos más en *Excélsior*, el gran diario, noticia mundial el día que abandonamos sus instalaciones. *Proceso* luchaba por hacerse de un espacio en una sociedad saturada de periódicos y revistas. Sin respaldo económico ni tradición, sin los muchos miles de lectores fieles que necesitaba para subsistir por sí mismo, podría perecer sin huella ni historia que contar.

Sosteníamos Vicente y yo que después del golpe a *Excélsior* necesitaba el país órganos de información no manipulada. También que un hombre del brillo y talento del secretario de Gobernación, nacido para la política, no tenía por qué vivir prendado del poder. Si *Proceso* no deformaba los hechos y ajustaba sus materiales a la ley, no había razón para que aceptáramos límites a nuestro trabajo.

—De acuerdo —decía Reyes Heroles.

—¿De acuerdo, licenciado?

—Hagan lo que quieran, pero sin dinero del gobierno.

—La publicidad no es un medio de control —protestaba yo—. O no debiera serlo.

—No renuncia el gobierno al ejercicio del poder. Ni debe ni quiere. El gobierno y el poder se identifican.

—Exagera, licenciado.

—Exagera usted, que confunde una revista con un instrumento de oposición.

—Falso.

—No miento. —Y recordaba:

—Soy el secretario de Gobernación.

Hombre sin rectificaciones en su autobiografía, actuaba al amparo de su propia norma: «Aprender a lavarse las manos en agua sucia». Sólo los espíritus cerrados aspiraban al falso o hipócrita mundo de la perfección o la pureza, decía. La política es el equilibrio permanente en el cambio incesante, tarea de hombres apasionados y falibles.

Coincidíamos. No una sino mil y mil veces habría que lavarse las manos en agua sucia y el cuerpo entero y la cara, si hiciera falta. Pero el agua sucia, a fuerza de ensuciarse, tapa albañales y cañerías. Y el agua sucia se vuelve mierda. No podía confundir el equilibrio permanente con el poder eterno en las mismas manos.

La vida es como es —contestaba—. Nada existe por encima de las contradicciones del hombre.

La prepotencia y el sarcasmo se llevaban en el lenguaje de Reyes Heroles como un sustantivo y un adjetivo en frases siempre duras. Una vez nos dijo:

—La política es también la vida en el burdel y nadie que yo sepa busca la castidad en una casa de citas.

—Entonces ¿dónde, licenciado? —lo atrapó Vicente Leñero—. ¿Dónde? ¿Acaso en el mundo de la pureza que usted desprecia?

Esa tarde el tiempo se hizo largo en el restaurante Churchill. Sin que viniera a cuento recordó el secretario de Gobernación que a él le gustaba llamarse «profeta del pasado. Los profetas del futuro se equivocan y a mí no me gusta errar», dijo. Pero esa vez quizo ser vidente. Desde la altura del poder vaticinó el fin cercano de un trabajo que le parecía menor. No pasaría a la historia la revista *Proceso*. Fue inclemente el augurio de Reyes Heroles, descarnado su lenguaje:

—Pendía *Proceso* de una alcayata. Pende de un clavo —dictaminó inapelable.

Conversé con él por última vez en las oficinas que instaló en la avenida Miguel Ángel de Quevedo, en San Ángel. Las recuerdo inmensas. Allí se encontraban sus archivos y una parte de su biblioteca. La campaña por la Presidencia había terminado. De la Madrid acaparaba primeras planas y pantallas, triunfal. «Candidato de la esperanza», lo habían llamado los priístas, sadomasoquistas, responsables del pasado que ya escupían. Reyes Heroles sería el asesor del futuro presidente o el secretario fuerte del sexenio. Quizá repita en Gobernación, especulaban los políticos.

Cesado repentinamente por López Portillo, gesto de César sin explicación pública, oscilaba Reyes Heroles entre la afrenta a su ego y la reivindicación cercana.

—¿Qué se dice por allí? —me saludó como si nos hubiéramos visto la víspera.

—¿Qué se dice, licenciado?

—Usted sabe, yo no. Vivo entre papeles.

Veía a muy pocas personas, me dijo. Contadas eran las historias que podría contar.

—Usted, a ver, dígame.

Evité el tema de *Proceso*. Fui natural hacia afuera, hacia adentro guardé la soberbia. El politólogo había errado con nosotros y con él mismo a lo largo de periodos amargos. No había sido López Portillo el único en castigarlo. Echeverría lo despreció el día de su destape a la presidencia. Del PRI lo envió al Seguro Social. Ahora volvía a levantarse Reyes Heroles.

—¿Qué sabe de López Portillo? —me preguntó.

—Lo que se dice, licenciado, nada especial. Los chismes, que son muchos. Se habla de su frivolidad, sobre todo.

Pronto serían blancas las patillas grises de Reyes Heroles. El cuerpo le pesaba, no los humores y misterios que lo alimentaban. Lo miré a los ojos siempre jóvenes y supe que algo tramaba. En las circunstancias que fueran lo delataba su fiebre por la vida pública.

—Le voy a contar el último chisme que corre por allí —me dijo, displicente en apariencia.

Escuché por vez primera datos precisos acerca del conjunto de casas que el presidente de la República se había mandado construir para él y su familia en la colina de Cuajimalpa. Supe de cifras y pormenores que hablaban de la magnificencia del sitio.

—¿Me permite apuntar, licenciado?

—Deje el asunto en paz.

—Pero, licenciado.

—Déjelo, le digo.

—Es un hecho público —insistí.

—No lo provoque.

—¿A quién?

—¿A quién ha de ser?

—¿Y qué? Es su responsabilidad, no la mía.

—Entienda. Hace tiempo que el tigre está herido. No lo provoque.

Una intervención escueta del diputado Carlos Sánchez Cárdenas en la Comisión Permanente del Congreso de la Unión, minimizada por los medios, nos dio la oportunidad para publicar sin ánimo de escándalo, pero con pelos y señales, un episodio más de la desafortunada historia de López Portillo. Había dicho Sánchez Cárdenas: «No denuncio, no acuso, sólo quiero que el presidente López Portillo explique al pueblo de México el porqué se están utilizando miles de millones de pesos en la edificación de mansiones para él y su familia, utilizando recursos del gobierno federal».

Proceso contó la historia completa. Y la historia completa de Durazo, dueño del Partenón de Zihuatanejo. Y la historia completa de la mansión atribuida a Carlos Hank González en Connecticut, originalmente dada a conocer en los Estados Unidos por la ostentación del Creso mexicano.

López Portillo había perdido el rumbo. Al cuarto año de gobierno rompió con las formas y se pensó dueño del poder y dueño de una vida ilimitada. Hizo de lo público y lo privado una sola existencia para su satisfacción personal y dio al traste con todo.

Largo trecho fue Luis Javier Solana su jefe de prensa y relaciones. Atraído por la figura presidencial y el esplendor que la circunda, fue ciego a la marcha del gobierno desde el observatorio ideal que llegó a ocupar, en la cúspide. Afinidades profundas y diferencias insuperables en su momento nos enfrentaron sin remedio.

Debería entender que José López Portillo no era Luis Echeverría, que el trato de *Proceso* al sucesor de un hombre enloquecido era injusto. Me decía Solana que los tiempos habían cambiado, no el ánimo persecutorio de *Proceso*. Aludía a sus conversaciones a solas con el presidente, lecciones de humildad y patriotismo.

Solana nos quería en su mundo, nosotros a él fuera de nuestro mundo. Contradicciones inevitables envenenaron nuestra relación. Surgieron las insinuaciones, las advertencias, las amenazas de buen estilo, la sonrisa en los labios, la palabra paciente en la controversia. Un día descargó el golpe: retiraba el gobierno su publicidad de la revista.

El director del Instituto Nacional de Bellas Artes, Juan José Bremer, me puso al tanto del diálogo sostenido hacía minutos con Luis Javier Solana. Sin preámbulo había dispuesto el vocero presidencial:

—A partir de la próxima semana cancela usted sus anuncios en *Proceso*.

Bremer le pidió una explicación.

—No tengo por qué dársela —le dijo Solana.

—No soy su empleado —arguyó Bremer.

—En esas condiciones bástele saber que le estoy transmitiendo una orden.

Más allá de nuestra amistad, argumentaba Bremer que *Proceso* cumplía una función en el mundo de la cultura. Vicente Leñero era el subdirector de la revista y José Emilio Pacheco, Raquel Tibol y José Antonio Alcaraz, sólo para mencionar algunos nombres de sus articulistas, enriquecían los campos de la literatura, las artes plásticas y la música. Gabriel García Márquez y Julio Cortázar figuraban también en la nómina de colaboradores.

—Ni modo, hermano —resumió Solana en respuesta a una pregunta obvia.

—Tienes a tu disposición los periódicos, el radio, la televisión —dije por argumentar, sin decir ni razonar.

—Nadie los va a molestar, te lo aseguro. Quieren ser libres, adelante, pues.

La decisión impuesta a Bellas Artes se haría extensiva a todo el gobierno. *Proceso* y nuestra agencia de noticias quedarían desmantelados. Con algo más de veinte planas de publicidad a la semana conservábamos un razonable equilibrio en nuestra economía. Fuera del rol los anuncios del Estado, más del cincuenta por ciento, a veces setenta y aun ochenta por ciento de las inserciones pagadas, iríamos al desenlace previsto por Reyes Heroles.

Esta vez no tendría sentido hablar con López Portillo. Al margen de que tuviera el deseo de rectificar la decisión tomada, por razones de principio apoyaría a su jefe de prensa. Vi a José Ramón. Entre él y su padre existían relaciones de amistad y confianza que llegaban a la dependencia recíproca. A la distancia me desconcertaba la personalidad del joven funcionario. Sobresaliente en el Colegio Alemán y en la Escuela de Economía de la Universidad Anáhuac, lo veía encaramado sobre los hombros de papá. A cualquiera le gusta encumbrarse por caminos seguros, pero no cualquiera tiene el arrojo de asomarse hasta alturas que propician el vértigo, tan lejos de la tierra que el retorno parecería imposible.

Invitado a la fiesta de su matrimonio en el Casino Militar, me propuse hacerle llegar un obsequio que le recordara a su padre magnífico el día que asumió la Presidencia y pronunció aquella oración política que conmovió al país entero: «... a los desposeídos y marginados, si algo pudiera pedirles, sería per-

143

dón por no haber acertado todavía a sacarlos de su postración; pero les expreso que todo el país tiene conciencia y vergüenza del rezago y que precisamente por eso nos aliamos para conquistar por derecho la justicia».

Entre varias litografías de Siqueiros elegí una madre y una hija exánimes. Provenientes de quién sabe dónde, avanzaban hacia la nada en un desierto sin nubes ni sol.

—Ésta —le había indicado a Angélica Arenal de Siqueiros, arrebatado por la trágica belleza de la obra—. No era un regalo de bodas, por supuesto. Era mucho más que eso.

—Mira Froy.

Los ojos le brillaron a Froylán López Narváez.

Recordamos las crónicas del matrimonio de Carmen Beatriz, la hermana menor de José Ramón. La fiesta, en el Casino Militar, había sido el esplendor de las diez de la noche al anuncio del alba. Contenido el aliento por los comensales, los novios habían avanzado bajo un arco formado por las espadas en alto de los cadetes del Colegio Militar. El vestido de la novia había sido descrito como un acontecimiento. Así los collares y aretes de las señoras. Así los platos servidos, los vinos y licores, la champaña. Los diarios habían dado cuenta de regalos y tributos: automóviles, viajes, terrenos, joyas, cuadros.

—¿Mandarás la litografía?

—Claro que sí.

—Sugiéreme unas líneas.

Me dictó Froylán:

—José Ramón: ojalá también haya amor para estos mexicanos.

Sólo al final de una audiencia breve en Palacio lo llamé sobrino. Él conservó las distancias, precoz hombre de Estado. «Le ruego me salude a su papá», le dije al despedirme. «Al presidente», me corrigió sin un gesto.

Excluidos los pormenores le había expuesto en un par de

minutos el problema que encaraba: la cancelación de la publicidad oficial a *Proceso*.

—Comprendo lo que me dice, pero a nadie puede exigírsele que se anuncie donde no desea hacerlo.

Sonrió benévolo:

—Aunque a mí, como sin duda a su director, me parezca valiosa la aportación de la revista en la vida del país.

—Gracias, licenciado. Sin embargo, el caso no puede ser visto con esa sencillez.

—¿Usted cree?

—Estoy autorizado para informarle que en el caso de Bellas Artes la decisión le fue impuesta a su director por el señor Solana.

José Ramón me pidió una explicación detallada.

—No hace falta. Usted mismo podría confirmar lo que le digo.

—Dice usted...

—Sí, licenciado.

—Enteraré al presidente hoy mismo acerca de lo que usted me informa.

Salvamos el escollo, victoria pírrica. Volveríamos a lo mismo en unos días: las veintitantas planas a la semana y el equívoco permanente. Se anuncia el gobierno en *Proceso,* luego manda el gobierno en *Proceso.* De alguna u otra manera acompasábamos el paso de la revista a la voz de mando del general en jefe: un dos, un dos. Romper filas era desertar y el que deserta no sobrevive. Así pensaban muchos, aunque la realidad fuera otra en Fresas 13.

Estaba en pants y a sus anchas, su vida en el punto más alto. Conversaba y pontificaba, atraía y alejaba, seductor. Sólo un límite reconocía a la libertad de expresión: el ejército. «Intocable, Juliao. De mí di lo que quieras, lo que quieras, no del ejército. Imagínate al general Galván allí donde tú estás sentado. Imagínatelo hojeando *Proceso.* Una plana de Hacienda,

145

una de Bellas Artes, una de Educación Pública, una de RTC, una de la Conasupo, una del Seguro Social y también un reportaje en contra del ejército. Podría preguntarme: "¿Qué acaso patrocina el gobierno estos ataques, señor presidente?". Contra el ejército nada, Juliao.»

Era la época del petróleo por las nubes, la economía en auge, los planes para el año dos mil, a la vuelta de los días. La palabra de López Portillo rebasaba su propia biografía. Hablaba por su generación y las subsecuentes. Despegaban la nación y su presidente. Nada los detendría.

Un oficial llegó ante él y le mostró una tarjeta.

—De acuerdo.

López Portillo era fuego en su emoción por el país. Brotaban de sus labios imágenes y metáforas. Acercaría el horizonte lejano a los necesitados, la patria sería un hogar para todos los mexicanos.

Volvió el oficial.

—En unos minutos, capitán.

Retomó la conversación el presidente.

—Seremos como Francia, potencia media. Nada nos han negado la geografía y la historia. Somos afortunados, Juliao.

De nuevo el oficial.

—Me voy, Pepe —le dije ya de pie.

—Se trata de José Ramón. Vamos a jugar tenis.

—Cerrarán a güevo —comentaba Francisco Galindo Ochoa—, a güevo.

Guardián de honras ajenas sin prestigio propio, sucesor de Luis Javier Solana como vocero del presidente de la República, puso fin a todo trato con *Proceso*. Desde siempre mantuvo relaciones cenagosas con la prensa. Tesorero del PRI en 1960, un tiempo jefe de prensa de Díaz Ordaz, por su cuenta correría que no se anunciara el Estado en *Proceso*. Hasta las inserciones de la iniciativa privada desaparecerían de las páginas de la revista. Poder le sobraba. López Portillo había delegado en él las facultades más amplias.

A mediados de abril de 1982 dio prueba de su eficacia. El 31 de mayo, en un texto de Vicente Leñero, fijó *Proceso* su postura frente al boicot decretado desde las alturas:

Ciertamente la drástica medida de Francisco Galindo Ochoa hiere la economía de CISA, pero desde luego no cancela la existencia del semanario *Proceso.*

Transcurridas cinco semanas del boicot y una vez evaluada con serenidad esta circunstancia crítica, los miembros del Consejo de Administración de CISA decidieron salvaguardar *Proceso,* plenamente convencidos de que la presencia del semanario en la vida pública del país implica el ejercicio de un derecho y la impartición de un servicio a la comunidad.

Como las condiciones actuales de la empresa no permitían conseguir este empeño sin practicar una amputación, se optó por la supresión de la agencia *Cisa-Proceso* y la consiguiente reducción de nuestro personal.

Creada el 2 de agosto de 1976 —23 días después del golpe contra *Excélsior* ejecutado por el gobierno de Luis Echeverría—, la agencia de noticias representó un primer impulso, definitivo, en el surgimiento de *Proceso.* A partir de entonces y durante cinco años diez meses, proporcionó servicios informativos a más de 50 suscriptores en el interior de la República, incluidas varias radiodifusoras y diarios tan arraigados como *El Dictamen* de Veracruz, *La Opinión* de Torreón y *El Porvenir* de Monterrey.

Semillero de reporteros, espacio independiente para el ejercicio profesional, la agencia permitió a *Proceso* subrayar una presencia periodística, ampliar sus canales informativos y penetrar en los asuntos de interés público con la oportunidad que ha caracterizado a nuestro semanario. En las circunstancias en que se produce, su desaparición es un duro golpe a trabajadores, participantes y suscriptores, y lastima sobre todo, irremediablemente, la estructura del medio periodístico nacional.

Permite, sin embargo —garantiza, como acto propiciatorio— la existencia ininterrumpida de *Proceso*.

Con el mismo número de páginas, con el mismo rigor profesional, con la misma voluntad de servicio, *Proceso* se sabe, hoy mejor que nunca, avalado por sus lectores, suscriptores y anunciantes fieles, porque gracias a ellos es posible su permanencia.

Proceso continúa. Su línea periodística se mantiene inalterable.

El 7 de junio, Día de la Libertad de Prensa, Francisco Martínez de la Vega habló ante el presidente de la República en nombre del jurado que confirió los premios nacionales ese año de 1982. El nervio de su discurso tocó el conflicto entre el gobierno y *Proceso*. Dijo el periodista:

Cuando la autoridad sataniza a un profesional o a una publicación, algo falla en esa relación (de los medios con el gobierno), pues basta que se haga pública la hostilidad de una autoridad hacia algún órgano periodístico para que la existencia de ese órgano se haga casi imposible, ya que sobran quienes, en todos los sectores, prefieren halagar a la autoridad que mantener una relación normal con el periodista y su publicación satanizados. No puedo soslayar que esta situación es preocupación grave para el periodismo mexicano.

Respondió López Portillo:

¿Una empresa mercantil, organizada como negocio profesional, tiene el derecho a que el Estado le dé publicidad para que sistemáticamente se le oponga? Ésta, señores, es una relación perversa, una relación morbosa, una relación sadomasoquista que se aproxima a muchas perversidades que no menciono aquí por respeto a la audiencia. Te pago para que me pegues. ¡Pues no faltaba más!

Frente a las empresas mercantiles que viven de la publicidad y que de ella obtienen anuncios no altruistas, como los partidos políticos, ante cuya responsabilidad rindo respeto, sino que quieren hacer negocio con la publicidad del Estado, hablando sistemáticamente mal del Estado para frustrar los propósitos que el Estado tiene al hacer publicidad, ahí estamos en una relación perversa que debemos vigilar.

También se preguntó el presidente de la República:

«¿Debe el Estado, que tantas actividades subsidia, subsidiar también la oposición sistemática fuera de los partidos políticos, gratificando vanidades profesionales que persiguen el lucro?»

Miraba López Portillo al interior de las conciencias y señalaba los cánceres que encontraba. En Toluca denunció el año de 1975 que escandalizábamos desde las páginas de *Excélsior* para ocultar vicios nefandos. Seis años después, ya en *Proceso,* nuestras perversidades eran tales que no podía hablar de ellas «por respeto a la audiencia».

Cercano septiembre, el general Miguel Godínez, jefe del Estado Mayor Presidencial, me sugirió que solicitara una audiencia con el licenciado López Portillo. «Es su amigo, su pariente, lo respeta», me decía en un pequeño antecomedor a un lado de su oficina, en Los Pinos. Le respondí con una verdad simple: no tenía asunto que tratar en esfera tan alta. Volvió sobre el punto el general y ya enredados en un forcejeo sin sentido le pregunté si él formalizaría la audiencia. No aceptaba trato con Galindo Ochoa y el secretario particular del presidente, Roberto Casillas, tomaba a desacato cualquier crítica al jefe de la nación.

—¿Para qué soy bueno? —me saludó López Portillo como en los mejores días, la palma cordial, la sonrisa a todo lo que daban sus labios delgados. Estaba en pants, como siempre. Me dijo Juliao, como siempre.

—Sólo el gusto de saludarte, Pepe, saber cómo estás —respondí desconcertado.

Con la mano derecha golpeó su antebrazo izquierdo en exhibición, los bíceps saltados.

—Toca.

—Estás bien —dije al palpar su musculatura de atleta.

—Siéntate.

Quedamos en ángulo recto, él en un sillón, yo en el extremo de un sofá, a un metro de distancia. A las nueve de la noche, mi audiencia era la última.

—Sé que te incendias, que ardes por dentro —me dijo de pronto.

Lo miré, mudo.

—Te incendias, Juliao, admítelo, sin soberbia.

—No entiendo, Pepe. Pero intuí de qué se trataba.

—Dime, en confianza, cuánto necesitas.

Pretendí una voz impersonal.

—Nada, Pepe.

Su tono subrayó la confidencia. Por la vía más discreta había sido concertada la entrevista y pactaríamos la entrega en mi casa o en algún otro sitio, a mi elección. No había dolo en la oferta. Acerca de él y de su gobierno habíamos publicado cuanto habíamos querido. Cerca el final del sexenio, de poco podría servirle el gesto. Era desinteresada su iniciativa, un rasgo de amistad y afecto.

Insistió. Opuse le negativa por la negativa. No me sentí agraviado. Tampoco idiota. Fuera de lugar, quizá. Propuse al fin como un respiro para los dos:

—Cuando ya no pueda más, a punto de ahogarme, te hago llegar una voz de auxilio.

—¿Me lo prometes, Juliao?

—Sí, Pepe.

—Le avisas a Godínez para que te reciba de inmediato.

Ya no era posible responder al presidente de la República.

Cuatro días después de la nacionalización de la banca, el lunes cinco de septiembre, conversé de nuevo con López Portillo. Quería felicitarlo por su decisión. Eran inauditas las fortunas levantadas al amparo de los negocios bancarios y los últimos noventa días de su gobierno podrían ser los mejores desde los tiempos del general Cárdenas. Empeñada la palabra presidencial en circunstancias excepcionales, podría haber jurado que López Portillo haría pública la lista de sacadólares que empobrecieron al país. La atmósfera estaba cargada. Sobrevendrían acontecimientos en cadena.

Le pregunté por los días previos a la firma del decreto de nacionalización:

—Fueron jornadas tensas, sin tregua. Aquí comieron y durmieron mis asesores. Día y noche trabajaron, aislados. La discreción fue clave para que tuviéramos el éxito que alcanzamos.

—¿Y José Ramón?

—Lo tenía agarrado a mi garganta, desesperado el muchacho. Hasta el último minuto temió que algún obstáculo imprevisto frustrara el proyecto.

Fraguaron el documento Carlos Tello, José Andrés de Oteyza, José María Sbert y el propio José Ramón López Portillo. Entrañable ha sido la relación entre ellos. Se trata de la relación del maestro con el discípulo, del amigo con el maestro, del compañero con el compañero, del amigo con el amigo. Tello dirigió la tesis profesional de José Ramón y Sbert fue uno de los sinodales de su examen profesional. Sbert fue subsecretario de Programación y Presupuesto, con José Ramón en el mismo rango el día que Rosa Luz Alegría viajó de Programación a la Secretaría de Turismo. Oteyza veló por Tello desde el momento de su renuncia como secretario de Programación y Presupuesto y no descansó hasta abrirle un hueco en la administración como director de la Financiera Azucarera. A la postre José Ramón aglutinó a todos alrededor del presidente.

Resumió López Portillo.

—En fin, ya todo está hecho.

—¿Te sientes tranquilo?

—Sí, contento. Satisfecho, diría.

El tobillo de su pierna izquierda sobre la rodilla de la pierna derecha, una de las manos descansada sobre el tobillo, rígido el cuerpo contra el respaldo de su sillón habitual, de cuero negro, me pareció una figura cortada en ángulos rectos. Podría posar para un pintor cubista, pensé.

Habló del futuro. Se dejaría la barba, escribiría sus memorias. Podría haberse ganado la vida con sus cuadros, creador de mundos fantásticos.

Ya conversaríamos, me dijo. Uno delante del otro vaciaríamos todo lo que llevamos dentro. Sé que él sabe que nada he deseado tanto como escuchar de un personaje estelar la interpretación profunda que hace de sí mismo. Sé que sabe que desearía arrancarle hasta el último secreto. Un presidente simula, engaña y en esa medida es engañado, burlado. Entrega el poder a su hijo político, quien será su cómplice o enemigo y en uno u otro casos renegará de los pactos a solas entre ambos. Mil historias circulan alrededor de los presidentes, se conocen nombres, fechas, situaciones, diálogos, triunfos, hazañas, odios, amores, dramas, traiciones, tragedias. Todo es real, como el cuento en la memoria, redondo y perfecto, pero que sólo escrito será cuento verdadero.

Con frecuencia aparecía el licenciado Juan Velázquez en Fresas 13. Hijo de don Víctor Velázquez, el ilustre penalista, enfrentaba la renovación moral del presidente De la Madrid. Asiduo de la familia López Portillo, Velázquez se había constituido en defensor de Roberto Martínez Vara, sobrino del ex presidente, del exgobernador Bejarano, de Durazo. Era vieja nuestra amistad.

Le confié mi interés en reunirme con don José. Entonces se encontraba en Europa. Allá iría a verlo, o acá nos encontraríamos en uno de sus frecuentes viajes a México. Me atraía la idea de conocer a fondo los distintos tiempos de los políticos, el tiempo de la adulación y el tiempo del desprecio. Quería saber hasta el detalle cómo fueron los secretarios de Estado, los gobernadores, los senadores, diputados, empresarios, periodistas, cómo fueron los presuntos de todas las especies cuando él fue presidente y cómo se conducían ahora, ya sin nada que esperar de un simple ex presidente.

Unido por la historia a Luis Echeverría y a Miguel de la Madrid, puente entre sus sexenios, de uno y otro había recibido agravios personales. Al juzgar que Echeverría lo aludía de mala manera en el libro *Echeverría en el sexenio de López Portillo,** de Luis Suárez, le preguntó desde Roma: «¿Tú también, Luis?». Apareció la interrogación en los periódicos, desplegada en un cuarto de plana. Para nadie pasó inadvertido el sentido del mensaje: ¿Tú también me traicionas, como Bruto a César?

Al asumir el poder anunció De la Madrid que combatiría el nepotismo como una enfermedad del sistema. Directo al corazón de López Portillo fue el dardo envenenado con palabras tan crueles entre hombres tan cercanos. No le importó que López Portillo hubiera dicho como presidente que José Ramón era el orgullo de su nepotismo, ni que él mismo, como subsecretario de Programación y Presupuesto, hubiera ascendido al hijo del presidente hasta una subsecretaría de Estado el 25 de abril de 1981. Contradictorio De la Madrid, pienso, doy vueltas a la pregunta inevitable: ¿por qué combate como presidente el nepotismo que premió como secretario de Programación y Presupuesto? De esto también querría hablar con don José.

A partir del 1° de diciembre de 1982 vive López Portillo en el silencio frente al país y también a partir del 1° de diciembre calla De la Madrid el nombre de su antecesor. Como muy pocos sabe López Portillo qué es la Presidencia de la República y como nadie acumula experiencias De la Madrid. López Por-

---

* Publicado por Editorial Grijalbo en 1984.

tillo se esfumó casi por completo y De la Madrid habrá de esfumarse a su tiempo, si el sistema prevalece como hasta ahora. Desde mi perspectiva resultaría invaluable escuchar a López Portillo dar cuenta de sí mismo, inteligente y sensible como es, enajenado en el éxito, torpe en el fracaso, singular en las buenas y en las malas. ¿Qué es la Presidencia?, le preguntaría ansioso de su respuesta. ¿Acaso un mal de la inteligencia y el corazón que invade el organismo completo?

A mi amigo Juan Velázquez le encomendé que le hiciera llegar a López Portillo este caudal de inquietudes. La respuesta fue una negativa rotunda y algunas consideraciones que me fueron comunicadas de manera oral. Le pedí a Juan Velázquez que me contara por escrito la breve historia de la negativa. Un día consultó con López Portillo. El 17 de diciembre de 1985, en letra manuscrita, cuidadosa, me entregó estas líneas:

Don Julio:

Desayuné con mi amigo el Sr. Lic. José López Portillo y le transmití su deseo de entrevistarlo a fin de escribir un libro sobre su actuación como presidente de México. Mi predicción al respecto resultó acertada, pues se negó terminantemente a conversar con usted para ese propósito.

Después de algunos comentarios acerca de la relación familiar que los une, me dijo que como periodista lo respeta porque es honrado; que le consta que nunca aceptó dinero del gobierno y eso es algo que de muy pocos podría decir. Al despedirnos me encargó que le transmitiera textualmente el mensaje siguiente: «Juan, dígale a Julio que lo perdono porque él sí sabe lo que hace».

Con mi amistad de siempre, Juan Velázquez.

Me dejó confuso la alusión bíblica. ¿Cuál sería la magnitud de mi falta? La referencia a mi trabajo no me sorprendió. Como presidente de la República le constaba que no había recibido dinero del gobierno, práctica generalizada en las relaciones del poder con la prensa.

Amigos muy queridos nos reunieron a Enrique Maza y a mí con el licenciado Miguel de la Madrid a mediados de 1981. El ambiente político transmitía una sensación: podría suceder al licenciado López Portillo el joven secretario de Programación y Presupuesto. Sin un lance en la política que sangra y cicatriza para volver a sangrar, era, no obstante, uno más en el palenque. Resultaba difícil imaginarlo trenzado a navajazos con los gallos rivales, él, la pulcritud misma. Pero estaba en la arena.

Tropezaba el gobierno, no se veía tan seguro como antes el presidente de la República, su paso dejaba ver su sombra, le decíamos Enrique y yo al licenciado De la Madrid. Instalado en la seguridad, no abrigaba temores por el futuro. El presidente López Portillo honraba a la República y la República se honraba en él. Haría falta, eso sí, una sacudida al PRI para que el partido saliera del marasmo en que estaba sumido. Subrayó, frase rotunda como no hubo otra igual esa noche: «El PRI ha perdido poder de convocatoria social». Pero mantenía los principios sin desviación, vigente la Revolución mexicana. Si el alma de Miguel de la Madrid le pertenecía a López Portillo, también le pertenecía al movimiento iniciado en 1910. Hablaba ya el lenguaje de la familia.

Como muchos otros, opinó que *Proceso* izaba la pobre bandera del catastrofismo. Inventa el futuro la esperanza no el desaliento, nos dijo. Las almas grandes son optimistas. Pensaba De la Madrid que aún estábamos en tiempo para apartarnos del callejón sin salida que de manera irresistible parecía atraernos.

—El país los rebasa —don Enrique—. Y dirigiéndose a los dos: «Acabarán solos».

—No partimos de la desesperanza, licenciado —dijo Enrique Maza—. Partimos de los hechos que están allí y que ustedes se niegan a mirar. La gran mayoría de los mexicanos vive mal, muy mal. Tenemos un sistema para los ricos, no para los pobres.

Conté a mi vez una conversación con el profesor Carlos Hank González, sin mencionarlo. Un entrañable amigo común, José A. de Lima, nos había reunido en la ciudad de Guatemala con motivo de la toma de posesión del alcalde Abundio Maldonado. Hank asistió a la ceremonia como invitado de honor; yo, como uno de tantos. De regreso a México en un jet de cuatro plazas, me había dicho el profesor con el estilo didáctico de su formación:

—A veces pienso que avanzamos por donde no debiéramos y que avanzamos por donde no debiéramos con los ojos bien abiertos.

De la Madrid escuchaba y sonreía. Nada le inquietaba. Ya solos, Enrique y yo coincidimos en una primera impresión: inteligente y preparado era el licenciado De la Madrid, sin duda. Claro también. Su estilo resultaba atractivo por sus buenas maneras, la corrección no le abandonaba un minuto. A las primeras de cambio inspiraba simpatía y confianza. Extrañábamos, sin embargo, la hondura en un ser tan bien dotado. Es posible que de la vida conociera el ancho camino que él mismo había construido con esfuerzo y sacrificio y que viviera más los días de la vida que la verdadera vida. Me habría gustado oírle decir que en algún momento, dueño de la certeza absoluta que lo acompañaba, podría optar por un minuto de locura. Parecía natural asociarlo con un hombre ordenado que muestra su biblioteca, las fotografías de la familia, el sillón en que reposa y estudia.

Recordé a un viejo maestro de la preparatoria, Martínez Baca:

—Sabemos que el hombre es también inteligencia y pasión, siempre juntas, siempre complementarias, siempre distintas. ¿Qué le permite al hombre penetrar en lo desconocido y avanzar? ¿El desequilibrio en favor de la inteligencia o el desequilibrio en favor de la pasión?

Los índices apuntaban al cielo.

—Diga, compañerito.

—La inteligencia, maestro.

—La inteligencia, compañerito, es conservadora, busca la seguridad.

Estupor en el salón.

—Sin ardor, compañeritos, la vida es simple ocupación.

Silencio.

—Lo que se llama vida es riesgo y poesía. La inteligencia es la verdad sin la razón, la pasión es la razón sin la inteligencia.

Basado en una investigación de funcionarios de Programación y Presupuesto, el 25 de agosto de 1981 publicó *Proceso* un reportaje de Carlos Ramírez que exhibía sin atenuantes el desorden y la corrupción que imperaban en Petróleos Mexicanos. El trabajo, llevado a cabo en el área de José Ramón López Portillo, provocó un escándalo. Era la primera vez que desde un sector del gobierno se descalificaba a Jorge Díaz Serrano, amigo de todas las confianzas del presidente de la República.

Miguel González Avelar, director de Información y Relaciones Públicas de Programación y Presupuesto, me hizo llegar la inmediata respuesta de la Secretaría. Evadía el contenido del reportaje y lamentaba excesos en la presentación de nuestro trabajo. Desde el otro extremo del mundo, por teléfono, sentí el desprecio del funcionario.

—No imaginaba hasta dónde podrías llegar.

—Explícate —pretendí.

—¿Para qué? No tienes sentido de la amistad. Ni de la ética.

—Hablemos.

—Dejémoslo así.

López Portillo encaró el asunto en términos absolutos. No

tenía caso hablar de una tarea periodística, mucho menos de la libertad de expresión. Condenó por principio los excesos de *Proceso,* que enfrentaba a dos aspirantes a la Presidencia, Jorge Díaz Serrano y Miguel de la Madrid. «¿Con José Ramón enmedio, te das cuenta?». No había argumento en contra del poder. La «cosa pública» es privada cuando responde a los intereses del jefe de la nación, ninguno tan importante como la transmisión de la banda tricolor.

La relación con Miguel de la Madrid cayó a cero. Nunca más crucé palabra con el secretario de Programación, precandidato a la Presidencia, candidato, presidente electo, presidente constitucional.

Destapado De la Madrid le solicité al jefe de prensa y propaganda de su campaña, González Avelar, una entrevista con el candidato. Debía entender: estaba ocupadísimo. Iniciada la gira por la República, le solicité sitios en la comitiva para un reportero y un fotógrafo de la revista. Debía entender: tenía peticiones por millares. Dispondría si acaso de un lugar y no a lo largo de toda la campaña. Visto que el candidato concedía entrevistas exclusivas casi a diario, le solicité una para nuestro enviado Elías Chávez, avezado, inteligente, quince años en la fuente política, inobjetable. Debía entender: circulan en el país centenares de semanarios. No podía complacerme.

Imperó el embute en la gira igual que en los tiempos de Luis Echeverría y José López Portillo. Circuló el dinero a la vista, como en un casino.

Informado Elías Chávez de la preparación de este libro, le pedí pormenores sobre el embute en los frentes reporteriles. Se remontó a Díaz Ordaz y remató con la campaña de la renovación moral. Fruto de sus conocimientos y experiencia son estas cuartillas estrictas:

El chayote florece a su máximo esplendor desde que Gustavo Díaz Ordaz institucionalizó su irrigación. Mientras el entonces presidente de la República pronunciaba un día de 1966 el discurso inaugural de un sistema de riego en el estado de Tlaxcala, entre los reporteros corría la voz: «¿Ves aquel chayote? Están echándole agua. Ve allá».

Allá, semioculto por la trepadora herbácea, un funcionario de la Presidencia entregaba el chayote, nombre con el que desde entonces se conoce el embute en las oficinas de prensa. Tan popular se volvió que su entrega dejó de ser oculta.

Fernando Garza —en esa época subjefe de prensa de la Presidencia de la República— inicia su recorrido por el pasillo de un DC-3 en pleno vuelo, y a cada paso, en cada asiento, va repartiendo sobres.

—Yo no —rechaza un reportero novato.

—Tú sabrás.

Sin inmutarse, Fernando Garza continúa por el pasillo del DC-3 repartiendo chayotes a diestra y siniestra.

—Pinche santurrón —reclamó un reportero a quien de esa manera había faltado a la «solidaridad» gremial.

Por recibir un chayote —en ocasiones fundamental para su sobrevivencia—, los reporteros, muchos con sueldo menor al mínimo, aparecen como los más corruptos del periodismo nacional, mientras sus patrones, potentados cuya riqueza y negocios tienen su origen en la manipulación de la información, son conocidos como personas honorables.

El chayote creció y se institucionalizó, aunque su florecimiento máximo se da en cada campaña del candidato del PRI a la Presidencia de la República. Así sucedió con Luis Echeverría, con José López Portillo y con Miguel de la Madrid.

Teóricamente, todos los periodistas que cubrieron la campaña de Miguel de la Madrid recibieron frutos del chayote. Más de un centenar de comunicadores integraban la comitiva de prensa. Y todos ellos aparecían en la lista del chayote, que funcionaba de dos maneras:

Una, la del chayote que entregaba directamente el PRI a través de su Secretaría de Prensa y Propaganda, y otra lista para el embute que daban los gobiernos de los estados.

En la segunda se incluía, además de los reporteros enviados por sus respectivos medios, a estenógrafos, correctores, redactores de boletines, teletipistas y ayudantes y funcionarios del «equipo de prensa».

Aunque todos estaban en la lista, no todos aceptaban el chayote. A ésos ya ni los llamaba el encargado de darlo, un licenciado de apellido Loredo. Su aparición en las salas de prensa, con su maletín negro en la mano, tenía el valor de una contraseña.

A partir de ese momento los periodistas podían pasar a una determinada habitación del hotel donde se hospedaba la comitiva —usualmente en el mismo hotel se instalaba la oficina de prensa— a recibir su chayote. Similar era el procedimiento para la segunda lista, de la cual se responsabilizaba el jefe de prensa o representante del gobernador en turno.

Las cantidades variaban: entre 15 000 y 20 000 pesos por estado visitado era el chayote del PRI. El de los gobiernos de los estados tenía una fluctuación mayor. Famoso por su generosidad era el Güero Landeros, de Aguascalientes. También famosa fue, por su «tacañería», la gobernadora de Colima, Griselda Álvarez, de quien los reporteros se quejaban porque no daba chayote.

La verdad es que nunca se sabía la cantidad real otorgada a los reporteros. Esto dio lugar al fenómeno de los Picaojos, como eran llamados los encargados del reparto y que se quedaban con parte del chayote o con todo, en el caso de los periodistas que no lo aceptaban.

Tan natural era dar o recibir chayotes que de la inconsciencia se pasó al cinismo: un reportero (¿de *El Nacional?),* en su crónica acerca de una «Reunión Popular para la Planeación» titulada «Agua y Desarrollo», organizada por el IEPES en Sonora, escribió —y así se publicó—: «...los periodistas que cubren la campaña electoral presentaron una ponencia para que se aumente el riego del chayote».

Héctor Gama hizo llegar a *Proceso* datos sobre el embute en la campaña electoral. Reportero en funciones de los noticieros de Radio Educación y Canal 13, escribió en el número del 30 de noviembre de 1981:

Un promedio de 60 periodistas —el número es variable en cada etapa— cubre el recorrido de Miguel de la Madrid, además de camarógrafos, fotógrafos y técnicos. De ellos, unos 34 laboran en la prensa diaria, 12 de radio, 6 en televisión y 8 más en revistas.

Una investigación previa en la que se reunieron testimonios verbales y otros materiales permite señalar que en los inicios de la campaña del candidato, los primeros embutes, de «sólo» 14 000 pesos, generaron la protesta airada de muchos reporteros.

El chayote aumentó considerablemente en Aguascalientes y Zacatecas, donde el Revolucionario Institucional dio 25 000 pesos a los periodistas participantes y los gobiernos respectivos dieron unos 20 000 y otros 30 000 pesos.

Un tenebroso personaje, homónimo de un famoso modista, maletín negro en mano, portaba distintas cantidades para entregar a periodistas rigurosamente registrados en lista. El propio personaje hubo de reconocer que muy pocos reporteros se negaron a recibir su parte correspondiente. Algunos, inclusive, con violencia.

Solamente, en su segunda entrega, el personaje referido debió repartir alrededor de millón y medio de pesos. Se han realizado estimaciones diversas sobre el monto total que recibirá cada encargado de la fuente. Los cálculos extremos varían entre 300 000 y 600 000 pesos. Considerando un promedio de 2 000 pesos diarios que entregarían a cada diarista o reportero de otros medios, el PRI gastaría 120 000 pesos diarios, 840 000 a la semana y 3 360 000 pesos al mes, en embutes.

Sin embargo, este personaje es sólo el brazo ejecutor. Él y los periodistas que amamanta son apenas la mínima expresión de la corrupción. Si se mira con profundidad, la corrupción es el sistema.

Fue mordaz la protesta de González Avelar a la información de *Proceso*. ¿Acaso ignoraba yo que algunos reporteros de la revista figuraban en las nóminas del gobierno? Caíamos en un cinismo corriente, dijo.

—Ése no es el punto. Si existe entre nosotros el embute morirá de muerte natural. No gratifica a sus promotores.

—Hablemos de hechos —reclamó. Si yo estaba en contra del embute, ésa era mi posición. Otras consideraciones no venían a cuento.

—*Proceso* dio un paso al tratar el asunto. Tú das el segundo y difundes la lista de los periodistas con embute. Y los periodistas fuera de nómina que reciben trato especial. Y sabemos todos quiénes somos. Y de a cuánto.

Volvió sobre sus pasos: cuando yo quisiera me daría los nombres de los reporteros de *Proceso* que disfrutaban de prebendas en algunas oficinas de prensa.

—Ventilemos el problema, pero no tú y yo, a solas, en un restaurante, como asunto privado.

—Ten el valor de enfrentar el problema en tu propia casa.

—Como problema público sí. Ahora.

—Sé congruente.

—Basta abrir la revista para saber que no están en *Proceso* los reporteros que quieren enriquecerse. El problema es el gobierno, que se apoya en la corrupción.

Nos despedimos ya tarde. Nunca más he sabido de González Avelar por mí mismo.

La sede para México del campeonato mundial de futbol que acababa de celebrarse permitió a Rafael Camacho Guzmán ofrendarle a Televisa el estadio «Corregidora de Querétaro». Bello como pocos campos deportivos en la República, a gusto del consorcio privado, no tuvo que desembolsar Televisa un peso para allegarse millones. Fue redondo el negocio, parecido al cómodo usufructo de una herencia. El gobernador obrero, hecho hombre en las filas de la CTM y político al lado de Fidel Velázquez, se encargó de todo. Cubriría el gobierno de Querétaro hasta el último gasto para conservar el inmueble en condiciones óptimas. Se haría cargo de los sueldos de los empleados y trabajadores que manejaran la administración y cuidaran de las instalaciones. Se haría cargo de las relaciones laborales. Se haría responsable de la seguridad del inmueble. Cualquier desorden, por las causas que fueran, sería a costas del gobierno. Daños a terceros, los que fueran, los cubriría el gobierno del estado. Por cuenta del gobierno correría el pago de energía eléctrica, el del agua, la apertura y funcionamiento del Corregidora las mañanas de futbol. Televisa cobraría por la venta de boletos, los anuncios comerciales, las transmisiones de radio y televisión, la venta de refrescos y todos los productos que le pareciera a bien ofrecer. Por ocho largos años, prorrogables, manejaría el estadio como propio. El gobierno, durante el mundial, sólo cobraría el quince por ciento del ingreso bruto por la venta de boletos, excepto palcos y plateas. Después, cobraría quince por ciento neto de las entradas, incluidos los asientos privilegiados. El resto, todo, para el consorcio.

El 20 de mayo de 1983 anunció la FIFA al mundo que México sería sede del campeonato. Tres días antes había iniciado Camacho Guzmán la construcción del Corregidora. 5 800 millones de pesos costó la obra, desproporcionada para la capital de Querétaro: 40 000 localidades para poco más de 400 000 habitantes. Un año ocho meses fue pospuesta la atención de necesidades fundamentales en el estado. No había dinero para más.

El licenciado De la Madrid asoció el nombre del presidente de la República al gigantesco negocio para Televisa: inauguró el inmueble el 5 de febrero de 1985, aniversario de la Constitución. El 3 de enero del mismo año, la Cuadragesimaséptima Legislatura Constitucional del Estado de Querétaro

Arteaga, en uso de las facultades que le confiere el artículo 63 de la Constitución local, había ratificado:

En todas y en cada una de sus partes el contrato celebrado el día 28 de septiembre de 1984 entre el Gobierno del Estado, a través de su Gobernador Constitucional y la C. Secretario de Gobierno, y la empresa denominada «Ventas y Servicios Querétaro, S.A.», por el que se concede a esta sociedad el derecho para hacer uso exclusivo de los espacios y superficies del Estadio «Corregidora de Querétaro» de futbol de la ciudad de Querétaro, designados para anuncios publicitarios comerciales, transmisión de eventos que ahí se realicen por radio y televisión y para la venta de artículos en su interior; siendo el contrato por duración de 8 años con opción de prórroga.

Cualquiera imagina que un equipo de futbol de tercera división no atrae a sus partidos más público que el formado por los familiares y amigos de los jugadores. En la relación inaudita entre los poderes de Querétaro y los intereses de Televisa se especifica que no importa el destino del equipo del consorcio, Cobras de Querétaro. Aun en el supuesto de que descendiera a tercera fuerza, en la práctica el estadio seguiría siendo suyo.

La historia está escrita en sus términos textuales y escrito está también un estudio firmado por el licenciado Inocencio Reyes Ruiz, jefe jurídico y consultivo del actual gobierno de Querétaro que preside el licenciado Mariano Palacios. Dice el documento que los convenios firmados por el gobernador Rafael Camacho Guzmán y ratificados por el Congreso del estado son leoninos, favorables sólo para una de las partes. Dice también que son vergonzosos en materia jurídica y política.

Ya en las postrimerías de 1982, Miguel de la Madrid designó a Manuel Alonso coordinador para asuntos de prensa y relaciones públicas. Brazo derecho de Fausto Zapata durante el sexenio de Luis Echeverría, rompieron Zapata y Alonso por razones no conocidas hasta hoy. En las más azarosas circunstancias era preferible a Francisco Galindo Ochoa. También a Miguel González Avelar, inaccesible. Podría ser el puente que nos llevara a una relación normal con el presidente. Lo felicité en cuanto supe de su éxito.

Me ofreció su cooperación, «lo que te haga falta», papel para la revista, «todo el que necesites». Renovaríamos un buen trato, desinteresadamente. El futuro sería otro, conducido el país por un hombre serio y responsable. En su esfera, transformaría Alonso el embute en una ayuda limpia para los reporteros, «tan mal pagados». Brindaría su auxilio a cambio de trabajo. Acabaría con la práctica oscura de los sobres distribuidos entre los periodistas como una gracia, sin firma de recibido el estipendio. Hombre del porvenir, juzgaba el pasado con desprecio. «Hemos sido tan pequeños, tan mezquinos.»

Me preguntó si había conversado con De la Madrid. Ensarté historias menudas, algunas cuentas del rosario de mis fracasos. Sus palabras expresaron cierta duda. En ese mismo momento podría saludarlo. «Vamos», me alentó. «Un saludo y nada es lo mismo», aduje. Le confié que deseaba una relación digna con el presidente de la República a partir del 1° de diciembre. Fue cálida su respuesta.

Llegó diciembre, la toma de posesión. Transcurrió el mes y sólo escuché el silencio. Siguió enero de 1983, febrero, marzo, abril. Nada. Mayo, junio, julio, agosto, septiembre y la algarabía de las fiestas patrias, y sólo oía el rumor del tiempo que pasa. Olvidé promesas y expectativas. En *Proceso* escribíamos nuestra historia, la que podíamos.

El día de su santo, 24 de mayo de 1984, recibió Susana Scherer dos ramos de rosas recién abiertas, de Miguel de la Madrid y Manuel Alonso. «Con los atentos saludos», decían las tarjetas grabadas en fina letra cursiva. Dispuso Susana dos floreros en los puntos más visibles de la sala. Uno, sobre una repisa, bajo una litografía de Siqueiros. Otro, en el centro de una mesa pequeña.

De nueva cuenta nos reunimos Alonso y yo. Revisamos el pasado, sin prisas. Subrayó la aspereza de *Proceso*, su obsesiva combatividad, la búsqueda enfermiza del dato negativo hasta dar con un defecto en la Venus de Milo o un mal paso en la Pavlova. Él se encargaría de crear las condiciones para que pudiera reunirme con el presidente. La tarea exigiría tiempo, me advirtió. Ánimos enconados era la estela que *Proceso* dejaba en el gobierno semana a semana.

Argumenté que de sus dichos no se desprendía que nos valiéramos de malas artes para prevalecer en el mundo de la información, centro de conflictos por los intereses del poder, la fama, el dinero, la vanidad, mundo pendenciero por naturaleza. Entendíamos la crítica al presidente como una parte insoslayable de nuestro trabajo. «Ejercemos nuestra libertad, es todo, Manuel». «A veces son amarillistas», arguyó Alonso con una sonrisa. «A veces», lo acompañé en el mismo tono conciliador.

—Yo me comunico contigo —dijo al término de la conversación.

Nada cambió en *Proceso*, nada cambió mi relación con Alonso. Volvieron los tiempos de otros tiempos, sensaciones ya vividas. Corrió una semana, corrieron dos, corrió un mes. Entreveradas experiencias viejas y nuevas, armé mi propio rompecabezas para explicarme el mutismo del vocero presidencial. A Palacio había que presentarse lavadas las culpas y yo no había lavado las mías. Mantenía *Proceso* su posición frente al jefe de la nación, inadmisible en el código del poder. Profesional de las relaciones públicas, amante de las formas, un caballero, encajaba la personalidad de Alonso en el cuadro que me forjaba.

Busqué a Manuel Alonso. Hablamos sin disimulo:

—Complicaste las cosas, mi querido Julio.

—¿Por qué, Manuel?

—¿Cómo que por qué?

—Quiero saber. Por eso te pregunto.

—Conversamos con el propósito de que te entrevistaras con el presidente y a las primeras de cambio reaccionas como si no quisieras verlo.

—Explícame, por favor.

—Los cartones de Naranjo.

—Dime, no entiendo.

—Publicaste dos cartones contra el licenciado De la Madrid, uno después de otro. Apareció el primero cuatro días después de que nos reunimos, ¿te das cuenta? Y a la semana siguiente el otro. Los recuerdas, supongo.

—Claro que los recuerdo.

—O sea, mientras yo gestiono la entrevista con el presidente, tú lo agredes. Te pregunto, de buena fe: ¿no podías haber aguardado unos días para publicar los cartones? ¿No podías haber esperado a tu conversación con el presidente?

—Nada tiene que ver Naranjo en mis conversaciones contigo. O quien sea, así se trate del presidente.

—Tú eres el director, marcas la línea.

—Naranjo es el dueño de su espacio.

—Bajo tu supervisión.

—Te equivocas.

—Eso quiere decir que publicas lo que te entregue.

—En principio así es.

—Eso no disminuye tu responsabilidad. Eres el director.

—Pero no el dueño.

—Quiero que me comprendas. En la portada de la revista está tu nombre. Sólo el tuyo. Ningún otro. Bajo el logotipo.

—Asumo la responsabilidad última por el contenido de *Proceso,* por supuesto. Pero no como patrón. Por la revista respondemos todos.

—Vaya.

—Buena, dime, ¿en qué quedamos?

—Voy a explicarte: tú y yo llegamos a un acuerdo. Al separarnos y dirigirse cada uno a su automóvil, tu chofer apedrea mi auto. En esas condiciones, ¿qué quieres que te diga?

—Naranjo no es mi chofer.

—Es un ejemplo.

—Ofensivo.

—Como ejemplo, válido.

—Dejemos eso. En concreto, ¿se frustró la entrevista?

—Mi querido Julio, si no respetas al presidente, si lo ofendes, ¿qué puedo hacer por ti?

—Nadie es tan fuerte y tan vulnerable como un presidente, donde sea. Se trata de saber si se pueden o no tener relaciones de respeto mutuo con él. No es Dios, Manuel.

—Yo creo en la institución presidencial. Tú no. Es nuestra diferencia.

Ley de la vida, suelen darse los conflictos más hondos en los seres que más alto ascienden. Sus entrevistadores, de alguna manera sus biógrafos, tienen la oportunidad de escudriñar en esos abismos, escarbar hasta perder las uñas, mirar hasta el fondo. Han de investirse abogados del diablo, preguntar con denuedo, única manera de saber, si en verdad quieren saber qué ocurre en el alma de esos hombres constituidos por las razones que se quieran en los guías de millones de hombres. Traiciona y se traiciona el biógrafo que no enfrenta a su personaje.

Nada enferma como la exaltación, se dice y repite hasta el cansancio. Nada revela al hombre como su propia crisis, se sabe desde siempre.

Como una simple ecuación de relaciones públicas entiende Manuel Alonso su trabajo de comunicación social. Es su oficio. Piensa que al presidente han de tendérsele preguntas cómodas que le permitan desplegar su talento y conocimientos. Piensa que al presidente no se le cuestiona. Piensa que al presidente se le escucha.

Consta en las entrevistas exclusivas hasta hoy concedidas por el licenciado De la Madrid que es equilibrado, sin titubeos, certero, hecho para el trabajo y el reposo en su momento, unidas las cualidades personales a las dotes de mando. Consta que un encuentro en Los Pinos es inevitablemente una cita con la historia, aunque la historia que allí se trame esté cortada del pasado que la hizo posible. Al presidente no se le pregunta acerca de la íntima responsabilidad que compartió con el licenciado José López Portillo en el pasado sexenio, por ejemplo. Tampoco se le pregunta por José López Portillo, antagonista de su existencia. «Sería una falta de respeto», creo escuchar a Manuel Alonso.

Las exclusivas de Miguel de la Madrid han sido para Enrique Loubet, Joaquín López Dóriga, Regino Díaz Redondo en dos ocasiones y Guillermo Ochoa y Ángel T. Ferreira en un trabajo conjunto de Televisa e Imevisión. No hay una interrupción en esos coloquios, alguna discrepancia, algún momento de tensión. Los diálogos son tersos, fluidos, agua que corre sobre un lecho de arena. En el texto de Loubet perdura esta descripción como indicio de su emoción contenida: «...tres horas exactas en su despacho de Palacio Nacional. En la mesa cercana a su propio escritorio —ante el que nos sentamos— quedaban las tazas, con acaso el poso del café, como mudos testigos». Perdura también el símil que da cuenta de su deslumbramiento: «Y una voz pausada —como la del maestro en cátedra— añadió sin ningún tono triunfal: "Creo que hemos superado los aspectos más agudos de la crisis y sobre todo hemos frenado las tendencias del agravamiento"». La entrevista de Loubet termina así:

Atento, constante, memorioso, dio respuesta a cada una de las preguntas, alguna quizá larga. Todas y cada una de sus respuestas, amablemente expuestas. Si bien su voz en privado y en público es la misma, su imagen quizá sea mejor en reuniones de grupos pequeños que ante grandes multitudes. Hay mayores, más nítidos matices, casi para cualquiera, claro, en una conversación cara a cara que para quien ve en lejana tribuna una figura. A lo largo de la entrevista (alguna vez alguien definió la entrevista como una especie de cordial, amistosa conversación y en este caso creo que su definición hubiese sido precisa), el presidente sonrió varias veces, no miró su reloj pulsera una sola vez —elegancia que desde aquí agradezco, pues a cualquier periodista gesto así lo hubiese necesariamente inquietado— y aunque obligadamente tuvo que escuchar una, otra y otra vez, campanadas gong del reloj de pared de su despacho, dio la impresión de que no parecía darse cuenta. Fue pues su postura, su decisión de la entrevista exclusiva, una deferencia singular *a Excélsior* que, en lo personal, agradecí de viva voz al despedirme cuando daban las 13:30 horas del pasado lunes 25 de junio. Quisiera terminar en igual forma. Agradeciendo ahora por escrito su valiosísimo tiempo y, como siempre, su caballerosidad.

Las observaciones de Regino Díaz Redondo sobre Miguel de la Madrid, el hombre, corresponden a las del ser que rebasó toda duda. Dice acerca de él que habla con «la ley en la mano, la decisión, la claridad mental, la sencillez cortés». Lo descubre preocupado, «más de lo que aparenta, pero sereno, siempre sereno, sin exagerar». Lo sabe sin derecho «a confundirse ni tomar decisiones livianas».

—«¿Quién es Miguel de la Madrid al cumplirse tres años de su gobierno?», le pregunta.

Responde el presidente:

Soy un ser humano enriquecido en lo esencial. La experiencia como presidente de la República es intensa, diversificada, y eso me ha enriquecido humanamente. Conozco más cosas de mi país, del mundo. Como estoy más en contacto con mi pueblo, creo que lo quiero más de lo que lo quería, y siempre lo he querido mucho; pero este contacto humano, personal, emotivo, el hecho de sentirme no el principal, sino el único responsable de los destinos de mi patria, en este periodo que me ha tocado gobernar, sí considero que ha sido una experiencia muy positiva.

La veta biográfica estaba a la vista. Sólo habría que seguirla para llegar lejos. Dice De la Madrid que no se siente el principal, «sino el único responsable de los destinos de la patria». ¿Cómo se puede vivir bajo ese peso aplastante? ¿Qué idea tiene de sí mismo un hombre que así siente y en esos términos se expresa? ¿Qué es para Miguel de la Madrid la patria, que la abarca completa, concepto totalizador, más que el gobierno, más que el Estado? ¿Qué somos para él 80 millones de mexicanos? No hay manera de saberlo. El diálogo va por otro lado.

—¿Le deprime alguna cosa? —pregunta Díaz Redondo.

—Depresión propiamente no. A veces, al final de ciertos días, sí hay cansancio, pero depresión no, afortunadamente no —contesta De la Madrid.

—¿Qué hace el presidente de México cuando descansa, si es que descansa alguna vez?

—Sí descanso, sí descanso y me doy tiempo para descansar, y me obligo a tener tiempo para descansar; porque el descanso es indispensable en términos de salud y en términos de serenidad.

Dice el presidente que ha leído tanto que la lista de autores que conoce es «enorme e interminable»; dice que le molestan los medios de comunicación que no tienen la ponderación de hacer balance entre las cosas positivas y negativas, porque «yo sé que en mi país hay más cosas positivas que negativas»; dice que la familia es «la célula fundamental de la sociedad, uno de los grandes valores de la cultura mexicana»; dice que tiene tiempo para hablar con su familia, extrovertido en casa. Termina la entrevista con tres últimas preguntas sobre el hombre que es Miguel de la Madrid a la mitad de su sexenio:

—¿Duerme usted bien? —inquiere Díaz Redondo.

—Normalmente sí —responde el presidente.

—¿Cuántas horas?

—De seis a siete, y obviamente, sí hay veces que tarda más en llegar el sueño o se acabó más pronto cuando hay problemas especiales. En esta última época que me ha tocado vivir, de los terremotos, sí le confieso que me bajó el buen sueño que normalmente tengo.

—¿No toma pastillas para dormir?

—Prefiero una cerveza.

Reina la paz en Los Pinos y en el corazón de Miguel de la Madrid el día que recibe a Ángel T. Ferreira y a Guillermo Ochoa. Toman café frente a las cámaras de Imevisión y Televisa, recorren parte de los jardines de la residencia, muestra el presidente a los invitados sus salones de trabajo, el despacho presidencial.

Se habla del mundial, no de la rechifla multitudinaria al jefe de la nación en el estadio Azteca el día inaugural del campeonato de futbol; se habla de la moratoria, ajena a cualquier proyecto presidencial; se habla más del futuro que del presente, más de las esperanzas del gobierno que de los agobios de un país empobrecido. El tono de la charla es suave, relajado, propio de un domingo a mediodía, cerca aún del almuerzo, cerca ya del aperitivo, lejos, muy lejos el lunes con su carga de preocupaciones acuciantes.

Pregunta Ochoa: «¿Va a haber cambios pronto, señor?». La respuesta se desprende por sí misma en la atmósfera apacible del encuentro: «El día de hoy no tengo pensado hacer ningún cambio, don Guillermo». Sonríe Ochoa, sonríe Ferreira, sonríe el presidente, sonríe la nación. Cierra el programa con parabienes para todos. Dice Ochoa: «Nuestro deseo es que esta entrevista, esta plática que usted nos ha concedido, haya sido útil para nuestro país. Gracias, señor presidente». Dice el presidente: «Yo reconozco en la televisión mexicana un poderoso instrumento de comunicación con la población, y el tiempo que he usado para que platiquemos de esta manera tan amable la juzgo un tiempo bien empleado en mi agenda de trabajo». Al día siguiente, 11 de junio, despliegan los periódicos la substancia del encuentro. Opinaron algunos que el pueblo de México siguió a Miguel de la Madrid por la televisión como se sigue a un familiar en su casa, en su jardín. Un éxito.

Una semana más tarde la simplicidad de los hechos enfrentó al presidente con el montaje de su propia manipulación. El licenciado Silva Herzog dimitió de la Secretaría de Hacienda y dejó traslucir diferencias insalvables con el licenciado De la Madrid. Llegó hasta donde nadie se atreve en el sistema y escribió en su carta al presidente las palabras prohibidas, palabras blasfemas: renuncia irrevocable. Días después confirmó el PRI los temores ya para entonces generalizados en la República: mal marchaba el gabinete, mal marchaban los asuntos en Palacio. El partido, voz del jefe de la nación cuando hace falta, condenó a Silva Herzog en un boletín brutal:

«La difícil circunstancia de México y la defensa de los intereses populares reclaman de los colaboradores del presidente de la República disciplina y lealtad con el Jefe del Ejecutivo. Demandan cohesión y solidaridad en el gabinete presidencial. Exigen, asimismo, celeridad y eficacia en la instrumentación de la política gubernamental.»

El párrafo final anunció la muerte política de Silva Herzog, al menos por lo que resta del sexenio:

«Éstos no son tiempos para cuidar imágenes personales, son tiempos para cumplir nuestra responsabilidad con México».

Culminó el escándalo sin una explicación de los hechos que los desencadenaron. La opinión pública, sensibilizada una semana atrás, quedó en el vacío, agraviada. Las protestas se multiplicaron. Olvidó el licenciado De la Madrid su ofrecimiento de mantener al país informado a tiempo y cabalmente, promesa de campaña, promesa de presidente. Olvidó sus propias palabras en la entrevista con Joaquín López Dóriga el 20 de diciembre de 1984:

>...una autoridad está obligada a informar a la opinión pública sobre sus actividades, a justificar sus políticas y a defenderlas. Entonces, cuando hay críticas que en opinión de los funcionarios, de las autoridades, no son justificadas, por falta de información o por mala fe, no solamente está en su derecho, sino en su obligación de proporcionar a la opinión pública los elementos y datos correspondientes para que se haga fácilmente un juicio correcto la opinión ciudadana.
>
>Dejar de responder críticas, en mi opinión, es desprecio a los críticos o a la opinión pública, y pienso que ni una cosa ni la otra deben de ser la regla general. Yo creo que la autoridad está obligada a explicar y a justificar su conducta.

Unos días antes de la entrega de los Premios Nacionales de Periodismo correspondientes a 1984, Efrén Maldonado fue citado en la Secretaría de Gobernación. Adivinó de qué se trataba. Alberto Peniche Blanco, el jefe de prensa, lo recibió con un abrazo.

—Enhorabuena, don Efrén.

Efrén sonrió con la alegría que sólo dos hileras de dientes grandes pueden expresar.

—Gracias, señor.

A punto de retirarse, Peniche Blanco lo detuvo:

—Querría precisar, don Efrén, si me permite—. Y precisó que el premio nacional de caricatura se le confería por su trabajo en *El Universal*, no en *Proceso*. Sólo bajo esas condiciones recibiría del presidente el galardón en la ceremonia pública del 6 de junio, víspera del banquete del Día de la Libertad de Prensa.

Protestó Efrén con un movimiento de cabeza. Dijo enseguida:

—No estoy de acuerdo, señor.

—Es una decisión del jurado. Lo siento, don Efrén.

—Yo me hice en *Proceso*, *Proceso* me hizo —argumentó el periodista reconocido de tan extraña manera. Desde temprana edad de la revista figura entre sus colaboradores constantes.

—*Proceso* marca la trayectoria de mi trabajo. Allí está una parte de mi vida como cartonista. No es justo, señor.

Peniche Blanco elogió el esfuerzo de *Proceso*. «Lleva a cabo un trabajo serio, honrado, que respeto.» Habló de su amistad con el director. «Muchos años de estimarnos, pregúntele.» Pero la decisión estaba tomada. No le quedaba al dibujante más alternativa que aceptar o rechazar el premio.

—Está bien.

—Sea discreto. Le ruego.

Conocí la historia a través de su protagonista.

—¿Qué opina? —quiso saber.

—No hay problema, don Efrén.

—Aunque no lo quieran reconocer, premian a la revista. Todo mundo sabe que aquí trabajo.

—No le entiendo, don Efrén.

—Sí. Todo mundo sabe que aquí trabajo.

—O sea, que debo interpretar el rechazo a *Proceso* como un homenaje a la revista.

—No diga eso.

—O sea, que a usted lo censuran por su trabajo en *Proceso* y nosotros debemos dar las gracias por su distinción en *El Universal*. A usted le rinden homenaje y a todos nos largan la ofensa, usted incluido, don Efrén.

—Entonces rechazo el pinche premio.

—Ni tan pinche. Usted ha trabajado y mucho. Ya le dieron el premio y ya dijo que sí. Piénselo dos veces. Todo forma parte de su historia y de la nuestra, juntos, si usted quiere.

—¿No hay bronca?

—No la hay. —Y no la había, a pesar de la inevitable contrariedad entre nosotros. Froylán López Narváez le dijo a Efrén Maldonado que había aceptado un plato de lentejas y le dio un abrazo; Carlos Marín ardía en indignación, que ni ocultaba ni disfrazaba, pero que sabía transitoria; Enrique Maza previno a quien lo quiso escuchar: si Efrén celebraba el premio con una fiesta de cuates, contaría con su ausencia. Efrén no hizo fiesta alguna y sí declaraciones a *La Jornada*. Escribió su entrevistadora, Adriana Malvido, el 4 de julio:

> Era contador público, tenía su despacho, usaba corbata, iba puntualmente a la peluquería y leía a Adam Smith. Hoy, un día antes de recibir el Premio Nacional de Periodismo, Efrén hace una confesión: «A mí me inventaron como caricaturista».
>
> ¿Quiénes fueron los responsables? El cartonista los desenmascara: «Primero fue Magú, él me enseñó el ABC de todo esto, Naranjo y Helio Flores también han sido determinantes. Y para rematar, *Proceso* me inventó el espacio y dentro de él aprendí a dibujar y a hacer periodismo».

Supo, como nunca, dónde estaba de cuerpo entero. En *Proceso,* estimado por todos, dibuja como le viene en gana, sin más límites que los de su inteligencia. En *El Universal* conoce los límites a su trabajo, si de caricaturizar al presidente se trata.

La tarde del 5 de julio, en el banquete de la libertad de prensa, Regino Díaz Redondo pronunció el discurso oficial a nombre de sus colegas, reunidos en torno del licenciado Miguel de la Madrid y el gabinete presidencial. El esplendor en pleno. Habló de los periodistas serios y de los que no lo son. Dijo ya avanzado su discurso: «En los periódicos serios de México no hay gente que trate de socavar los pilotes de nuestra estructura social». Y ya para terminar: «Cuenta usted con una prensa noble y seria, analítica y plural, crítica y respetuosa de la democracia en que vivimos. Y, sobre todo, con la inteligencia y el ánimo dispuestos a trabajar por el bien del país. En sus esfuerzos por vencer la crisis tiene usted a su lado a los periodistas independientes de México».

No disimuló su impaciencia el director de la Federal de Seguridad, José Antonio Zorrilla. Dijo autoritario, policía, jefe:

—Tengo que hablar contigo, ahora mismo.

—Es viernes. Estamos cerrando la revista.

—De eso se trata. Del cierre.

—Lo siento.

—Ahora mismo voy para allá.

—No puedo recibirte.

—Ahora mismo voy para allá.

—Te digo que no.

—Te digo que sí.

Me llamaba desde sus oficinas en Plaza de la República. Colgó.

Con el propósito de franquearnos, semanas antes nos habíamos emborrachado en un bar de las calles de Lafragua, a unas cuadras de la Federal. Los huisquis se sucedieron sin número ni cálculo. Después de cada tanda de canciones, en las bolsas del saco buscaba Zorrilla billetes que entregaba arrugados, sin mirarlos. Escuchamos canciones de Lola Beltrán, las más famosas de Lucha Reyes, oímos a Agustín Lara, a Gabriel Ruiz, «Las Mañanitas», al amanecer.

Me habían contado que en Pachuca, buen jinete, a caballo llevaba a su hijita hasta la puerta de la escuela y ya al mediodía mandaba al chofer por la niña. Se rio Zorrilla, contento.

—Me gusta tanto lo mexicano. La música ranchera, los boleros, la comida, lo charro, por supuesto el tequila. Bebo huisquis por costumbre y por pendejo.

Para Fernando Gutiérrez Barrios, su jefe seis años en la Dirección Federal de Seguridad, tuvo palabras devotas. No se expresó de él como un secretario particular agradecido. Habló como un contemplativo frente a la obra acabada. Alguna explicación tendría el nombramiento de Gutiérrez Barrios al frente de Caminos y Puentes Federales, estación de paso, porque a un hombre como al teniente coronel no podían asignársele tareas modestas.

—Será gobernador de Veracruz y es muy poca cosa para él. Irá para más, para mucho más. Es grande entre los grandes, la memoria política y policiaca de México.

En voz baja, voz de colaboracionista, me indicaba pistas sin destino. «Al Negro no lo agarran nunca», me aseguró 72 horas antes de la detención de Durazo en Puerto Rico. «Al asesino de Buendía me canso que lo agarramos y pronto.» Era claro el juego de Zorrilla. Me quería cerca e inofensivo. No me importaba. La Federal de Seguridad es centro privilegiado de información y el periodismo es trabajo de pescadores, paciente.

Llegó Zorrilla a *Proceso*. Automóviles negros de cuatro puertas, las antenas como periscopios, quedaron estacionados en línea sobre la calle de Fresas. Un ayudante acompañó hasta mi oficina al director de la Federal. Se llega al despacho por un pasillo angosto y no hay sala de espera. Al otro lado de la puerta permaneció el gigante, me contarían mis compañeros. Un segundo agente se ocupó del acceso a la casa. Otros rondaron la calle.

Zorrilla fue al asunto, sin trámites. Sabía que nos disponíamos a publicar un reportaje que involucraba al licenciado Manuel Bartlett, así como ciertos problemas de familia que sólo a él competían.

—Así es —le dije—. Pero los asuntos de familia rebasan a la persona de Bartlett, no así al secretario de Gobernación.

—Es que no vas a publicar el reportaje.

—Aquí decido yo, José Antonio. Lo vamos a publicar.

—Te digo que no.

—Te aseguro que sí.

Apeló Zorrilla a las virtudes morales de Bartlett, los valores políticos del secretario de Estado, a la conveniencia de una buena relación con un hombre de su nivel, a la oportunidad que una circunstancia tan afortunada nos brindaba en «charola de plata».

—*Proceso* tiene derecho a crecer.

—Es inútil, José Antonio.

Pasaba Zorrilla de la negociación a la amenaza. «Te puedes arrepentir, arrieros somos y en el camino andamos. Hoy por mí, mañana por ti. Por tu bien te lo digo, pero te lo digo una vez, ahora». A juzgar por la ansiedad que lo dominaba, era absoluta su dependencia del licenciado Bartlett. «No me voy de aquí hasta que arreglemos esto», insistía.

Percibí su humillación. Rogaba. No sé hasta dónde se pueda llegar por este camino sin horizonte.

Enrique Maza había escrito el reportaje sobre Manuel Bartlett, una historia de abuso de poder. Ésta es, resumida por el propio Enrique a fin de incluirla en estas páginas:

Hay en Venezuela, en San Diego de los Altos, Estado de Miranda, un lugar llamado Granja Hogar de los Peregrinos, donde vive una colectividad fundada por 1976 o 1977. Busca la comunidad una vida espiritual, desarrollar su propia conciencia, vivir de acuerdo con ella y «depender únicamente de la Voluntad Divina».

Allí fueron a vivir cinco hermanos, Santiago, Germán, María Teresa, Juan y José Antonio Carter Bartlett, sobrinos del secretario de Gobernación, Manuel Bartlett Díaz, hijos de su hermana.

Desde el 4 de noviembre de 1982, el matrimonio Carter Bartlett llegó a la comunidad a vivir con sus hijos. Su estancia allá duró 10 meses.

A principios del segundo semestre de 1983, la hermana del secretario de Gobernación y su esposo regresaron a México para arreglar asuntos pendientes. Los acompañó Germán, quien cuenta en testimonio publicado el 5 de noviembre de 1983 en *El Nacional* de Caracas cómo la influencia y el poder de su tío transformaron a sus padres y los hicieron cambiar de idea. El matrimonio Carter Bartlett decidió no volver a Venezuela y sacar a sus tres hijos menores de la comunidad.

El señor Carter viajó a San Diego de los Altos para recoger sus pertenencias y llevarse a Juan y a José Antonio, los dos menores de edad. Juan suplicó quedarse. El señor Carter cedió e hizo los arreglos legales y materiales del caso para dejar a Juan bajo la custodia de Santiago, el mayor. Y regresó a México con José Antonio.

El 1° de noviembre de 1983, la Dirección del Servicio de Inteligencia y Prevención, policía política venezolana, allanó el hogar, saltó los muros, penetró con violencia y sacó por la fuerza a María Teresa, de 19 años, y a Juan, de 17. Eran cinco funcionarios armados de la DISIP, acompañados por un agente especial. Fue «un atropello cometido por las autoridades venezolanas al ejecutar órdenes provenientes del gobierno mexicano», denunciarían más tarde los hermanos.

María Teresa y Juan —confiscados sus documentos personales— fueron deportados en un avión de Aeroméxico. Un funcionario de la embajada mexicana en Venezuela supervisó la deportación.

En la semana del 13 al 19 de noviembre de 1983, yo recibí en *Proceso* una llamada telefónica de una señora Lascuráin. Quería hablar conmigo de un asunto grave que concernía al secretario de Gobernación. Vino a verme a la revista, acompañada de otra señora. La primera plática fue de auscultación. Les interesaba conocer mi postura, principalmente espiritual e ideológica, con respecto a la comuna de Venezuela y a los fines que perseguía. Hablaron largamente de ella, de su posición frente a la Iglesia, de su independencia religiosa. Cuando estuvieron más o menos seguras de mi manera de pensar, se refirieron al asunto de los Carter. Los sobrinos querían denunciar a su tío.

Días más tarde hablé con María Teresa y con Juan, que vinieron con las dos señoras. Me contaron la historia. Confirmaron que querían denunciar a su tío por abusos de poder.

María Teresa cuenta cómo vivía en Venezuela, «dedicada a una vida espiritual», cómo la sacaron de la comunidad los hombres de la DISIP y cómo la deportaron. Al llegar a México la esperaban sus padres, a quienes se habían entregado sus documentos legales, entre ellos su visa cancelada. Preguntó. «Se me dijo que quien había facilitado mi deportación había sido el hermano de mi madre, el licenciado Manuel Bartlett.» Quiso hablar con su tío, pero no le fue posible. «Ya que mis esfuerzos por arreglar esto a un nivel personal han resultado inútiles, yo hoy, como ciudadana de este país y como ser humano libre para expresarse, le pregunto a mi tío: ¿Es éste el respeto que tienes para la libertad del individuo? ¿Por qué mi mayoría de edad no es respetada? ¿Es éste el amor que un hijo debe esperar de sus padres? ¿Podría yo tener alguna confianza en ustedes como autoridades familiares y políticas respectivamente? El presente testimonio obedece a un deber de conciencia que me exige presentar una relación de los hechos... a pesar de las consecuencias que esto nos traiga...», me dijo Tere Carter Bartlett.

Juan, después de narrar los hechos en forma semejante a la de su hermana, me dijo: «Mi libertad moral ha sido agredida al no permitírseme seguir la verdad como la veo, al no actuar abiertamente, a la luz, sin hacer valer mi tío el poder político para esta violación, cosa que pudieron haber hecho, siendo yo menor de edad. No es mi móvil hacer presión ni venganza, pero es triste todo lo que viví en contra de mi voluntad, siendo sometido a un poder que 'estaba siendo aplicado por amor'».

María Teresa y Juan me trajeron los testimonios de sus dos hermanos mayores, Santiago y Germán, que permanecieron en Venezuela. Dice: «Todo esto ha sido provocado por nuestra madre, apoyada en el poder que le brinda su hermano, nuestro tío, Lic. Manuel Bartlett Díaz, actual secretario de Gobernación de México. Soy yo quien tengo como doloroso e inmediato deber el denunciar públicamente, con toda la fuerza, esta injusticia».

Germán añade los sucesos de que fue testigo único en el viaje que hizo con sus padres a México. Ambos cuentan los hechos del allanamiento, de la detención de sus hermanos, del papel de la embajada mexicana y de la deportación en el aeropuerto de Maiquetía.

María Teresa y Juan fueron muy exigentes sobre la exactitud de lo que yo escribiría.

Yo había consultado el asunto, como solemos hacerlo en *Proceso,* sobre todo por lo delicado del caso. Julio Scherer, Vicente Leñero, Rafael Rodríguez Castañeda, Carlos Marín y Froylán López Narváez exigieron la exactitud de los datos. Cuando tuve todo en la mano, la aprobación fue unánime. Pero Vicente pensaba que el asunto no merecía destacarse en la portada. Era un caso particular, de familia, aunque involucraba a un secretario de Estado. Había que publicarlo, sí, pero no desplegarlo.

Entretanto, María Teresa y Juan seguían viniendo. Con problemas, porque les habían puesto vigilantes. En una ocasión, me dijeron, se escaparon de su casa, a distintos tiempos y por distintas rutas, a pie, para perder a las patrullas que los seguían. Corrieron por calles en sentido contrario y lograron deshacerse de sus vigilantes. Llegaron a *Proceso* uno primero y otro después. La plática solía ser profunda, más enfocada a la vida espiritual y a las ideas religiosas que ambos perseguían, que al caso concreto de su denuncia. En una ocasión tuve que llevar a María Teresa, en mi carro, hasta una esquina cercana a su casa.

Los dos hermanos vieron mi texto, finalmente. Lo corrigieron minuciosamente para que no hubiera una palabra que ellos no avalaran. De hecho, cambiaron dos o tres palabras que les parecieron excesivas.

El viernes 25 de noviembre empezaron las dudas. Juan llegó solo a *Proceso.* Había tenido un enfrentamiento con su madre y le había dicho que habían denunciado a su tío en «una revista». Y quería saber si era conveniente seguir adelante con la denuncia. Hablamos largo. Quedamos en seguir adelante. Pero la señora Carter ya se había comunicado con su hermano. No le fue difícil averiguar de qué revista se trataba.

En la noche, ese mismo viernes, yo salí de la revista a eso de las 9:30. Mi reportaje estaba tipeado y armado. Todo parecía normal en Fresas 13.

El fin de semana me fui enterando de lo que había ocurrido, de la visita de José Antonio Zorrilla a *Proceso,* de sus amenazas, de los resultados. Fui a ver a Vicente a su casa. Mi estado de ánimo era de frustración, de descontento, de ira. Yo no habría cedido, le dije a Vicente. Me explicó que trataron de comunicarse conmigo. Pero yo había salido a cenar, el viernes en la noche, con unos amigos y no me encontraron.

Vicente me narró los hechos. Hizo hincapié en la gravedad de las amenazas. No fueron sólo contra *Proceso,* me decía Vicente y me confirmaron todos más tarde, sino personales y familiares. Era importante el reportaje, pero no debíamos exagerar su valor periodístico. Yo insistía en mi punto de vista: no se trataba de un asunto familiar, sino del modo como se usa el poder en este país. Si Bartlett movió recursos de dos gobiernos, las policías de dos Estados, a las autoridades migratorias de dos países, una embajada y una línea aérea y los hizo actuar fuera de la ley y de la razón para resolver un asunto familiar, ¿qué no haría cuando se tratara de asuntos graves? Ése era para mí el problema.

—Tienes enemigos. Piénsalo. También tus colaboradores. Piénsalo. Todos tenemos afectos que cuidar.

—Estás mal, José Antonio. Medita en lo que estás diciendo.

Sentados ante la mesa de juntas de ocho asientos de mi oficina, José Antonio Zorrilla tomó un vaso a su alcance y lo llevó al filo del mueble. Inclinado el vaso sobre el vacío imaginario, fijos sus ojos en los míos, dijo:

—El vaso se puede caer y hacer añicos. Éste y otros.

—Te vas a arrepentir de lo que estás diciendo. Mejor cállate.

—Bueno ya, ¿no?

—No.

—¿No aceptas?

—No.

También habló Vicente Leñero con José Antonio Zorrilla. Una media hora estuvieron juntos. No cejó Zorrilla. No cedió Vicente frente a Zorrilla. Hablamos después entre nosotros, incluidos Rafael Rodríguez Castañeda, Carlos Marín, Leopoldo Gutiérrez, Pedro Alisedo. La información no era de excepcional importancia para el país, sostuvo Vicente. En la historia de la revista se trataba de un incidente, intensa como era la vida del semanario. Además, una infidencia en la familia Carter Bartlett había llegado a la familia Bartlett Díaz y complicaba el problema entre hermanos, hijos, sobrinos aun antes de publicado el reportaje. Por otro lado, nada esperábamos del secretario de Gobernación y a todo *Proceso* lo pondríamos al tanto de cuanto había ocurrido del viernes en la noche a las primeras horas del sábado. Aceptábamos, sin embargo, que las amenazas nos pesaban.

Volví con Zorrilla.

—Ganaste —le anuncié.

—En este momento te comunico con el licenciado Bartlett.

—No lo hagas.

—Espera la llamada.

—No, José Antonio. Un mes después desayuné con el licenciado Bartlett en uno de los antecomedores de la Secretaría de Gobernación. Fue amable y distante. Hizo mención a problemas conocidos. Habló del país, de sus enormes reservas humanas, políticas, sociales, históricas. Ni el fuego habría calentado nuestra conversación.

Tres semanas más tarde me buscó Zorrilla. ¿Era cierto que *Proceso* alimentaba informaciones para la difusión de «aquel asunto de Venezuela» en el *Washington Post* y algunos otros grandes periódicos de los Estados Unidos?

—No es nuestro estilo —le dije.

En dos líneas informó el PRI al terminar febrero de 1985: José Antonio Zorrilla, director de la Federal de Seguridad, sería candidato a diputado por el primer distrito de Hidalgo. Parecía absurda la decisión, envueltas las corporaciones policiacas en el desprestigio, exhibida aquí y en el extranjero su corrupción, cómplices de mafias. Discurre la lógica que en circunstancias tan graves, un hombre de confianza permanece en su puesto, firme como nunca. No fue el caso.

Sin suficientes elementos de juicio, las hipótesis y los rumores se hicieron de la opinión pública. O Zorrilla tenía nexos con las narcotraficantes y se le enviaba a la Cámara de Diputados para salvaguardarlo de un escándalo mayúsculo que arrastraría quien sabe a quiénes, o Zorrilla, ineficaz hasta extremos inaceptables, estorbaba en la Federal de Seguridad. En uno u otro caso lo protegían personajes de alto nivel. En la remota posibilidad de que se le reservara para otras comisiones, también velaban por él hombres de influencia decisiva.

El sábado 2 de marzo hablé con Zorrilla en el despacho que ya abandonaba, ornado con fotografías anaranjadas de un tigre majestuoso. Se explican las fotografías porque el tigre es el símbolo de la Federal de Seguridad y como a un héroe se le rinde homenaje. Un poema, fijo a la pared en un gran marco de plata, canta a la bestia incomparable. Dice que sólo agrede si se le ataca; dice que sólo toma aquello que le es indispensable para vivir; dice que se ofrece a la muerte en lucha leal, nunca con ventaja, menos a traición.

En su propio estilo, sin trámites, le pregunté a Zorrilla por qué dejaba la Federal.

—Cumplí un ciclo. Es todo.

—No te creo —le dije.

—Estoy contento.

—No es posible que digas eso.

—Como lo oyes.

Siguieron muchas palabras. Vendrían para el país tiempos difíciles a causa de la pobreza, que en muchos grupos no encontraba alivio. Él regresaba a lo suyo, la política, «mi vocación». Había sido policía por motivos circunstanciales, «los imponderables que a veces tuercen el camino». Los hechos demostraban que no mentía, subrayaba. Desde muchacho había militado en la Confederación Nacional Campesina, más tarde había sido diputado federal, oficial mayor y secretario general del gobierno de Hidalgo. Podría ser gobernador. Su formación era de economista, titulado.

—Está bien. Pero ¿por qué abandonas la Federal en este preciso momento?

—Decisiones superiores que me benefician, que ven por mí. Ya te dije, vuelvo a lo mío.

—O sea, que te apartan para protegerte.

—Vamos al stand de tiro —resolvió.

Descendimos abajo del primer piso por las escaleras, no por su elevador privado. Aprovechó Zorrilla la oportunidad para visitar a sus compañeros de años. Saludó a todos con un ademán y a muchos con la palma extendida y luego apretada, fuerte. De algunos se despidió con un abrazo, sin palabras.

—¿Quieres tirar?

—Haría el ridículo.

—Es ligerita. Pésala.

Pesé la pistola. Ligerita, suave.

—Gracias, José Antonio.

Lo vi en plenitud. Caminaba de espaldas al blanco —los tradicionales monos de cartón— y al grito de ¡fuego! se revolvía en segundos y vaciaba el arma. Me impresionaba el cuadro: Zorrilla inclinado hacia adelante en ángulo recto, las dos manos en la pistola, asidas a la vida, los ojos en blanco, la satisfacción final, triunfal el aire en busca de otra pistola cargada.

—Mira —se dolió en una de ésas con alguno de los agentes que lo acompañaba, incrédulo el tirador frente al muñeco de cartón.

—Pero lo mató, jefe —le dijo el subordinado. Y le mostraba a Zorrilla cinco orificios perfectos en la frente del mono acribillado. —Campeón, jefe.

Nupcias, las más apasionantes, vivió Zorrilla con su pueblo. Regresó a Hidalgo bajo la luz de los mejores días, poderoso y confiado. En el discurso que abrió su campaña para diputado, el 4 de marzo en Pachuca, rindió homenaje a los padrinos de su boda: el presidente de la República, sabio y generoso como ninguno; el gobernador Guillermo Rosell de la Lama, primer priísta de la entidad; el secretario de Gobernación, «mi amigo y compañero, a quien acompañé en su gran responsabilidad para mejorar los cauces democráticos que norman la vida política nacional».

Recorrió su distrito de fiesta en fiesta. Al terminar los mítines, las muchachas más bonitas del lugar se colocaban a sus lados para protegerlo del entusiasmo popular. Lo bañaba el confeti, lo enredaban las serpentinas, lo alegraban los mariachis, no sabía cómo agradecer las mesas con lo mejor que podían ofrecerle sus partidarios.

Algo pasó de un día para otro, sin duda grave. El 24 de mayo anunció la Comisión Federal Electoral que José Antonio Zorrilla había renunciado como candidato a diputado por el primer distrito de Hidalgo. Tan inesperada decisión robustecía viejas sospechas. De nuevo se habló del narcotráfico, otra vez los rumores acerca de que Zorrilla había entregado a mafiosos credenciales de la Federal de Seguridad. El PRI, obligado a dar cuenta minuciosa de lo ocurrido, guardó silencio. También Gobernación prefirió el mutismo a la explicación clara, de frente al país. De José Antonio Zorrilla sólo se supo que apenas el 15 de mayo había cumplido 35 años, celebrados en grande, todavía en triunfo.

Vivió un tiempo en el número 15 de la calle del Cerro de la Miel, la casa de Heberto Castillo al lado, casi muro contra muro, apenas separadas las construcciones por un terreno baldío. Allá lo busqué y encontré una residencia abandonada, muerta. Lo busqué a través de su secretario y me repitió la frase inútil: «Sólo sé que se fue». «Tú sabes dónde está, Humberto», le dije a Humberto López, periodista en otro tiempo. «Dicen que se fue a Mallorca, dicen que se fue a Madrid, dicen que está en Cuernavaca, donde tiene una casa.» «¿Adónde está, Humberto?» «Se fue.»

No pronunció palabra en su cargo o en su descargo la Secretaría de Gobernación. No hubo una mención al currículum de Zorrilla, ya importante en el servicio público, alguna insinuación de que no vería interrumpida su carrera. Por razones que los implicados callan, se desembarazaron de su antiguo subordinado y desde entonces nada se sabe de él, borradas las huellas de su paso por la tierra.

Viejo abogado, defensor de Siqueiros hace 20 años, Enrique Ortega Arenas confió a *Proceso* copia de la carta que Héctor García Hernández, El Trampas, envió al presidente Miguel de la Madrid aún en los albores de su gobierno, en el mes de agosto de 1983.

Compañero de todas las confianzas de Joaquín Hernández Galicia y del senador Salvador Barragán Camacho, El Trampas, en tiempos dorados secretario de Educación y Prevención Social del Comité Ejecutivo del Sindicato de Trabajadores Petroleros de la República Mexicana, denunció al presidente las andanzas criminales del par de líderes, opuestos y complementarios, austero La Quina, la pura jarana el legislador, la francachela como prueba del éxito en la vida. No había obstáculo que los hubiera detenido y negocio al que no le hubieran entrado. Dueños del pasado y el porvenir de los obreros, acusaron al Trampas de fraude para simular que la renovación moral llegaba también al sindicato petrolero. Puestos de acuerdo, García Hernández sería procesado y en su momento Hernández Galicia y Barragán Camacho se desistirían de los cargos y volvería su amigo a la libertad, más amigos que nunca los tres. La maniobra tenía un propósito: hacerse de la buena voluntad presidencial al precio que fuera.

Arrepentido, el miedo adentro, decidió El Trampas enfrentarse a La Quina y a Chava, pero poco pudieron sus miles de millones frente al poder de los líderes sindicales. Fue aprehendido y enviado al reclusorio sur de la ciudad de México. Allí conversamos con él Francisco Ortiz Pinchetti y yo. De beige, se daba el gusto de vestirse como si estuviera allá afuera, la ropa cortada a la medida. Su buena vida transpiraba por una loción de clase. Olía a frutas.

Publicó *Proceso* las entrevistas de Ortiz Pinchetti con el hombre que todo sabía acerca del sindicato petrolero. Prometió El Trampas que llegaríamos muy hondo en la exhumación de la verdadera vida de sus cómplices de otros tiempos. «Hijos de puta», decía. Fijaba el odio las pupilas del reo.

Nuestra relación se estrechaba. Un día nos anunció El Trampas su deseo de invitarnos a comer «a lo grande». Traigan a sus amigos, los que quieran. «Platicamos y desnudamos cabrones», prometió. Atraídos por la reunión imprevisible, Rafael Rodríguez Castañeda y Carlos Marín integraron la lista de comensales.

Paso a paso vivió Ortiz Pinchetti la historia con El Trampas. La cuenta:

Mañana nos recibe El Trampas, me anunció Julio Scherer García apenas traspuse la puerta de su oficina.

Estaba excitado el director de *Proceso:* «Dígame que le encanta, don Paco», agregó con ese tono suyo que no deja lugar a opción. «Entrevistón, don Paco, entrevistón.»

Lo era, evidentemente. Héctor García Hernández, El Trampas, estaba encarcelado en el reclusorio sur. Apenas dos días antes, el lunes 12 de septiembre de 1983, había sido declarado formalmente preso, acusado de fraude contra Petróleos Mexicanos por 985 millones de pesos. Presuntamente había cobrado sin autorización cheques por esa cantidad destinados a las obras sociales del Sindicato de Trabajadores Petroleros de la República Mexicana (STPRM). La denuncia había sido presentada un mes antes por el senador Barragán Camacho, entonces secretario general del sindicato.

Lo verdaderamente atractivo de una entrevista con El Trampas era el hecho de que durante más de 20 años fue hombre de todas las confianzas de Joaquín Hernández Galicia, La Quina, el auténtico amo del STPRM. Era su lugarteniente, encargado desde Coatzacoalcos de la zona sur. Habían hecho su carrera juntos. Ellos dos y Salvador Barragán Camacho, precisamente. Uña y mugre los tres: amigos, socios, cómplices. El rompimiento entre ellos abría la posibilidad de que, por fin, se conocieran desde dentro los grandes negocios sindicales, las canonjías, los despilfarros, la complicidad de autoridades, los mecanismos de control y represión para mantener en un puño a los petroleros, temas recurrentes en *Proceso*.

Además, había la circunstancia de que el gobierno de Miguel de la Madrid, que apenas cumplía diez meses en el poder, parecía alentar el destapamiento de esa atarjea y actuar —ahora sí— contra quienes habían convertido el sindicato petrolero en un emporio personal, a costa de la nación. Había indicios de que esta vez las denuncias sobre sus abusos y atropellos no caerían en el vacío, como ocurrió durante los sexenios de Luis Echeverría y José López Portillo.

Era claro que El Trampas estaba dispuesto a hablar.

Él huyó a Estados Unidos a principios de agosto de 1983, justo en los momentos en que Barragán Camacho, su compadre, presentaba la denuncia en su contra. Desde su refugio en McAllen, Texas, el acusado rompió inopinadamente con sus jefes y compinches: el 26 de agosto envió una carta al presidente de la República en la que describía a La Quina y a Barragán Camacho como los jefes de una banda criminal, desmentía los cargos en su contra y ofrecía al mandatario su contribución para sanear el sindicato.

Doce días después, el jueves 8 de septiembre, tres hombres armados lo secuestraron en su domicilio texano. En la cajuela de un auto lo pasaron por la frontera de Reynosa y lo llevaron directamente a la casa de La Quina, en Ciudad Madero, Tamaulipas. Ahí estaba ya el agente del Ministerio Público para tomar su «declaración» y hacerlo firmar su «confesión» frente al propio Hernández Galicia y su séquito de guardaespaldas. Luego fue puesto a disposición de las autoridades y trasladado a México, donde el juez noveno de lo penal, Jorge Reyes Tayabas, lo declaró formalmente preso en el reclusorio sur.

Al reclusorio sur llegamos Scherer García y yo pasaditas las nueve y media de la mañana del jueves 15 de septiembre. La cita era a las 10, pero mi director había insistido en que acudiéramos con toda anticipación. No quería que la menor falla diera al traste con la entrevista. Mil vueltas le dimos al enorme y horrendo vestíbulo del reclusorio en espera de que el empleado que lleva el registro de visitantes apareciera en su mostrador de cemento. Eran casi las 10 cuando nos inscribimos en el libro de visitas y el empleado nos pidió que esperáramos.

Por fin recibimos la indicación: «que pasen a la dirección», ordenó un emisario. Sometidos a la revisión reglamentaria de acceso —hay que vaciar todos los bolsillos y soportar el cacheo del celador— ocurrió un contratiempo: no podría pasar con mi grabadora. «Esto no pasa», dijo el celador. «Está prohibido», argumentó. «Déjela aquí», ordenó.

Traspuesto un segundo control y la tétrica puerta de acero —cuyo cerrojo estridente subraya innecesariamente el saberse en el interior de una cárcel— fuimos conducidos directamente a la dirección del penal. «En un momento viene el señor García Hernández», indicó con notable amabilidad la secretaria. «Ya le fueron a avisar.» Y nos invitó a pasar a la sala de juntas, un cuarto de unos 10 metros de largo por cuatro de ancho donde había una larga mesa de madera y una docena de sillas. Nos ofrecieron café, refrescos.

Cinco, diez minutos después estaba frente a nosotros El Trampas, vestido en un inmaculado conjunto beige —el color reglamentario de los internos— y con cara de infinito cansancio. En su mano izquierda lucía un anillo de diamantes que sería la obsesión de Scherer García durante muchos días. «¿Se fijó en el anillo, don Paco? El anillo, don Paco, el anillo.»

Apenas nos sentamos cuando apareció Juan Manuel Grey Zamudio, el director del reclusorio sur. «¡Maestro!», exclamó en cuanto vio a Julio Scherer García. «Qué honor tenerte aquí», tuteó. «Estamos para servirte», reptó mientras abrazaba a Julio Scherer García. «Aquí tienen a Héctor, que les va a decir cosas muy buenas, ya verás».

Grey Zamudio era tan efusivo como evasivo, incapaz de mirar a los ojos de su interlocutor. Scherer García había contestado a sus saludos con esa amabilísima frialdad que suele emplear ante gente que no le gusta.

Aproveché la oportunidad para pedir a Grey Zamudio que autorizara el ingreso de mi grabadora. «No faltaba más», repuso. «Ya, ya se la traen», dijo a la vez que con una mueca daba la orden al empleado que en esos momentos colocaba sobre la mesa las tazas de café.

El director del penal tomó a Scherer García del hombro y me dijo con aire orgulloso, presumido y sonriente: «este hombre y yo nos conocemos hace muchos años». Añadió un «¿verdad, Julio?» que no tuvo respuesta. Luego pidió permiso para permanecer «aunque sea un ratito» con nosotros durante la entrevista. «Es un privilegio ver una entrevista de Julio Scherer», reptó otra vez. «Es toda una cátedra de periodismo.» El director de *Proceso* le aclaró que la entrevista la haría yo, pero que por supuesto podía quedarse. «Estás en tu casa», le dijo con alguna ironía.

Empezaba la entrevista cuando, en efecto, el empleado llegó con mi grabadora. El Trampas estaba tenso y se miraba hasta desconfiado en un principio. Así transcurrieron unos 15 o 20 minutos. Cuando Grey Zamudio se fue —«los dejo, maestro queridísimo, ya saben, lo que se les ofrezca, con toda confianza, lo que quieran»— el recluso empezó a hablar con mayor soltura. Contó muchas cosas. Dijo que la denuncia en su contra y la huida a Estados Unidos habían sido acordadas por La Quina y Barragán Camacho con él como un ardid para simular una «moralización» en el sindicato, ante la amenaza de que la renovación moral postulada por el presidente De la Madrid fuera en serio. Describió la forma en que Joaquín Hernández Galicia mantenía su férrea hegemonía, de cómo manipulaba las asambleas y reprimía a los disidentes. También enumeró algunos de los principales, multimillonarios negocios de los líderes y acusó a los sucesivos directores de Pemex de solapar la corrupción sindical para conservar su puesto.

La entrevista duró poco más de una hora. Al salir del reclusorio, Scherer García y yo sabíamos que teníamos una espléndida información exclusiva —que se destacaría en la portada de *Proceso* del lunes siguiente, 19 de septiembre—, pero también sabíamos que El Trampas tenía otras muchas cosas que contar, otros muchos pasajes que detallar, e incluso muchos documentos que hacer públicos.

Y dos semanas después estábamos de nuevo frente a El Trampas, en una nueva entrevista. Otra vez Grey Zamudio nos daba todas las facilidades, todas las atenciones. El Trampas estaba satisfecho con la primera entrevista y nos manifestaba, ahora sí, plena confianza.

Esta vez reveló el contubernio de la Secretaría del Trabajo con La Quina y Barragán Camacho, y acusó a Mario Ramón Beteta, actual director de Pemex, de no hacer nada efectivo para frenar los negocios y prebendas de los líderes. Aseguró que altos directivos de la paraestatal «reciben órdenes de Joaquín» y que la corrupción en la industria petrolera es de ida y vuelta: «el sindicato solapa las corruptelas de los funcionarios y los funcionarios solapan al sindicato».

Al final de la entrevista, ya en plan de cuates, El Trampas hizo por primera vez la invitación: «Quiero que vengan un día a comer», dijo con la mayor naturalidad, como si estuviéramos en la sala de su casa. «Tráigase a sus colaboradores», animó a Scherer García. «Yo mando traer una barbacoa de allá de mi rancho y verán lo que es bueno.»

La invitación nos sorprendió. Ciertamente, habíamos visto las deferencias que el propio Grey Zamudio tenía para con El Trampas y la forma como El Trampas daba órdenes a los empleados del reclusorio que eran atendidas diligentemente; pero nos costaba imaginarnos en la cárcel departiendo en grupo con El Trampas ante la suculenta barbacoa prometida. La idea nos atraía más que nada por la posibilidad de mantener en buenos términos la relación que podía permitirnos nuevas e importantes informaciones para la revista. Aceptamos en principio, a reserva de concertar una cita formal posteriormente. Lejos, muy lejos estábamos Scherer García y yo de saber lo que nos esperaba cuando salimos del reclusorio felices con la segunda entrevista aunque, otra vez, seguros de que seguía siendo incompleta.

LA GRAN COMILONA. Varios meses transcurrieron sin que se concretara la fecha para la comida. Aunque durante ese lapso mantuvimos el contacto con El Trampas, su reiterada insistencia en la invitación encontraba una y otra vez la resistencia del director de *Proceso*. Finalmente, a mediados ya de agosto de 1984, se concertó la cita. Además de la barbacoa, El Trampas prometía «unos papeles» muy interesantes para la revista.

Fue un martes. En la Gremlin de Carlos Marín, el coordinador de producción de *Proceso,* llegamos puntualmente al reclusorio sur. El propio Marín y Rafael Rodríguez Castañeda, nuestro jefe de redacción, habían sido invitados por Scherer García a compartir con nosotros la barbacoa de El Trampas. Cumplida la rutina del registro y la revisión, traspuesta la tétrica puerta de acero, los cuatro ingresamos al penal sin contratiempos, directo a la dirección. Esta vez nos recibió, a nombre de Grey Zamudio, el subdirector técnico del reclusorio, doctor Jorge Alberto Azar Dick. «Vienen a comer con Héctor, ¿verdad?», dijo muy amable y muy orondo el funcionario, que remedó los elogios, atenciones y caravanas a su jefe. «Si gustan pasar, por favor, tendré mucho gusto en acompañarlos.»

Conducidos por él, caminamos por un largo corredor techado que atraviesa un área de jardines y conduce al edificio de «Visita Íntima». En el trayecto atisbé a un lado y otro con la esperanza de poder descubrir, tal vez en la cancha de tenis, al ingeniero Díaz Serrano, preso también ahí. Desde el extremo contrario del corredor, mientras tanto, se aproximaba a nosotros un grupo de cinco, seis personas: eran El Trampas y su séquito, que acudían a recibir a sus invitados. Nos encontramos a mitad del camino. Sonriente, jovial, El Trampas abrazó a Scherer García y Scherer García le presentó a nuestros acompañantes. Nos invitó a seguirlo. Entramos al edificio, en el que el acceso estaba custodiado por un tipo siniestro, fornido y sucio, con gafas negras, que de inmediato nos franqueó el paso. Subimos al primer piso, en cuyo vestíbulo ocurriría la comida.

Era un espacio de unos ocho por diez metros. Ahí estaba dispuesta una mesa en forma de «L», con sus manteles blancos y sus ramos de flores. Había cubiertos para una docena de comensales, aunque sólo ocuparíamos ocho lugares. Dos muchachas, una rubia y una morena, atractivamente vestidas, estaban ya sentadas a la mesa. «Son mis secretarias», presentó El Trampas. Frente a ellas se sentaron el anfitrión, Scherer García y Rafael Rodríguez Castañeda. Carlos Marín ocupó una silla al lado de la morena, mientras otro invitado, un recluso amigo de García Hernández, se sentaba al lado de la rubia. Yo ocupé un lugar en el vértice de la «L».

Todavía no acabábamos de acomodarnos cuando, presurosos, cuatro meseros se pusieron a nuestras órdenes: eran tres reclusos vestidos de beige y un custodio vestido de azul.

—¿Qué gusta tomar, don Julio? —preguntó El Trampas como lo haría en un restaurante o en el comedor de su casa.

—Lo que usted tome, don Héctor —contestó el periodista entre indeciso y sorprendido.

—Yo voy a tomar un huisqui —dijo El Trampas.

—Pues un huisqui, don Héctor. Huisquisazo.

—¿Y ustedes? —preguntó El Trampas a los demás.

—Yo una cuba —dijo Carlos Marín—, pero con añejo... Perdón —titubeó— con lo que sea.

—Con añejo —ordenó El Trampas—. Tenemos todo.

Rodríguez Castañeda y yo optamos por el huisqui. Las muchachas y el recluso invitado pidieron cubas. El servicio era excelente. Excelente el huisqui importado y grata, alegre la música de fondo que salía de una bocina colgada en la pared blanca: música jarocha. «Es un conjunto de puros petroleros», explicaría El Trampas con franco orgullo.

Estaba contento. Unos días antes, el juez Reyes Tayabas se había declarado incompetente para conocer sobre el caso de El Trampas toda vez que consideraba que el presunto fraude no había sido en agravio de Pemex y, por lo tanto, no era de la incumbencia de un juez del fuero federal. García Hernández suponía que ese hecho le abría el camino hacia la libertad «en unos cuantos meses».

Pronto estaba la botana sobre la mesa, como estaban las botellas de vino blanco alemán. Enormes camarones hicieron a Scherer García abrir desmesuradamente los ojos.

—¿Otro huisqui, don Julio?

—Otro huisqui, don Héctor.

Tras de los camarones gigantes vinieron las costillitas de cerdo, la hueva de lisa, el chicharrón, las tostaditas con salsa picante. Luego un pescado en trocitos rubricados por la recomendación de El Trampas: «es anguila, de Catemaco. Pescadita hoy en la mañana. Nomás pruébenla...»

Era ciertamente un pescado exquisito. Lo atacamos con fe,

una y otra vez, pero no logramos derrotar a los diligentes meseros que, una y otra vez, venían con nuevos platos de anguila y montones de tortillas calientes.

—¿Otro huisqui, don Julio?

—Otro huisqui, don Héctor.

El Trampas se miraba en plenitud, como gran señor. Mandaba, disponía, convidaba. «¿Vino?», preguntaba. «¡Vino!», ordenaba. Y los meseros iban y venían y la música no cesaba y las risas de las muchachas estallaban y los chascarrillos de Marín y las exclamaciones de Scherer García, tan estupefacto como sus tres acompañantes.

«Don Julio va a llegar a su casa tumbando puertas», bromeó El Trampas, feliz con la tertulia, en referencia a las cualidades afrodisiacas que, según él, posee la anguila. «No hay nada mejor», juraba muerto de risa. Y reíamos todos mientras las chicas, insinuantes, se sumaban a los picantes comentarios de El Trampas.

De pronto apareció Grey Zamudio ante nosotros. El director del penal saludó nerviosamente a Scherer García. «¿Todo bien, Julio?». Saludó a García Hernández, a Rodríguez Castañeda, a mí.

—¿Un huisqui, licenciado? —invitó El Trampas.

—Gracias, no. No tomo. Nada más vine a saludarlos y a acompañarlos un ratito. Gracias, gracias.

—Un huisqui —le insistió Scherer García.

—De veras, Julio. Muchas gracias. No.

Grey Zamudio omitió saludar a Carlos Marín. Tuvo Scherer García que señalárselo. «Ya conoces a don Carlos, ¿verdad?», dijo. «Claro, claro» —repuso Grey Zamudio desde el asiento que había ya ocupado en la cabecera de la mesa. «Perdón, creí que ya lo había saludado. ¿Qué tal, Carlos?»

Unas semanas antes, Carlos Marín había conseguido y publicado el relato de un recluso acerca de los privilegios y facilidades de que gozaba Jorge Díaz Serrano en ese penal. Después, denunció la represión dispuesta por Grey Zamudio en el reclusorio a raíz de esas revelaciones.

—¿Un taquito de anguila, licenciado? —convidó El Trampas al director del reclusorio.

Habíamos comido y bebido como príncipes cuando García Hernández ordenó a los meseros traer el plato fuerte: la barbacoa. Apenas fuimos capaces de picarla, ni modo, casi sólo por correr la cortesía.

—¿Un coñaquito, don Julio?

—Un coñaquito, don Héctor.

Como lo había anunciado, Grey Zamudio se despidió pronto. El convivio siguió. En un momento El Trampas invitó a Scherer García a acompañarlo. Ambos se levantaron y desaparecieron por la puerta que da al pasillo que lleva a los cuartos. Reaparecieron unos minutos después. Scherer García traía en la mano izquierda un fólder que prensaba contra su pecho. De regreso nos contaría que El Trampas lo invitó a conocer su cuarto. El Trampas le pidió allí que intercediera por él, que lo ayudara. Le ofreció lo que hiciera falta a cambio de esa ayuda. Y le entregó un fajo de fotografías, el tesoro con el cual Scherer García había regresado junto a nosotros.

En el cuarto, formadas contra la pared por parejas, semejaban sus botas finas especies disecadas. Negras, grises, cafés, azules, su variedad resultaba absurda y maravillosa. Había altas y bajas, con cierre y con agujetas, hechas a mano todas, según me dijo El Trampas. Más que el cuadro de la Virgen de Guadalupe sobre la cabecera de un enorme lecho matrimonial, me atraían esos 20 pares de botas recién lustradas. Una alfombra azul hacía cortocircuito con la colcha de seda negra que protegía el lecho suntuoso. Colgadas las chamarras de perchas cuidadosamente separadas entre sí, exhibían la predilección de García Hernández por los tonos claros y la pulcra sensualidad de los materiales. De piel o de gamuza se repetían los sacos en el gris perla, el café claro, el blanco, el azul pálido, el crema. Los pantalones, también descubiertos a la curiosidad de visitantes e intrusos, completaban los conjuntos. Para los sombreros de ala ancha había una tabla reluciente. Tenía teléfono El Trampas, amarillo y café suave. De botones. Había televisión, radio, aparatos de grabación.

—Adelante —me había dicho con el ademán generoso de quien ofrece la casa entera.

—Los tenemos que chingar —musitó ya adentro del cuarto.

—Si pudiera elegir entre su libertad y chingarlos, ¿cuál sería su decisión?

—Chingarlos.

Espectador pasivo en un cuarto atiborrado de objetos —pilas de periódicos y revistas, un ventilador, los huisquis y los rones de pie, acostados a su lado los vinos importados y las botellas de champaña—, observé cómo de rodillas, las nalgas al aire, hurgaba debajo de la cama. Sonriente con un libro en la mano, de carátula negra, me invitó a que lo viéramos juntos.

—Hínquese, ¿no?

De rodillas los dos, los codos sobre la cama, hojeamos el álbum. Hoja tras hoja se repetían los personajes y los escenarios. Siempre El Trampas y Barragán Camacho, siempre las buenas compañías, siempre un bello fondo para el recuerdo.

—¿Y La Quina? ¿No tiene fotos de él?

—De él no, hijo de la chingada. ¿Creerá que hasta en los pedos lo cuidan sus guardaespaldas? Se protege el cabrón.

—¿No tiene más fotos?

—En mi rancho. Las voy a mandar traer para que las miremos.

—¿Y éstas? —Y señalé una veintena que había apartado.

—Son suyas. Para usted.

—Gracias, don Héctor. ¿Regresamos?

Cerró con llave la puerta de su alcoba. Parsimoniosamente dio varias vueltas a la cerradura.

—Usted sabe —me dijo con visajes, la sonrisa lasciva.

—¿Qué, don Héctor?

—Las chamacas.

Terminó la comilona cuando ya oscurecía. En el trayecto de regreso vimos las fotos: en varias de ellas aparecía El Trampas con Barragán Camacho, su compadre, durante sus francachelas y viajes de placer a Las Vegas, a Canadá, a Puerto Rico. «Tiene muchas más», aseguró Scherer García. «¿No son una maravilla, don Rafael?, ¿No le encantan, don Paco? Dígame que son una maravilla, don Carlos...»

EL TRAMPAS, ENTRAMPADO. Tres, cuatro semanas después volvimos Scherer García y yo al reclusorio para comer con El Trampas. Esta vez, sin embargo, las cosas habían cambiado.

Como era ya costumbre, llegamos directamente a la dirección. Grey Zamudio nos recibió de inmediato. Otra vez la amabilidad, los elogios sin medida para Scherer García. Sin embargo, era ya otro el tono de su voz, otro su ánimo. «Yo no duro mucho aquí», advirtió. «Ya no aguanto. Es un trabajo muy duro, muy absorbente. Ya ni veo a mi familia, por Dios. Ya no vivo, Julio. No duro mucho tiempo más, palabra.»

Tampoco El Trampas estaba del mismo humor. Nos contó la razón: acababan de cambiar al director general de reclusorios. El nuevo, Antonio Sánchez Galindo, venía muy duro. Luego luego había mandado a una visitadora de «visita íntima» y «la pinche vieja», dijo El Trampas, ordenó que en 24 horas sacaran de los cuartos radios, televisores, consolas, alfombras, todo.

La segunda comida fue en el mismo lugar que la primera, pero en un ambiente bien distinto. No había música ni algarabía y los tres no sentamos ante una mesa cuadrada sin mantel. Un solitario mesero nos atendía. La cava de El Trampas estaba seriamente menguada: no había huisqui sino vino alemán, aunque sí un buen ron antillano. Y camarones gigantes, traídos de Catemaco.

—¿Qué tal la anguila? —preguntó El Trampas en tono festivo y picante, seguro de confirmar el éxito de su recomendación durante la comida anterior. Luego dijo, sonriente:

—Hay algo mejor que la anguila.

—¿Qué? —preguntamos al mismo tiempo Scherer García y yo.

—Las chamacas de dieciséis, diecisiete años. ¡No hay nada mejor!

—Yo prefiero a las señoras, don Héctor —dijo Scherer García, mientras escudriñaba ansioso en el platón de camarones.

—¡No, don Julio...! Usted no sabe lo que es bueno. No más pruebe con una chamaca de dieciséis años: es como volver a vivir, me cai.

—Prefiero las señoras, don Héctor. Las señoras. ¿No, don Paco? Las señoras, ni modo. Las señoras.

El Trampas meneó la cabeza al tiempo que tomaba la botella de ron para rellenar nuestros vasos. «Le falta mucho que aprender, don Julio», comentó paternal.

Cuando Scherer García comentó que conocía bien a Sánchez Galindo, que era buen amigo, a El Trampas le brillaron los ojos. Le pidió al director de *Proceso* interceder por él, para que le permitieran recuperar su cuarto en el edificio de «visita íntima», para que le dieran «alguna facilidad, carajo». Scherer García no le prometió nada, aunque le ofreció que hablaría con el nuevo director general de reclusorios.

Durante la comida le pedimos a nuestro anfitrión que me relatara, en una nueva, larga entrevista, paso a paso, toda la historia de La Quina, que él conoce como muy pocos. «Mejor te la escribo», me dijo, «y tú haces con ella lo que quieras». Se quejó luego de la lentitud con la que se llevaba su proceso, de cómo sus expectativas de recuperar pronto la libertad se habían anegado. Pidió a Scherer García, otra vez, que abogara por él.

—¿Ante quién, don Héctor?

—Pues arriba, don Julio, ante el presidente.

Scherer García tuvo que desengañarlo. Le explicó que ni siquiera existía la posibilidad de plantearle el asunto al presidente, simple y sencillamente porque no había ninguna relación entre el presidente y *Proceso*. «Nada, don Héctor. Nada, nada, nada.»

El Trampas no se dio por vencido. Dijo que de todos modos algo podría hacer por él el director de *Proceso,* «porque usted es una persona muy importante, don Julio». También ofreció, otra vez, «ayudarnos con algún dinero para que compren unos fierros para su revista; maquinaria, lo que necesiten».

Al final de la comida nos entregó más fotografías de lo que llamaríamos su «álbum familiar» —pruebas de los despilfarros que compartió con Barragán Camacho en sus viajes—, así como algunos documentos que me servirían para hacer nuevas denuncias contra La Quina. Quedé en volver para que me entregara la historia que nos había prometido.

Pocos días después ocurrió algo inesperado. Repentinamente, El Trampas fue sacado del reclusorio sur a las dos de la mañana de un día de noviembre y trasladado al reclusorio norte.

Al reclusorio norte acudí el 20 de noviembre, un día después de la explosión de San Juanico. En previsión de algún obstáculo, intenté verlo por la libre, como cualquier simple visitante. Obtuve acceso al penal y llegué hasta el dormitorio en que estaba alojado. Un recluso se ofreció a llamarlo. Regresó y me dijo: «no puede recibirlo. Está enfermo y hay órdenes del médico de que no puede recibir visitas». Ante mi insistencia, sugirió que acudiera a la dirección para que me autorizaran la visita.

Acudí. Pedí hablar con el director del reclusorio, el capitán Jesús Miyazawa, que había sido jefe de la policía judicial del DDF. Me recibió amablemente. «Héctor está enfermo y no quiere recibir a nadie», me dijo. «Menos a periodistas.» Argumenté que el propio García Hernández, mentira, me había mandado llamar. Miyazawa mandó a un empleado a preguntarle al recluso. Mientras tanto, me habló de las dificultades que implica dirigir ese sobrepoblado reclusorio y de las medidas que había dispuesto en beneficio de los internos.

Regresó el empleado: «que dice Héctor que no quiere hablar con ningún periodista». El director sonrió y replicó: «dile que venga, trailo, para que se lo diga personalmente al señor periodista; no vaya a pensar que nosotros le estamos impidiendo verlo».

Miyazawa aprovechó el nuevo intervalo para platicar, orgulloso, la forma en que resolvió el caso del asesinato de los esposos Flores Muñoz en 1981. «Fue un caso muy bonito», dijo el investigador.

Y llegó El Trampas. «El señor quiere verte», le dijo Miyazawa. «Ya le dije que no quieres recibir a periodistas, pero quise que se lo dijeras personalmente.»

El Trampas dio la espalda al director del penal y se dirigió a mí: «discúlpame, Paco, pero no puedo atenderte». Y aprovechó su posición para hacerme un guiño con el ojo izquierdo. Luego pidió a Miyazawa que le permitieran encargar una medicina a la farmacia. «Dile a la secretaria, cómo no», contestó el director.

Cuando me despedí y salí del privado de Miyazawa, unos minutos después, El Trampas estaba todavía en el recibidor. «Yo te llamo», me dijo en voz baja, cuidando que nadie lo notara.

No llamó en más de una semana. Logré comunicarme con uno de sus abogados. Confirmó la sospecha: «es que lo tienen muy controlado». Me sugirió que volviera a intentar verlo, pero como simple visitante, sin enterar a las autoridades. Así lo hice. Conseguí que me llevaran al comedor del dormitorio, donde El Trampas estaba con algunas personas. Esperé en otra mesa. Al rato vino.

—Me tienen jodido —se quejó.

—¿Qué te hacen?

—Me tienen igual que a todos... sin ninguna facilidad. Ni siquiera me permiten hablar por teléfono. Dile a don Julio que por favor hable con Sánchez Galindo, para que me den alguna facilidad.

Se quejó otra vez de la lentitud de su proceso. «Le están dando largas», dijo. «Lo que pasa es que Joaquín ya soltó la billetiza. Por todos lados. Los periódicos, tú sabes.» Sobre la historia prometida me renovó el ofrecimiento. «Ya voy muy avanzado. Tengo como ochenta hojas escritas. Antes de fin de año te lo entrego. Y también te voy a conseguir unas fotos a toda madre, de cuando Joaquín era soldador y andaba en bicicleta. Vas a ver.» Accedió a adelantarme algunos datos sobre La Quina, que utilicé en un reportaje con motivo de la asamblea del STPRM.

Volví a verlo después de Navidad. Estaba un poco más animado; pero tampoco me entregó la historia. «Ya casi la termino; ora a principios de año te la tengo, con todo y las fotos.»

Regresé a principios de año, en enero de 1985. «Ya mero», me dijo. «Me la están pasando a máquina.» Luego pidió: «traite a don Julio; vénganse a comer conmigo». Acordamos que iríamos, Scherer y yo, la semana entrante.

Fuimos. Entramos como visitantes comunes. Mandamos buscarlo. Esperamos. El enviado regresó: «no está; que fue al juzgado a declarar». Al juzgado fuimos. No estaba El Trampas. Ni el juez. Un empleado negó que García Hernández hubiera sido llevado ese día al juzgado, adyacente al reclusorio. Regresamos al penal —otra vez el registro, la identificación, la revisión—. «No ha regresado», nos informaron. Lo esperamos en el comedor. Ahí estaba un empleado de El Trampas con la caja de viandas para la comida, traída desde Catemaco. Aguardamos media hora, una hora. Nunca apareció El Trampas.

Tres veces más, entre febrero y marzo, traté de verlo. «Está en el juzgado», me dijeron siempre. La puerta se había cerrado. También la información.

En mi casa, afecto profundo de toda la vida, el doctor Alfonso Quiroz Cuarón me presentó al licenciado Antonio Sánchez Galindo. Época lejana aquella en la que el actual director general de reclusorios trabajaba en Acapulco al frente de niños con problemas psiquiátricos, raterillos, alcahuetes de burdel, la mirada vieja en las caras lampiñas de las criaturas.

—Antonio es amigo. Frente a cualquier problema su generosidad se hace presente —decía Quiroz Cuarón. Participante en la charla, el doctor Samuel Máynez Puente corroboraba sus palabras.

—Gracias, maestro —respondía Sánchez Galindo—. No lo defraudaré.

—Lo sé, Antonio.

En su despacho, dos fotografías hablaban de sus afectos y predilecciones. Una recordaba al doctor Quiroz Cuarón, retrato excelente, joven aún el especialista en criminología. La sonrisa bajo la frente amplia, de entradas profundas, lo mostraban como era: un sabio precoz. Brillaban sus ojos café claro, dos pequeñas esferas de luz penetradas por la inteligencia. La otra fotografía, ostensiblemente de menor tamaño, era del licenciado De la Madrid, la banda como canana, cruzada al pecho. Confundida la majestad con la rigidez, separada la espina del respaldo de la silla presidencial, posaba hierático bajo el águila y la serpiente.

Sánchez Galindo haría hasta lo imposible para que Ortiz Pinchetti y yo pudiéramos entrevistar a García Hernández. A su pesar, conocedor del terreno que pisaba, pronosticó el fracaso de sus gestiones, que llegarían tan alto como pudiera.

El relato de nuestra comilona con El Trampas lo había dejado impávido. No era fortuita la presencia del director del reclusorio en la opulenta mesa del reo. El Trampas era dueño de la cárcel y era dueño de Grey. Se hacía servir como rey. Nos constaba.

Supe entonces que el regente Ramón Aguirre Velázquez había ordenado una auditoría para poner en claro los manejos del director del reclusorio sur. Al conocer la investigación que avanzaba, pidió Grey que se le aceptara la renuncia. Argumentaba que El Trampas luchaba por su libertad y había puesto en juego quinientos millones de pesos para evadirse. Los hilos del cohecho enredaban ya al personal de vigilancia y podían atrapar a culpables e inocentes.

—¿Es cierto, licenciado? —le pregunté a Sánchez Galindo.

—Pretextos. De todas maneras trasladaremos a El Trampas al reclusorio norte.

—¿Podremos verlo? —volví a la carga.

—Haré lo que pueda.

Con los días llegaron las noticias: el fracaso de las gestiones de Sánchez Galindo, el cambio de El Trampas al reclusorio norte y la aceptación de la renuncia de Grey. —¿Y la auditoría? —quise saber.

Levantó los hombros.

—¿Archivada?

—¿Le sorprende?

—Francamente sí.

Breve fue la lucha que Sánchez Galindo libró con él mismo.

—El regente no quiere más escándalos.

En un encuentro incidental, alguna vez le pedí al capitán Jesús Miyazawa, director del reclusorio norte, que me permitiera saludar a García Hernández, «sólo saludarlo, capitán».

—Dos minutos en su presencia —propuse.

De muy lejos me llegó la voz:

—Pero don Julio, ¿para qué insiste?

El 6 de diciembre de 1985, ante el juez Carlos Reyes Monterrubio, los líderes petroleros se desistieron de la acusación contra su antiguo secretario de Educación y Previsión Social y recibieron en cambio bienes por 1500 millones de pesos, monto del fraude que había llevado a El Trampas a la cárcel. La fortuna incluyó ranchos, casas, terrenos y el periódico *Tribuna del Sur,* editado en Coatzacoalcos. «La deuda quedó saldada», declaró satisfecho el senador Barragán Camacho. Por su parte, García Hernández se fue a Ciudad Madero y festejó hasta la madrugada la libertad recobrada. Días después abandonó la población donde creció y se hizo inmensamente rico. Desde entonces nada ha vuelto a saberse de él.

Pretendieron los periodistas de todos los medios conocer detalles de la operación que finiquitó el caso, saber si las propiedades estaban o no a nombre de García Hernández, recabar información acerca de los avalúos, visitar los ranchos, meterse de lleno en asunto tan escandaloso, exhibida hasta los huesos la añeja corrupción del sindicato petrolero. Fracasaron. Nadie informó una palabra.

Tiempo atrás, garante de la honradez de Joaquín Hernández Galicia y Salvador Barragán Camacho, el licenciado Miguel de la Madrid los exaltó como patricios civiles, ejemplares en su trabajo al frente de una organización ejemplar. Al inaugurar la asamblea anual del Sindicato de Trabajadores Petroleros de la República Mexicana, el 4 de julio de 1984 en Ciudad Madero, dijo:

Quiero reconocerle al sindicato petrolero su tenacidad, su esfuerzo, su sentido de lealtad y su compromiso para hacer de Petróleos Mexicanos, cada día más, un modelo de empresa mexicana, un modelo de eficacia, un modelo de honorabilidad, un modelo de honestidad en el manejo del sindicato. Qué positivo es que el sindicato de Petróleos Mexicanos se esté preocupando de rendir cuentas públicas de sus cuotas sindicales y de sus ingresos para obras sociales. Sientan un ejemplo para todos los sindicatos del país.

Yo mucho estimo y aprecio el compromiso de renovación moral que libremente ha asumido el sindicato de Petróleos Mexicanos.

Y lo advertí ya hace varios meses: la renovación moral es, en primer lugar, una obligación del gobierno frente a la nación. Se gobierna con el ejemplo, pero también advertí que en materia de renovación moral de los sindicatos, el gobierno no pretende intervención alguna en la vida interna de los sindicatos, sino que tendría que ser obra de los propios organismos sindicales.

Entusiasmado, cerró su discurso:

«¡Amigos somos los trabajadores petroleros y los funcionarios del gobierno de la Revolución!».

Estalló la ovación. Fue aún más sonora cuando el presidente de la República y el líder vitalicio se confundieron en un largo abrazo.

Dueño *Excélsior* de los terrenos de Paseos de Taxqueña, 951 913.39 metros cuadrados al sur de la ciudad, cobraban forma los sueños que los hombres tienen cuando creen que el futuro pertenece al presente. ¿Por qué no podría disponer de su propio bosque, como algunos de los grandes periódicos en el mundo y producir su propia materia prima, el papel? Había dinero para todo y para todos. El vuelo del diario, aceptado por un público cada día más numeroso, respaldaba el entusiasmo por el auge en puerta. Se discutía ya si la cooperativa debía continuar en Reforma y Bucareli o levantar grandes instalaciones en una zona industrial. En este caso, *Excélsior* conservaría sólo su edificio en Reforma 18, historia y símbolo de la casa editorial. Sus terrenos de la esquina exclusiva serían vendidos a precio de oro, que sobre oro se asentaban las viejas construcciones, paisaje de un México entrañable.

El diputado Humberto Serrano, líder agrarista que no salía de la Secretaría de la Reforma Agraria custodiada por Augusto Gómez Villanueva, invadió Paseos de Taxqueña como quien ocupa un solar. Centenares de campesinos se dispersaron por la enorme superficie, acamparon en los sitios que les vinieron en gana y dieron la gran noticia a los enemigos de la cooperativa: tiempo atrás, bajo la dirección y gerencia de don Rodrigo de Llano y don Gilberto Figueroa, la cooperativa les había permutado tierras de su propiedad en los estados de Hidalgo y Veracruz por los antiguos terrenos de la Candelaria, hoy Paseos de Taxqueña. No tolerarían el abuso, a punto la cooperativa de transformar sus lotes en fraccionamiento. Saldrían compensados de Paseos de Taxqueña o no abandonarían el sitio privilegiado.

Fue violenta la campaña contra el diario. Humberto Serrano alcanzó notoriedad como hombre de un día y de muchos días. Descubrieron los noticieros de Televisa que por las venas del líder corría sangre de Emiliano Zapata, roja como la pasión y el sacrificio. No cedería, al menos que hubiera justicia para sus hombres. Gómez Villanueva levantaba los hombros en señal de impotencia. No podría enfrentar a sus hermanos de clase. Cercana la hora de las negociaciones para intentar algún arreglo, se perdía Humberto Serrano quién sabe dónde. Nada retrata aquellas escenas como un relato del licenciado Miguel Ángel Granados Chapa la tarde que nos reunimos con Luis Javier Solana para despedir al escritor Federico Fasano, de regreso al Uruguay. Decía el líder agrarista que los periodistas citadinos, hechos al pavimento, no podríamos comprender a los campesinos, hechos al sol y a la tierra, sin tiempo en el tiempo.

El presidente Echeverría envenenaba el ambiente y recomendaba paciencia. Voz de resonancia universal, candidato al Premio Nobel de la Paz, pregonaba que se cumpliría con la ley.

En el interior de Reforma 18 la inquietud crecía. De los Consejos de Administración y Vigilancia partía la especie: intransigentes los directivos de *Excélsior,* ponían en peligro el patrimonio de los trabajadores y sus familias. Ellos y sólo ellos, Scherer y Rodríguez Toro, eran los responsables de los problemas que la cooperativa encaraba.

Publicó *Excélsior* el viernes 9 de julio de 1976 que la cooperativa había descubierto turbios manejos de su gerente general y de su director general, Hero Rodríguez Toro y Julio Scherer García. Sin el conocimiento de los trabajadores, «habían salido de sus arcas cerca de 14 millones de pesos, 9 irremisiblemente perdidos». Dijo también el editorial del periódico que se investigaría a otros cinco cooperativistas, cómplices del gerente y el director. En una maquinación del director habían intentado frustrar las pesquisas encaminadas a desentrañar su comportamiento y el del gerente general. Enlistaba el periódico a los encubridores: Arturo Sánchez Aussenac, jefe de redacción; Leopoldo Gutiérrez, secretario de redacción; Arnulfo Uzeta, jefe de información; Ángel T. Ferreira, reportero de la fuente política, y Jorge Villa Alcalá, director de *Últimas Noticias*. Señalaba el mismo texto que gerente y director se habían hecho dueños de un poder omnímodo que ejercían sin piedad. Ya sin ellos, suspendidos en sus derechos y obligaciones como socios de *Excélsior*, se respiraba otro aire en la casa fraterna. Fue exaltado el 8 de julio como un «día de júbilo, día histórico».

Cinco días después fue interrogado Echeverría acerca de los acontecimientos habidos en *Excélsior*. Reproduzco la nota del propio periódico:

En relación con lo ocurrido en *Excélsior,* el presidente Echeverría afirmó ayer ante periodistas mexicanos y corresponsales extranjeros: «Fue una determinación de los cooperativistas y no ha intervenido el gobierno de México y nunca lo hizo menos al final, absolutamente. Parece ser que allí una mayoría determinó lo que se hizo después».

Se le preguntó acerca del grave cargo que le imputa la prensa extranjera, que lo señala responsable de aquellos sucesos. El Primer Mandatario respondió: «Nada más que se molesten los representantes de esos periódicos de la ciudad de Nueva York en ir a Reforma 18 y preguntar cómo estuvo».

No podía ser más clara la parcialidad del presidente de México. La verdad era una y estaba en Reforma 18. No valía la pena considerar siquiera la denuncia de 50 periodistas, escritores, profesores, investigadores, artistas y funcionarios públicos cuyo derecho a la libre expresión de sus ideas había quedado conculcado precisamente la madrugada del 8 de julio de 1976. A punto de iniciarse el tiro del diario, Regino Díaz Redondo, presidente del Consejo de Administración de la cooperativa, había ordenado la supresión de la plana en la que el medio centenar de intelectuales y artistas opinaba acerca del conflicto de *Excélsior*. Horas antes de la asamblea que dirimiría el destino del periódico, no podía haberse encontrado mejor ocasión para considerar sus juicios en una discusión real.

Fue definitivo el lenguaje del atropello. En un simple memorándum dispuso Díaz Redondo, bajo su firma:

Sr. Arcadio Becerril
Inspector
Presente.

Porque el texto de la plana No. 22 de la primera sección de *Excélsior,* en la edición de hoy jueves 8 de julio, contiene un ataque a los intereses de *Excélsior,* Compañía Editorial, S.C.L., y beneficia exclusivamente los intereses de los señores Julio Scherer G. y Hero Rodríguez Toro, los Consejos de Administración y Vigilancia, así como los miembros de las comisiones de Conciliación y Arbitraje y de Control Técnico, decidieron ordenar que no se publique la página y que ésta aparezca también en blanco en señal de enérgica protesta.

Firma también el documento Juventino Olivera López, presidente del Consejo de Vigilancia entonces, hoy gerente general de *Excélsior*. Y: Rodolfo Flores Rivera, Julio Peña de la Torre, Joaquín González Gil, Antonio Machaen Dueñas y Miguel Ángel Lozada E., todos del Consejo de Administración.

No firman José Curiel Ramos, Fernando Araiza Cornejo ni Hugo del Río León. Firman por el Consejo de Vigilancia, además de Olivera: Mario Esquivias Nava, Héctor Sánchez Rojas, Alfredo Rodríguez Pérez, Bernardino Betanzos V., Alberto García Leal, Pedro Contreras Niño, Lourdes Fernández de Martínez y Miguel García Camacho. No firma Ismael González Amador.

No sé dónde, quizá sólo en el *Excélsior* de esos días, pudiera repetirse una confesión tan vergonzosa: silenció *Excélsior* una denuncia en defensa de sus intereses, cuando no hay interés más alto en un diario, el que sea, que abrirse a la discusión pública en los asuntos de interés general. Para el presidente Echeverría, candidato al Premio Nobel de la Paz en esos días de julio, movilizados sus partidarios para obtener el reconocimiento del Parlamento sueco a su tarea, todo esto careció de interés. En blanco pasó por su mente la página en blanco, acta de acusación que circuló en copias fotostáticas y que dice:

¡Libertad de expresión!

Hoy la frecuente embestida contra *Excélsior* llega a límites nunca antes alcanzados.

Urge informar a la nación: se quiere cumplir cabalmente y pronto una grave agresión al ejercicio de la prensa libre en México.

Se trata de desprestigiar a nuestro periódico y a quienes lo dirigen, presentándolos como enemigos del país.

Los firmantes, periodistas, escritores, profesores, investigadores, artistas y funcionarios públicos participamos en las tareas que se realizan en *Excélsior*. Nuestro criterio político, a partir del cual analizamos la realidad mexicana e internacional, es vario y múltiple. Sin embargo, tenemos una convicción fundamental: estamos convencidos de que México, sobre todo en ausencia de instituciones donde se examinen críticamente los asuntos públicos, necesita un periódico que dé cabida al pensamiento libre y verdaderamente patriótico.

Excélsior ha logrado ser medio de información de los acontecimientos y situaciones que configuran nuestra realidad, y foro abierto a los que examinan y enjuician con buena fe esos mismos acontecimientos.

Con eso se ha conquistado *Excélsior* respeto y simpatía de vastos sectores nacionales, pero también la irritación de quienes suponen que la función de la prensa es servir a los poderosos y adularlos y ocultar a los mexicanos la realidad nacional.

Sin ignorar que el *Excélsior* de hoy es fruto de una tarea colectiva, resultado de los afanes de sus trabajadores, afirmamos aquí nuestra adhesión a Julio Scherer García y Hero Rodríguez Toro, cuya dirección y cuya gerencia responden enteramente a nuestra exigencia de un periodismo responsable y libre, único de veras útil a la sociedad mexicana.

Si esta situación se modificara de modo ilegítimo, no estaríamos dispuestos en forma alguna a continuar nuestra colaboración en las páginas de *Excélsior.*

México, D.F., 8 de julio de 1976.

José Antonio Alcaraz, Alfonso Aresti Liguori, Alejandro Avilés, Arturo Azuela, Francisco Carmona Nenclares, José de la Colina, Heberto Castillo, Antonio Delhumeau, Gaspar Elizondo, Salvador Elizondo, Francisco Fe Álvarez, Gastón García Cantil, Emilio García Riera, Ricardo Garibay, Elvira Gazcón, Genaro María González, Miguel Ángel Granados Chapa, Jorge Hernández Campos, Juan José Hinojosa, Jorge Ibargüengoitia, Guillermo Jordán, Armando Labra, Pablo Latapí, Vicente Leñero, Miguel López Azuara, Abraham López Lara, Froylán López Narváez, Ángeles Mastretta, Samuel Máynez Puente, Enrique Maza, Luis Medina, Carlos Monsiváis, Rogelio Naranjo, Pedro Ocampo Ramírez, Luis Ortiz Monasterio, José Emilio Pacheco, Francisco J. Paoli Bolio, Javier Peñalosa, Manuel Pérez Rocha, Carlos Pereyra, Raúl Prieto, Abel Quezada, Rafael Rodríguez Castañeda, Esther Seligson, Enrique Suárez Gaona, Alejo Vázquez Lira, Samuel del Villar, Abelardo Villegas, Miguel S. Wionczek.

Suprimida la página 22 de *Excélsior* el 8 de julio, dijo el editorial del diario el 9 de julio:

«Estamos conscientes de que vivimos en un país que ama la libertad. Y que la libertad de expresión es un derecho que consagra la Constitución».

No se interesó el presidente Echeverría, defensor de los derechos humanos, por la incontestable contradicción. La verdad, dijo, había que buscarla en Reforma 18.

No pasaba yo por ladrón a los ojos del presidente de México. En público y en privado expresaba que era un hombre de «absoluta honradez personal». Así lo repitió a Luis Suárez, entrevistado para el libro *Echeverría en el sexenio de López Portillo,* publicado a principios de 1984. También le dijo que era «soberbio y excluyente», defectos que habían provocado la división de la cooperativa siete años atrás. Y 'una especie de Ángel exterminador' frente a la encarnación del mal que siempre ve fuera de él». Puedo ser soberbio, excluyente, ángel exterminador y todo lo que a Echeverría se le ocurra, pero salí de *Excélsior* señalado como un ladrón. Convencido de mi «absoluta honradez personal», no pronunció el presidente una palabra en mi descargo. Al contrario, atizó la hoguera. La verdad estaba en Reforma 18. Allí había que buscarla.

De Hero Rodríguez Toro también tenía noticia Luis Echeverría. Sabía de sus 49 años en la cooperativa, de su esfuerzo a lo largo de toda la vida, de niño a hombre sin dejar de estudiar un día. Finamente construido para la amistad, devoto de su deber, a Hero podía culpársele de lo que se quisiera, no de buscar el poder para sí. Aunque se hubiera propuesto terminar en capataz, habría fracasado en el empeño, sobrado de corazón como nació. Calumniado, transita alegre por la vida. No hay quien pueda levantar una voz honrada en contra suya.

Periodistas por convicción, muchos años en la brega, sobresalientes por su trabajo, Arturo Sánchez Aussenac, Leopoldo

Gutiérrez, Arnulfo Uzeta, Ángel T. Ferreira y Jorge Villa Alcalá de un día para otro revelaron su personalidad, transformados en truhanes al servicio de causas oscuras, según las acusaciones difundidas a los cuatro vientos por el editorial de *Excélsior* del 9 de julio de 1976 y acogidas como propias por el presidente de la República.

Agotadas nuestras biografías, desde su punto de vista, no teníamos palabra que agregar al conflicto que nos envolvía como protagonistas. No había más verdad que la de Reforma 18. Vayan allá «a preguntar cómo estuvo», indicó a los periodistas nacionales y a los corresponsales extranjeros el 14 de julio. Vayan allá. Y colocó el peso íntegro de su enorme poder en uno de los platillos de la balanza.

Dice también el editorial del 9 de julio que en la asamblea del «día histórico» hablaron todos los que quisieron. «Ayer se escucharon todas las opiniones; todas las ansias contenidas de expresión afloraron —reseñó el periódico—. No queremos hacer escarnio de nadie. Pero que no se diga entre lamentaciones extemporáneas que se les negó el derecho a la defensa. Simplemente Scherer García y Rodríguez Toro salieron del recinto entre gritos de: '¡Fuera!'... '¡Fuera!'...»

Del texto pudo desprender el presidente Echeverría que los siete en fila hablamos ante el tumulto que nos condenaba. ¿Qué reo no intenta una palabra frente al vacío? No ocurrió así y al presidente, el más alto juez de la república tampoco le interesó nuestro silencio en el salón de asambleas de Reforma 18.

Dijo también el presidente en su declaración del 14 de julio:

«... es sintomático que las críticas al gobierno mexicano no se hayan manifestado en la prensa mexicana, en la radiodifusión o en la televisión, sino sintomáticamente en algunos periódicos —periódicos muy ricos— de la ciudad de Nueva York, periódicos a los que no satisface nuestra política nacionalista».

Al expresarse con esta seguridad probablemente contaba el presidente Echeverría con el silencio de los periódicos nacionales, la televisión y el radio. No contó, quizá, con José Pagés Llergo y la revista *Siempre!* Abre su edición del 28 de julio con las fotografías de Octavio Paz, Eugenio Anguiano Roch y Roberto Guajardo Suárez. Bajo el título «El Caso de *Excélsior:* Declaración de *Plural*», dice el texto que ilustra el rostro del gran escritor:

Ante los cambios ocurridos recientemente en *Excélsior,* los firmantes, miembros del Consejo de Redacción de *Plural,* declaran:

Plural nació hace cinco años con un propósito claro: ser un sitio de reunión de la imaginación creadora y del pensamiento crítico. En nuestra revista se han expresado las distintas tendencias artísticas y literarias de nuestro tiempo y se han debatido las ideas que hoy apasionan a los hombres. En sus páginas han sido escritas y denunciadas las realidades de nuestra época terrible, de Gulag a Chile. La realidad mexicana ha sido nuestra constante preocupación: apenas si es necesario recordar que, hasta el fin de su muerte, fue colaborador nuestro uno de los críticos más lúcidos de nuestro pasado y de nuestro presente: Daniel Cosío Villegas. Aunque, como es natural, no siempre las opiniones de *Plural* han coincidido con las expresadas por *Excélsior* en sus editoriales, jamás se nos pidió que cambiásemos una idea, una orientación o un adjetivo. No podía ser de otro modo: sólo un periódico independiente como *Excélsior,* hecho y escrito por hombres libres, podía publicar una revista con vocación crítica como *Plural.* De ahí nuestra indignación ante la forma en que se ha procedido contra *Excélsior* y sus dirigentes. Es indudable que ese ataque no ha tenido otro objeto que acabar con una isla de independencia crítica. ¿El monopolitismo político quiere también convertirse en monopolitismo ideológico? ¿Las poderosas burocracias políticas y económicas que nos rigen se proponen acallar las pocas voces libres que quedan en nuestro país?

La salida de Julio Scherer García, Hero Rodríguez Toro y un numeroso y distinguido grupo de periodistas de *Excélsior* significa la transformación de ese diario en una bocina de amplificación de los aplausos y los elogios a los poderosos. Es imposible no interpretar lo sucedido como un signo de que avanza hacia México el crepúsculo autoritario que ya cubre casi toda nuestra América...

Octavio Paz, Gabriel Zaid, Juan García Ponce, Alejandro Rossi, Salvador Elizondo, Kazuka Sakai, José de la Colina, Tomás Segovia.

Como colaboradores de *Plural* se han adherido a esta declaración: Ramón Xirau, Rafael Segovia, Jaime García Terrés, Esther Seligson, Luis Villoro, José Emilio Pacheco, Gastón García Cantú, Enrique Krauze, Manuel Felguérez.

Escribió Anguiano Roch:

...lo que no debe olvidarse es el carácter fundamentalmente conservador que tuvo el periódico *Excélsior* hasta antes de 1968 y las repetidas ocasiones en que los grupos de periodistas más temerosos del cambio de actitud intentaron detener a la directiva renovadora. Hoy lo han logrado transitoriamente, creando una reacción negativa entre importantes sectores de la opinión pública nacional... Es preciso preocuparse por las implicaciones sociales y políticas que tiene haber golpeado a toda una corriente del pluralismo intelectual que expresó sus ideas con entereza y conciencia de compromiso colectivo.

Dijo Guajardo Suárez:

...los hechos que han rodeado el cambio de orientación de *Excélsior* parecen destinados a permanecer ajenos a la opinión pública del país, en virtud de una creciente autocensura en los principales medios informativos nacionales y, por qué no decirlo, de una grave presión por parte de algunos grupos de poder económico y político tradicionales. En efecto, la actual situación que priva en el citado diario es consecuencia de conspiración abierta, integrada por una larga cadena de ataques, manipulaciones y presiones orquestadas por los enemigos de la disidencia y de la libertad de expresión, concebidas como elementos torales de la participación y del ejercicio político.

En una carta dirigida a José Pagés Llergo, en la misma edición de *Siempre!* escribieron Renato Leduc y Antonio Caram, coordinador general y coordinador secretario de la Unión de Periodistas Democráticos:

Los firmantes, periodistas mexicanos, consideramos que los hechos registrados en el diario *Excélsior* rebasan ampliamente los márgenes de una empresa cooperativa y afectan de manera directa el ejercicio de nuestras actividades y, en general, la vida política del país. Tales hechos configuran un severo golpe a la libertad de expresión y reducen las posibilidades de convivencia democrática, civilizada entre los mexicanos.

Los sucesos del jueves 8 representan la culminación de larga y persistente campaña destinada a impedir que nuestro pueblo sea informado con amplitud y a silenciar las opiniones disidentes de la vida pública de México.

Escribió Alejandro Gómez Arias, también en la edición del 28 de julio:

...nos referimos a la decapitación del diario *Excélsior,* hecho que, visto desde el ángulo de la realidad mexicana, no es posible reducir a la dimensión de un incidente en la vida de la cooperativa de esa casa editorial. Esa apariencia cubre mal los verdaderos móviles. Como es sabido, *Excélsior* llegó a ser el más importante diario de nuestra lengua. Creó también un estilo crítico sagaz y valeroso que no encuentra par en el periodismo nacional, sino en las páginas semanarias de esta revista. Era prueba de libertad de expresión y del viviente pensamiento político mexicano. La desaparición —por lo menos en ese carácter— de *Excélsior* es uno de los más sombríos y penosos episodios de esta época. Por una parte en ella se concreta la pérdida del respeto que toda democracia debe a la comunicación y al libre juego de las ideas y, por otra, en las circunstancias que son de todos conocidas, la absorción de la casi totalidad de los medios publicitarios sometiéndolos a las reglas que el Estado fije. Esto, en la clasificación de los sistemas políticos, tiene un nombre, ¿cuál es?

A los comentadores y críticos el dramático silenciamiento de *Excélsior* produce amarga inquietud. Demuestra cuán frágil es el estado de garantías que suponen las ampara. Los signos son contrarios. Todo anuncia, ¡ojalá nos equivoquemos!, trances más angustiosos.

Tal vez tengan razón los discretos —aquellos que dijeron que hay tiempo de hablar o callar. ¡Sería tan fácil! Nada saber. Sí, amigo Plantin. Tú dijiste, en el viejo soneto, cómo alcanzar tranquilidad y paz. Felicidad en la vida. Ver pasar las horas. *N'avoir dettes, amour, ni proces, ni querelle*. Sí. Pero no podemos. Y otra vez frente al papel desnudo y blanco.

Para Antonio Vargas McDonald, el 8 de julio quedó desplazado «el más numeroso, capacitado e independiente grupo de escritores que se haya reunido en un periódico diario en lo que va del siglo». Anotó enseguida:

Por cuanto al quehacer periodístico y a sus profesionales, los sucesos que vaciaron a *Excélsior* de su valioso contenido nos afectan gravemente, porque vemos estrecharse cada día más el campo propio de nuestra acción. Aun quienes no tenemos liga alguna con el grupo que dio honor y lustre al periodismo nacional durante ocho o nueve años y hoy queda enmudecido, y aun aquellos que tengan diferencias de intereses con sus componentes, todos, si somos periodistas profesionales, si amamos la libertad de expresión sobre todas las cosas, deberemos sentir en carne propia el infortunio que se abatió sobre la casa editorial.

Escribió Elena Poniatowska:

Seguramente en *Excélsior*, entre los cooperativistas no había personas progresistas, sin embargo en *Excélsior* entre los editorialistas había hombres de todas las tendencias, desde el panista Juan José Hinojosa hasta el jefe del PMT, Heberto Castillo. Entre los cooperativistas no había hombres politizados, entre los cooperativistas seguramente había quienes añoraban el embute, la complacencia, la relación amorosa e interesada con el gobierno. Todo esto es posible. Los editorialistas causaron mucho malestar, sus denuncias como pedradas no podían contar con la anuencia de los poderosos, la calma chicha no era precisamente la atmósfera de *Excélsior*. Sin embargo, debe ser la minoría cooperativista de manipulados que ha perdido su mejor batalla, que Scherer García, Rodríguez Toro, sus reporteros y sus editorialistas eran sus mejores cartas, las limpias, su póker de ases, y que esta asamblea del 8 de julio en *Excélsior* es una manipulación de personas ajenas a sus verdaderos y mejores intereses, a sus talleres, a su administración.

«¿Libertad sólo para el elogio?», tituló Francisco Martínez de la Vega su texto, que expresa:

No descartarnos la posibilidad de que la decisión tomada por la cooperativa haya obedecido a condiciones de orden interior. Puede ser posible, pero la coincidencia de la destitución de sus directivos con la malquerencia gobiernista hará que la opinión pública, como ya se ha comprobado, no considere probable esa posibilidad.

Es fácil, cómodo y grato respetar la libertad del periodista que nos elogia, que nos aplaude; que considera pruebas de suprema sabiduría y patriotismo impecable cada actitud, cada proclama, cada expresión nuestra. Por ello, el lugar común reiterado, en nuestra prensa diaria, es que en todo y por todo, el poderoso de la hora es «impecable» y diamantino, insuperable en sus virtudes, inmune a diferencias mayores y menores.

Se ha reiterado el error de suponer que esa libertad (de prensa) sólo depende del gobierno, lo cual quiere decir que la habrá en la medida y en la forma que el gobierno decida. Se olvida que esa libertad de prensa debe ser, fundamentalmente, decisión del periodismo mismo. Si el gobierno lo respeta o lo atropella es otra cuestión. Pero ni el gobierno más angelical que pueda concebirse puede respetar y garantizar lo que no existe, lo que ni siquiera se intentó. Y cuando las empresas periodísticas, por interés fenicio o por temor, no se afanan en el culto de la libertad, no hay nada que garantizar ni respetar. Julio Scherer y su brillante equipo manifestaron un permanente empeño de liberación, de independencia. La frustración brutal de ese empeño no es sólo una derrota de ese grupo de compañeros sino del periodismo nacional.

En *La Cultura en México* de la misma edición de *Siempre!* publicó José Pagés Llergo el texto que sigue:

...con la salida de siete miembros de la Cooperativa de *Excélsior,* y en solidaridad hacia ellos de gran parte del cuerpo de redacción y casi todos los colaboradores editoriales, tocó a su fin una de las empresas periodísticas más ambiciosas y estimulantes del México contemporáneo. La fecha marca también el término de uno de nuestros espacios críticos fundamentales. La ilegalidad manifiesta en los procedimientos internos de esa expulsión y el contexto político —finales y vísperas de un sexenio— obligan a preguntarse por el destino de aquel «clima de libertades públicas» que uno de los editorialistas de *Excélsior,* Daniel Cosío Villegas, reconoció con entusiasmo en 1971. *Excélsior* fue durante estos años un muy adecuado instrumento de un deseo nacional en cierto modo incontenible desde 1968: el deseo de ejercer los derechos a la información y la crítica que conceden a todos los mexicanos las leyes fundamentales del país; el deseo de usar las garantías jurídicas y constitucionales vigentes en esa materia más allá del círculo declarativo en que solían estar confinadas.

La utilización vigorosa de esas garantías desde una tribuna nacional congregó a muchos de los mejores esfuerzos y de las más limpias expectativas de cambio que nacieron de la sociedad mexicana en estos últimos años, esfuerzos y expectativas que el mismo sistema político mexicano ha querido reconocer con lo que se ha dado en llamar «apertura democrática». *Excélsior* asumió como propias tales demandas y aspiraciones larvadas e informes, pero evidentes, y su acción tuvo un carácter a la vez excepcional y supletorio. Lo primero porque fue el más destacado de los diarios que se impusieron esa responsabilidad; lo segundo porque suplió en medida apreciable con sus logros claras insuficiencias que se habían vuelto normativas en los sectores de opinión y participación. El valor de la política informativa de *Excélsior* se multiplica por la escasez de otras alternativas críticas en el país, por la escasez de organizaciones y movimientos independientes cuyos inicios o embriones, sin embargo, encontraron en *Excélsior* registro y tribuna. La desaparición de este diarismo desmordazado es, por las mismas razones, doblemente lamentable. La variedad de matices de su influencia incluye en su desaparición la de otros medios y posibilidades muy importantes: la revista *Plural* y el suplemento dominical *Diorama de la cultura,* cuya presencia otorgaba al medio cultural mexicano una diversidad de que hoy carece.

Bajo la administración de Julio Scherer y Hero Rodríguez Toro, *Excélsior* ha sido un diario de extraordinaria agilidad y profesionalismo; un espacio periodístico y cultural abierto, polémico y cohesionador. Lo que ha quedado hoy con ese nombre resulta un diario homenaje —por oposición y contraste— a la tarea del grupo. Por lo mismo, políticamente, la pérdida de *Excélsior* contribuirá al aislamiento de los esfuerzos de crítica y luchas independientes, uno de cuyos mayores riesgos es siempre la impunidad propagandística de sus adversarios. Culturalmente supone el regreso a la fragmentación de grupo y publicaciones. Se tiene la impresión de un retroceso y una pérdida mayores. Una parte substancial del periodismo independiente mexicano vuelve a los bastiones de su tradición, el refugio vivo de algunas revistas y algunas páginas editoriales. Para esos bastiones el aniquilamiento del estilo de *Excélsior* no es tan definitivo por lo que les quita, como por lo que deja de darles: un ámbito de crítica nacional, una mayor resonancia, una opinión pública receptiva, no habituada al silencio, el elogio y la simple manipulación.

Si algo puede verse como definitivo en esta desaparición de *Excélsior* es el carácter histórico que tienen ya sus logros dentro del periodismo mexicano. Las tareas de información, las de crítica y reflexión de sus editorialistas; las de dirección, riesgos y líneas periodísticas establecidas ejemplarmente por Julio Scherer García y sus colaboradores; en fin, todas las virtudes que hicieron de *Excélsior* el diario más completo e intenso de la gran prensa mexicana son ya —en el balance— la garantía de su posteridad. El *Excélsior* del equipo de Scherer quedará en los anales del periodismo mexicano como la aventura más rica y fértil de la última década; un momento culminante de la capacidad profesional de un gremio y el intento de practicar las exigencias de una conciencia pública conocedora, desinhibida y libre.

Renato Leduc, Juan Rulfo, Pablo González Casanova, José Emilio Pacheco, Ricardo Garibay, Luis Villoro, Josefina Vicens, Efraín Huerta, Julio Labastida, José Luis Cecelia, Juan García Ponce, Elena Poniatowska, Vicente Leñero, María Luisa Mendoza, Gunther Gerzso, Arturo Azuela, Lya Cardosa y Aragón, Gabriel Retes, Ignacio Retes, Paul Leduc, Salomón Laiter, Antonio Alatorre, Archibaldo Burns, Fernando Curiel, Esperanza Pulido, María de los Ángeles Calcáneo, Raquel Tibol, Juan Bañuelos, Óscar Oliva, Aarón Hernán, José de la Colina, Carlos Pereyra, Rogelio Naranjo, Rolando Cordera, José Blanco, Jorge Hernández Campos, Héctor Aguilar Camín, Jorge Aguilar Mora, Vicente Rojo, Bernardo Recamier, Alejandra Moreno Toscano, Ignacio Solares, Jaime Labastida, Alfredo Joskowicz, Manuel González Casanova, Ernesto

Maillard, Marcela Fernández Violante, Aurelio de los Reyes, Susana Benavides, Arnaldo Coen, José Joaquín Blanco, Adolfo Castañón, David Huerta, Eduardo del Río *Rius*, *Magú*, Helio Flores, Daniel López Acuña, Héctor Manjarrez, Paloma Villegas, Ricardo Yáñez, Jaime Reyes, José Ramón Enríquez, Luis Miguel Aguilar, Carlos Monsiváis, Huberto Batis, José Rovirosa, Hugo Margáin Charles, Raúl Kamffer, Jorge Ayala Blanco, Yolanda Moreno, Antonio Saborit, David Ramón, Maya Ramos, Roberto J. Sánchez Martínez, Federico Weingarsthofer, Alejandro Aguilar Zafra, Andrés Acosta, Ramón Aupart, Ivan García Solís, Telma Nava, Jacqueline Peschard, Juan Meléndez, Esther Corona, María Luisa Erreguerena, Julio Frenk, Héctor Rivera Jiménez, Francisco Prieto, Alicia Molina, Ignacio Hernández, Dunia Zaldívar, Eugenia Huerta, Mario Lavista, Federico Ibarra, Mario Orozco Rivera, Jorge Montaño, Gustavo Vasconcelos, Fernando López Arriaga, Marisa Magallón, Margarita García Flores, Edmundo Domínguez Aragonés, Francisco Núñez, Raúl Páramo, Juan Garzón Bates, Eduardo Marín, Carmen Betancourt, Arturo Schoening, Genaro Enríquez, Yula Cortés, Rita Murúa, Martha Lamas, Rosa Marta Fernández, Marta Acevedo, Francisco Rocha, Lourdes Arizpe, Fernando González Gortázar, Antonieta Rascón, Emilio García Riera, Álvaro Ruiz Abreu, Evodio Escalante, Arnaldo Córdova, Felipe Campuzano, Eduardo Maldonado, Rubén Piña, José Antonio Alcaraz, Víctor Manuel Muñoz, Enrique Krauze, Fanny Martínez, Abraham Nuncio, Manuel Fernández Perera, Armando Santana, Federico Campbell, Josefina Millán, Kyra Galván, Carlos González Morantes, Juan Miguel de Mora, Antonio Quiroz, Federico Castro, Jaime Blan, José Cuervo, Martha Palau, Miguel Ángel Añordi, José Mata, Marisa López, José Gómez de León, Enrique Bostelman, Gabriel Careaga, Elvira Rascón, Sara Moirón, Andrés Fabregat, Patricia Saavedra, Teresa Lobo, Enrique Pilo, Juan Jacobo Hernández, Carlos Thiery, Rosa María Aponte, Crescendio Ruf Zapeto, Patricia Torres, Cuauhtémoc Zúñiga, Guadalupe Espinosa, Antonio Delhumeau, Aníbal Angulo, Pedro Preux, Francisco Icaza, Ema

Cosío Villegas de Ortiz, Elisabeth Cattlet, Francisco Mora, Concepción Solana, Fanny Rabel, Guillermina Bravo, Raquel Vázquez, Graciela Hierro, José A. Robles, Francisco J. Herrero, Isabel Fernández, Rafael Cordera, María Ángeles Mastretta, Rosa Elena Montes de Oca, Sergio Olhovich, Juan Manuel Torres, René Avilés Fabila, Gonzalo Martré, Fernando Gou, Alberto Bojórquez, Arturo Alegro, Gerardo de la Torre, Lorenzo Meyer.

Vi a mi alrededor viejos amigos, jóvenes compañeros. Muchos cambiaron su vida para siempre, sin reconciliación posible con el atropello inocultable. No recuerdo en qué momento me tomó del brazo Abel Quezada ni en qué momento lo hizo Gastón García Cantú, Abel a la derecha, Gastón a la izquierda. Sobre el Paseo de la Reforma avanzaba entre los dos sin saber hacia dónde la tarde del 8 de julio de 1976. Después de 30 años de trabajo sin sospecha se me trataba como a un ladrón, limpios los bolsillos de dinero ajeno. Sobre la calle, otras voces daban forma al contrapunto. Los ladrones se quedaban en *Excélsior*.

A Quezada le llegan las moscas alrededor de los policías que dibuja como a García Márquez le llega la palabra atónitos para desnudar los senos de una mulata, inocentes en medio del escándalo que provocan. Abel es admirable por novedoso. Domina su oficio y domina su humor. Congruente, exhibe sus predilecciones y sus fobias. Poco antes del nacimiento de *Proceso* fijó sus límites frente a la revista. No sería cartonista y no lo fue. Figuraría en su consejo de administración como vocal y fue vocal. Un día decidió apartarse de la revista y se apartó. Sus razones fueron claras:

Tenía a Jorge Díaz Serrano por el mejor político de México, sin rival. No había hombre más apto para la Presidencia de la República que el director de Pemex. Así opinó y así lo expresó en sus caricaturas. *Proceso* opinaba de manera distinta. No habría hombre más nefasto en la Presidencia de la República que

Díaz Serrano. Juzgó Abel que había llegado el momento de optar entre su amigo y la revista y optó. El 11 de septiembre de 1977 me pidió que borráramos su nombre del directorio de *Proceso*. Entre él y nosotros había diferencias. Borramos su nombre de la revista, pero el afecto que nos une persistió y persiste hasta la fecha, intocable.

Otro fue el curso de mi relación con García Cantú:

Lector asiduo de sus libros, disfrutaba de su talento y cultura. Lo invité *a Excélsior* convencido de que desde su primer artículo en la sección editorial, el 5 de abril de 1971, llamaría la atención su trabajo. Conversábamos semana a semana. No toleraba la supresión de un signo de puntuación en sus textos y sólo aceptaba al director del diario como interlocutor. De la mejor manera cumplió el tiempo su tarea. De nuestra amistad habló el propio Gastón. Llegó a decir, bajo su firma, que «entre nosotros se daba el lenguaje secreto de los mensajes visuales».

A Fernando Benítez, Javier Rondero y a mí nos dedicó *Política mexicana,* obra publicada por la Universidad Nacional Autónoma de México. En el volumen que García Cantú puso en mis manos agregó de su puño y letra: «y una palabra más: fraternalmente. Gastón. Enero/74».

Con el beneplácito de la asamblea del 17 de diciembre de 1975, fue aceptado como cooperativista de *Excélsior*. Dictan las leyes de la casa que todo trabajador de planta ha de tener en el periódico su fuente principal de ingresos. No era el caso de Gastón. Poco importaba. La excelencia de su trabajo justificaba la excepción, prevista en el reglamento de la casa editorial. Fue así como pudo asistir a la asamblea del 8 de julio de 1976, testigo de los acontecimientos que cambiaron el rumbo del periódico.

Al despedirnos la tarde amarga del 8 de julio hizo suyo el atraco. Renunciaría a *Excélsior*. Historiador por vocación, crítico implacable, nadie habría podido burlarlo acerca de lo que aconteció en el salón de asambleas de Reforma 18. Retengo imágenes: muchos sombreros de petate, cooperativistas y no cooperativistas en la misma mascarada. Desde hora temprana, Víctor Payán cuchicheaba aquí y allá. Así lo hacían también Manuel Camín y Rodolfo Flores Rivera, en otra época director y jefe de redacción del *Magazine de Policía* que editaba *Excélsior*. El bisemanario, el escándalo como negocio, fue suprimido a instancias de Hero Rodríguez Toro y mías, pero Flores Rivera y Camín conservaron sus nexos con policías y guaruras. Ahora iban de grupito en grupito. Payán llegaría muy lejos: coronel de Durazo. Rodolfo Flores también llegaría lejos: subgerente de *Excélsior*. Camín no tanto: director de la segunda edición de *Últimas Noticias*.

Llegó la hora del tumulto, muchos ojos desorbitados, la furia de algunos, el sarcasmo de otros. Ricardo Perete bailoteaba entre muecas. Regino Díaz Redondo y Manuel Becerra Acosta se mentaban la madre con los labios. Me confortaba la tranquilidad de Hero, estoico. Sabía de qué se trataba. En la orden del día de la asamblea extraordinaria ni a él ni a mí se nos concedía la palabra por disposición de los Consejos de Administración y Vigilancia. No podía ser más burdo el engaño. Al amanecer se inició el atropello con la aparición de la página en blanco. García Cantú fue una de las primeras víctimas. Allí estaba ahora, en la mitad del salón, al lado de Vicente Leñero, firmante también de la página en blanco. Nada se ocultaba a la inteligencia del juez inexorable. Todo lo veía. Escuchaba los gritos, la absoluta imposibilidad de pronunciar una palabra sensata.

En el texto que firmó con Octavio Paz, el Consejo Editorial y los colaboradores de *Plural* el 28 de julio quedó escrita una palabra que refleja un sentimiento común: indignación. «De ahí la indignación ante la forma en que se ha procedido contra *Excélsior y sus* dirigentes», publicó *Siempre!* Gastón, sobrado de razones, fue consecuente e hizo suyo el sustantivo. «Ayer se escucharon todas las opiniones», leería el 9 de julio en el editorial de *Excélsior* que daba cuenta de la asamblea. ¿Y su opinión? ¿Y la opinión de García Cantú? Signatario de la página en blanco, su palabra fue estrangulada.

El 6 de noviembre de 1976 nació *Proceso* entre intimidaciones del secretario de Gobernación, Mario Moya Palencia y el secretario de Patrimonio Nacional, Francisco Javier Alejo. Moya dijo que los hijos de Echeverría podrían vengarse en mis hijos, Alejo afirmó que el buen nombre del presidente de la República implica la razón de Estado. Quedaba claro que no hay freno a la hora de velar por su prestigio. Otros problemas se agregaron a la tensión de esos días. Buscamos un taller que imprimiera la revista. Sólo Guillermo Mendizábal aceptó el compromiso. Las viejas máquinas de su taller harían el trabajo.

La PIPSA, importadora única de papel en la República, se negó a vendernos un gramo de las 15 toneladas que necesitábamos para lanzar a la venta los cien mil ejemplares del primer número. Enfrentamos un momento crítico. No tenía sentido para nosotros juzgar la obra del presidente Echeverría a partir del 1º de diciembre de 1976. Nos importaba el hombre del Palacio, no el hombre de regreso a su hogar. Nos resistíamos a nacer en el clima acogedor de un nuevo gobierno, protegidos por las reivindicaciones con las que todo régimen comienza. No queríamos las caricias del paternalismo. Viviríamos desde el día inaugural bajo el signo de nuestro nombre: abriríamos juicio al pasado —el presente es siempre el pasado— y contaríamos la historia del país hasta donde nuestra obstinación lo permitiera.

Solidario en el momento decisivo, Alberto Peniche Blanco, gerente de *El Heraldo de México,* hurgó en las bodegas del periódico de «la gente bonita». No correspondían las medidas de sus rotativas a las medidas de los armatostes de Mendizábal. De nuestra angustia dio cuenta a Fernando Canales, quien sin pensarlo dos veces acudió en nuestra ayuda. Sólo me pidió un «pequeño servicio» el gerente de *Novedades:* que conserváramos bajo reserva un trato de amigos. Respeté su deseo casi diez años. Aún ahora me instiga, desinteresado: «Si crees que algo pudiera hacer por *Proceso,* avísame». (Me lleva Fernando Canales a Francisco Carmona Nenclares, inolvidable maestro de filosofía, ya fallecido: «Nada como la generosidad para abrirle a otro el futuro», decía con razón.)

Un artículo de García Cantú, «El deber ser», abrió la sección de análisis en el número inaugural de *Proceso.* Con intervalos breves apareció su firma en la revista hasta el 7 de mayo. El 5 de diciembre asistí a un acontecimiento en la vida de mi amigo: su toma de posesión como director del Instituto Nacional de Antropología e Historia, en el Salón Panamericano de la Secretaría de Educación.

A principios de 1978 me envió el siguiente mensaje:

Enero 5, 1978.
Director General del Instituto Nacional de Antropología e Historia.

Julio:
Si la amistad permanece, y deseo que así sea, una reparación pública del agravio inferido es indispensable. Por lo tanto, te ruego publiques la carta adjunta a esta nota que contiene algunas correcciones necesarias.

Si juzgas mi actitud de severa, creo que debes pensar en que el daño que me ha causado esa publicación no se corregirá del todo, ni aun publicando la carta que te dirijo.

Un abrazo afectuoso. Gastón.

Transcribo la carta:

Con más pena que asombro he leído la nota publicada en el número 60 de *Proceso,* intitulada, dolosamente, «Cambios de política, cambios de piel», de Fernando del Paso.

No me interesan los comentarios de la revista inglesa y de Del Paso, sino que en la redacción de *Proceso* se hubiera omitido una nota explicativa transcribiendo algún párrafo de mi artículo de diciembre de 1977, al hacerme cargo de la Dirección del Instituto Nacional de Antropología e Historia. Recuerdo tus felicitaciones, así como las de otros antiguos compañeros de trabajo y no encuentro explicación a una jubilosa publicación que me agravia doblemente: como escritor y servidor del Estado mexicano.

Como hemos abundado en argumentos éticos, en otras amigables ocasiones, juzgo redundante referirme a ellos en este caso; sólo te pido, finalmente, un mínimo favor: que borres mi nombre de la lista de articulistas de la revista que diriges.

Mi piel es la misma y espero que ustedes mantengan la suya. Gastón.

PD. Espero que publiques esta carta; de lo contrario, lo haré en otra revista periódica.

«Un mínimo favor...», me pedía García Cantú. Sentí su desdén. «Espero que publiques esta carta o de lo contrario...» Sentí el temblor del agravio. Más allá de que pudiera o no asistirle la razón, me pareció desproporcionada su reacción. De mil maneras le constaba mi respeto por su trabajo. Si jamás toqué un signo de puntuación en sus textos, podía haberse ahorrado la amenaza velada. Sin un comentario fue publicada la carta. No rompería *Proceso* con su fundador y ex colaborador. Rompía Gastón con la revista.

Del Paso había enviado desde Londres un largo artículo con opiniones acerca del último año en México. Hablaba de los finales de Echeverría y los principios de López Portillo. Decía que Echeverría obtuvo el control de periódicos y revistas «después de silenciar brutalmente la voz independiente del diario mexicano *Excélsior*». Escribió acerca de García Cantú, Abel Quezada y Carlos Fuentes:

En abril 23, el mismo semanario (*The Economist*) se solaza hablando de Carlos Fuentes, su aceptación de la embajada de París y su renuncia, tras señalar que es una antigua tradición en México el que los intelectuales sirvan al gobierno. Pero otros intelectuales cortejados por el presidente López Portillo, agrega, han demostrado ser igualmente susceptibles a las lisonjas de su «más derechista sucesor», por ejemplo el historiador marxista Gastón García Cantú, actual director del INAH y Abel Quezada, al frente de un canal estatal de televisión. El error de Fuentes, dice *The Economist,* fue que siguió fiel a su patrón cuando otros intelectuales estaban tratando de desvincularse del gobierno, pero pocos de sus colegas tienen las credenciales morales suficientes para condenarlos, ya que pocos se arriesgan a la oscuridad, que es el castigo de la disensión. De paso, es necesario recordar que *Terra nostra,* le pese a quien le pese —y puede pesar bastante—, fue objeto en su traducción al inglés de muchas magníficas críticas aparecidas en la prensa británica y calificada como una obra maestra.

García Cantú había escrito en *Proceso*:

He sido invitado a dirigir el Instituto Nacional de Antropología e Historia por el secretario de Educación Pública, Porfirio Muñoz Ledo —el nombramiento lo dispone el presidente de la República— y he aceptado, porque se me convoca para un servicio esencialmente educativo sin pedirme, solicitárseme o sugerir limitar mi juicio público. Se me invita por lo que he sido y soy: un escritor que ha criticado al sistema y defendido el legado cultural de su país; por lo que he escrito y lo que escriba. Acaso por mis antecedentes universitarios o los de mi obra personal. Todo ello significa para mí un tránsito de la palabra a la acción; un paso de la generalización reflexiva a la voluntad de actuar en un caso concreto: la defensa del patrimonio cultural de nuestro país.

También escribió:

Ser funcionario debe ser obligarse a determinar una función precisa, legal y programática. No mudar de personalidad ni de ideas, no comprometerse con una ética distinta, ni liquidar los principios ni abandonar lo que ha sustentado la propia vida.

En la Universidad, cerca de Javier Barros Sierra, aprendimos a comprender el alcance de sus ideales: la discrepancia, la discrepancia: lo mejor para servir. Nada contra las convicciones. Cuanto podamos hacer por el país, hacerlo.

Desde *Siempre!*, el 20 de diciembre de 1978, García Cantú saludó con entusiasmo la aparición de *Los periodistas,* el libro de Vicente Leñero que da cuenta del atentado contra la libertad de expresión perpetrado desde el poder. «Rigor literario y veracidad», dice de la novela, «recreada como obra de arte». De nuestra relación afirma que «a veces hubo entre nosotros el lenguaje secreto de los mensajes visuales», apunte que me conmovió. Devoto de la Universidad Nacional Autónoma de México, trazó líneas paralelas entre octubre de 1968 y julio de 1976. En ambos casos la vida privada fue violada, en ambos casos funcionó el espionaje desde la oscuridad impune. «Posdata para Vicente Leñero. Con Echeverría, en el Salón Colima de Los Pinos», es el título del texto de Gastón, que incluye un diálogo que exhibe al presidente en contradicciones que lo condenan. Transcribo:

La novela de Vicente Leñero contiene páginas de ficción y un trasfondo dramático y nauseabundo de la realidad. Cada tema requiere de un método diferente y Leñero encontró el más adecuado para contar un episodio de la política contemporánea de nuestro país. Al margen de la historia nacional conocida, han transcurrido otras no menores aunque sí desconocidas, por ello la vemos desfigurada o parcial. Una de esas historias menores es la del periodismo mexicano.

La novela de Leñero es la de un suceso de la libertad de expresión, y también cómo fue usada por unos cuantos hasta volverse desusada. De unos cuantos, porque allí, en aquellas páginas, hubo de todo: miedosos, corrompibles, tontos que se pavoneaban por cuartillas sudadas en tinta verde, engreídos de librea, caras de poliedro: según el personaje mostraban el gesto adecuado, la columna vertebral gelatinosa; correveidiles que desinformaban. De todo, como en el país. En el testimonio de Leñero asoman los convidados de piedra y los malditos que nunca faltan en la escena contemporánea. Páginas excelentes: rigor literario y veracidad.

A las nueve de la mañana, un llamado por teléfono de Fernando Benítez: Era urgente hablar con Julio Scherer. El presidente de la República deseaba vernos ese mismo día. ¿Quiénes? Scherer me llamó hacia mediodía para decirme hora y sitio: las seis de la tarde en Los Pinos.

Se abrieron las puertas del salón Colima. Un ambiente de lienzo charro presagiaba el premeditado jaripeo. En las paredes, pinturas monótonas de Icaza; flores de papel, sillones macizos, asientos semiblandos. A través del ventanal pasaban como tuzas celosas los guardianes: uno, dos y vuelta; dos, uno y revuelta. Minutos después, los pasos firmes, conscriptuales, de don Luis Echeverría y su voz asombrosamente marcial: «¡Julio: no vayas a Washington! Señores, cómo están ustedes». Se acomodó en un amplio sillón. La postura de estatua, colocadas las manos sobre los muslos, apretando las rodillas; sus ojos, en alerta, la mandíbula endurecida. Otra vez: «¡No vayas, Julio!». Nuestras miradas se cruzaron fugazmente. Acaso fue una silenciosa pregunta coincidente: ¿Vas a Washington, Julio? ¿De qué habla Echeverría?

El presidente: ¡Usted, Gastón, que conoce la historia de los Estados Unidos, dígale que no vaya! Que no haga el juego a nuestros adversarios. ¡Dígaselo usted!

Julio: Señor presidente, mi labor de periodista no se ha circunscrito sólo a mi país y usted lo sabe.

El presidente: Ésta no es una labor informativa sino de desprestigio del gobierno de México.

Julio: Jamás contribuiría yo a desprestigiar a mi país. Es un problema informativo. Nuestro caso ha llamado la atención y es necesario decir lo que ha ocurrido.

El presidente: ¡No vayas!

El matiz de lo imperativo había dado un saldo de la advertencia a la amenaza. Miré a Julio. A veces hubo entre nosotros el lenguaje secreto de los mensajes visuales. Y le envié el que juzgué oportuno: No vayas Julio: No vayas. Lo sabía y lo sé indefenso.

Julio: Señor presidente. ¿Por qué no oye usted a nuestros amigos que tienen mucho que decirle respecto de *Excélsior?*

El presidente tiró ligeramente de su saco, observó a Samuel I. del Villar, a Miguel Ángel Granados. A ver.

Del Villar relata pormenores de la invasión de los terrenos, propiedad de la cooperativa, en Paseos de Taxqueña. El presidente clava su mandíbula. Ningún gesto delata su estado de ánimo. Habla Miguel Ángel Granados, serena, reflexivamente. Arguye sobre el procedimiento jurídico en relación a que toda cooperativa está registrada en la entonces Secretaría de Industria y Comercio.

Hero Rodríguez Toro se levanta, acerca un sillón junto a mí. Quizá deseaba ver de frente al presidente. Fernando Benítez habla en consecuencia: «Señor presidente, ayude usted a este notable grupo de periodistas mexicanos. Han defendido su periódico. El honor del país está a prueba y usted, con su alto espíritu de justicia, no permitirá un atropello semejante».

El presidente modula su voz con suavidad. «Desde luego, Fernando.» Manuel Becerra Acosta da dos, tres pasos. Nos ve compartiendo el azoro. Palpa sus cejas, lleva el índice derecho a la boca, palmotea su pecho, vuelve a sentarse, se levanta, se sienta. Julio agita la pierna del presidente: «Falta un relato de los sucesos. ¿Por qué no oye usted a Gastón?»

—No cometería el error de informar al presidente de la República, que es el hombre mejor informado del país.

—¡No se crea usted! ¡No sé nada!

—En ese caso expresaría mi consternación. ¿Cómo es posible que uno de los más graves problemas del periodismo mexicano sea ignorado por el presidente de la República?

—Pues no sé nada. Por primera vez oigo lo que ocurrió... Sé, eso sí, que fue un caso de soberbia intelectual, de olvido de lo que son nuestros trabajadores. Había una separación entre ustedes y ellos. ¡Ésa fue la causa!

—Para no estar informado me asombra su interpretación... ¿Cómo calificar de soberbia la defensa de los bienes invadidos de los trabajadores?

—¿Quién es el culpable entonces?

—Esto es lo que debe averiguarse. No corresponde a nosotros hacerlo.

—Ni al gobierno, que respeta la libertad de prensa.

—Se ha creado, como en la Universidad —¿recuerda usted?— un vacío legal.

—¡Nada sabemos!

Las voces, los gestos, el amanecer del 8 de julio, pasaron golpeando la frente. El diálogo de Ricardo Garibay con el secretario privado del presidente. El asombro. No es posible nada. El todo se acabó. En fin. Estábamos en el salón Colima presenciando un jaripeo de sombras. Lo que debíamos decir lo dijimos. Lo que acaso no debíamos saber nunca lo supimos.

Al salir el presidente, del brazo de Julio y de Miguel Ángel Granados, sonrió ampliamente. Hero Rodríguez y yo bajamos la escalinata de prisa. Observamos el último acto. Después, nuestra pregunta: ¿Cuándo decidiste ir a Washington?

—Hoy, a las ocho de la mañana, me había invitado Armando Vargas para visitar a los del *Washington Post* y conversar con Edward Kennedy...

El teléfono, la red invisible del mando, de la intromisión en nuestra vida privada, en nuestras escasas decisiones públicas, había funcionado una vez más, como en 1968.

En una lista que me incluye con Gastón García Cantú y los compañeros de *Proceso* que se negaron a continuar en *Excélsior* después del golpe de 1976, firmé mi finiquito con la cooperativa el 25 de enero de 1979. En un último momento de vacilación consulté con Vicente Leñero. Me resistía a recibir un peso de *Excélsior*. «Firma —me dijo Vicente—. Es dinero sudado con trabajo, un reconocimiento adicional a tu honradez.» Entre todos recibimos 25 millones de pesos de los de entonces, Gastón medio millón de pesos, yo 7 millones. Gastón pagó 75 000 pesos por impuestos al fisco, yo un millón trescientos mil. Nunca entablé querella contra *Excélsior*. Había visto el guiño de la justicia a sus favoritos, levantada la venda de uno de sus ojos. En los aciagos días de julio de 1976 fui emplazado por la Procuraduría y *El Heraldo de México* dijo que probablemente me presentaría ante la ley con un amparo en la bolsa. Se trataba de hacer sentir que mis cuentas podrían ser sucias. El recurso es gastado. Busca la intimidación y el desprestigio público, la cárcel como sombra.

El 3 de septiembre de 1982 leí un pequeño recuadro en el ángulo inferior derecho de la primera plana de *Excélsior*. En la sencillez del aviso, la inocencia subrayaba la satisfacción del diario: «El escritor García Cantú reanuda sus colaboraciones en la sexta plana de esta sección». Lamenté su decisión. Cuestión personalísima, me dije. Cada uno carga con su propia biografía.

Dos poderes, el punto de vista de Manuel Becerra Acosta sobre el 8 de julio, andanada contra Regino Díaz Redondo, Gastón García Cantú y Julio Scherer García, provocó la inmediata respuesta del historiador. Se ocupó del tema el 28 de enero de 1985 y desde el primer párrafo de su artículo, en la primera plana del diario, se lanzó contra el autor del libro. «Debate en la subconciencia. Los delirios del poder», llamó a su texto, que así arranca:

La verdad, dice san Agustín, es lo que es. Concepto sencillo que requiere, para entenderlo, de claridad mental, ausencia de prejuicios y empeño de conocer la realidad. La verdad, por ello, no es dable a los seres torcidos de alma y fines indignos. ¿Cómo podría admitirla quien en los actos deplorables de su descenso se ve a sí en una prisión cotidiana?

El sujeto de la oración es Manuel y el ejemplo insólito que lo comprueba el libro que ha publicado: *Dos poderes*.

Dice del actual director general de *Unomásuno* que es «reo de sus frustraciones; un gramático, sujeto sin complemento o un aficionado a la filosofía, náusea de segunda mano; por entre el amasijo de palabras las imágenes se le fueron de la piel al alma». Y así hasta el final del artículo: sarcasmo y desprecio.

En su texto narra García Cantú que volvió *a Excélsior* «por una invitación de Regino Díaz Redondo, hecha, tiempo atrás, por medio de Jaime Labastida. Contemplé lo que el antiguo director de *Excélsior* hacía en *Proceso* y lo que perpetraba en *Unomásuno,* Becerra. La conclusión era y es inocultable para los lectores: ni uno ni otro aprendieron periodismo en este diario. *Excélsior* es el mejor periódico mexicano. Quienes lo elaboran son profesionales celosos de su cooperativa; es un periódico plural: ni capillas ni grupos de poder; se respeta la opinión de sus colaboradores; estoy en desacuerdo con algunos de ellos, pero, conforme a una lección de todos los tiempos, defendería su derecho a decirlo». También escribió: «Abandoné *Proceso* por una ofensa de Julio Scherer: publicar un agravio sobre mi labor, previamente explicada en un artículo de diciembre de 1976».

Cualquier respuesta de mi parte resultaría inútil frente a las razones de García Cantú, las de antes y las de ahora. Fue testigo de la asamblea del 8 de julio y juntos salimos de Reforma 18; fue firmante de la página en blanco, acallado su derecho a opinar en un memorándum que firma Díaz Redondo; fue autor con Octavio Paz y todo *Plural* de una declaración que me honra; fue protagonista de sucesos memorables en el salón Colima, inocultable a sus ojos la intervención de Echeverría en los acontecimientos del 8 de julio, censor el presidente de la República de mis actos; lector de *Los periodistas,* eligió las palabras «dramático y nauseabundo» para hablar del trasfondo de los acontecimientos que culminaron con nuestra salida de *Excélsior* y así, con toda esta historia a cuestas, volvió a Reforma 18.

Siguió a su artículo, en su mismo espacio de la primera plana, un escrito de Díaz Redondo. Si el trabajo del historiador tuvo por título «Debate en la subconciencia», el de su actual director bien pudo llamarse «Debate en el odio» y no «Apuntes para decir la verdad. El retorno de los brujos». Nunca imaginé que tropezaría en un diario con estas líneas de pesadumbre. Imposible reunir otra colección de injurias como las que endilga Díaz Redondo a Manuel Becerra Acosta. Le llama «admirador de efebos, mentiroso de oficio, deformado mental, negador de madre, cobarde, pantalones sin hombre, pelele de sí mismo, mente enferma, amigo de nadie, burlador burlado, despreciable y despreciado, animal que en estos días escasea en Ferrería, prosopopéyica carroña, insecto». También dice que ataca por la espalda, es infantil y miedoso, tiene una aguardentosa voz y ojos convexos preñados de luz-droga.

Queda el párrafo como una obra acabada de intimidación, terrorismo verbal, el mazo como argumento, periodismo ruin.

Escribió Díaz Redondo en un segundo artículo que Alfonso Martínez Domínguez me hizo director de *Excélsior.* «Uno de los grandes políticos del sistema, valiente y decidido, sin pelos en la lengua», como describió a Martínez Domínguez, le había proporcionado el dato increíble: en su despacho se elaboraron las boletas para rellenar las ánforas que violentarían la decisión de los cooperativistas el 21 de agosto de 1968.

Dirigente nacional de los burócratas, tres veces diputado, líder inaugural de una Cámara con diputados de partido y diputados de mayoría, presidente del PRI, jefe de la campaña electoral de Luis Echeverría, regente de la ciudad de México, aspirante al gobierno de Nuevo León en el momento de su conversación con Díaz Redondo, más tarde exaltado por Miguel de la Madrid como un maestro de la política, orgullo de la Revolución mexicana, constructor de estatuas a próceres vivos, a Fidel Velázquez de cuerpo entero, a José López Portillo a caballo, Martínez Domínguez comprometió el honor de su vida completa en un arrebatado y súbito amor a la verdad. Lo admitía: era capaz y muy capaz de un fraude de ese tamaño. Discurre así su diálogo con Díaz Redondo, tal como lo escribe el director de *Excélsior*:

Dice quien en ese momento era aspirante al gobierno de Nuevo León:

—¿Usted sabe, Regino, que yo hice director a Julio?

—Francamente.

—Pues sí. Déjeme contarle. Vinieron las votaciones para director en la Cooperativa. Los candidatos eran Julio y Víctor Velarde. Llegó la noche antes. El presagio era negro. Julio sabía que la iba a perder. Paseaba de un lado a otro. Habló conmigo: Me pidió que lo apoyara. Yo era diputado (falla la cronología: no era diputado entonces).

Agrega: —le dije que sí. Y en mi despacho de Venustiano Carranza y San Juan de Letrán (ahora Eje Lázaro Cárdenas) se elaboraron las boletas con que rellenaron las ánforas para darle los votos que necesitaba.

En efecto, la votación que desde un principio, y casi hasta el final, favorecía a Velarde en forma abrumadora, se tornó en favor de Julio al final. El fraude se había consumado.

—¿Y usted sabe cómo me pagó?

—Ya director de la revista que tiene me atacó dura y soezmente. Esto fue un lunes. El martes tuvo el descaro de hablarme: «Mira, Alfonso, tú sabes cómo son estas cosas... pero tú sigues siendo mi amigo...»

—Yo le corté la comunicación: ¡Vaya usted a la chingada!

(El ataque «duro y soez», supongo, fue el relato que Heberto Castillo publicó el 11 de junio de 1979 en *Proceso* sobre la trama de la matanza del 10 de junio, basado en una conversación con el ex regente.)

No tiene desperdicio el diálogo. Si Martínez Domínguez se atrevió a desviar la historia del primer periódico del país, ¿qué no habría hecho por él mismo y por sus correligionarios, dueño como fue de un poder inmenso, amigo del presidente López Mateos, íntimo del presidente Díaz Ordaz, maestro de la política según Miguel de la Madrid? La colusión entre personajes de la prensa y el gobierno en asunto tan grave abría el horizonte al más ambicioso trabajo periodístico y político.

Poseedor de tamaña confesión, que hizo pública con el lenguaje de la prueba en la mano, Díaz Redondo pudo seguir el rastro de las boletas como un ejemplar de raza sigue el olor de la presa. Más allá de la admiración que profesa por su informante, habría valido la pena desentrañar la fascinante personalidad de un hombre tan audaz. Si delictuosa era mi complicidad con Martínez Domínguez, más comprometedora aún resultaba la intromisión del líder priísta en el destino de *Excélsior*, «decisión importantísima que cambió el curso de la historia del periódico», como la llamó Díaz Redondo. Líder de más de cien reporteros, sabuesos muchos de ellos, familiarizados todos con arduas investigaciones por el carácter de su profesión, unidos en la búsqueda de su propia historia, colocarían señuelos y tejerían redes hasta reconstruir el episodio inaudito. No ocurrió así. En la primera plana del diario, bajo la firma de su director, sólo quedó el balbuceo de una historia milagrosa.

Un texto detallado de Carlos Marín y una nota mía, publicados en *Proceso* el 4 de febrero, fueron nuestra respuesta a García Cantú y Díaz Redondo. «El caso de *Excélsior* a nueve años de distancia. Los hechos no se borran con palabras», fue el título elegido para el trabajo de Carlos Marín. Mi nota, escueta, expuso:

En los últimos días el expediente *Excélsior* fue reabierto por Manuel Becerra Acosta, autor del libro *Dos poderes*. La obra provocó una respuesta más que airada de Gastón García Cantú y Regino Díaz Redondo.

Con asombro leí el desenfado con que se inventan cargos y se describen situaciones, la facilidad con la que se hace decir a los protagonistas de los sucesos del 8 de julio de 1976 cuanto se quiere.

Obedecen los textos de García Cantú y de Díaz Redondo a una lógica interna: lo que afirmo lo afirmo yo y basta. Mi palabra es absoluta y probatoria por el simple hecho de ser mi palabra. Emplean el razonamiento de los agresores de todos los tiempos: aplasto, luego lo que yo digo es la verdad.

En esta situación resulta natural que Díaz Redondo haya producido un texto digno de figurar en la antología del terrorismo verbal.

De sobra es conocida mi posición y la de *Proceso* frente al 8 de julio de 1976: el presidente Echeverría nos expulsó de nuestra casa. Combinó, como es usual, la fuerza, el sometimiento y una gran recompensa.

Al periodista lo avalan los hechos. Sin ellos está perdido.

Carlos Marín remató así la cronología de los hechos sobre el desenlace del 8 de julio de 1976:

En virtud de que ningún agente del Ministerio Público quiso levantarles un acta, los invasores de Paseos de Taxqueña acudieron ante el notario público 92 de la ciudad de México, Mario García Lecuona.

Los habían engañado, acusaron.

Apenas unos días después de los sucesos del 8 de julio, la policía arremetió contra ellos y los expulsó del fraccionamiento de *Excélsior*.

Alicia Ramírez López, Rosa María Guzmán Chime y Guadalupe Reyes de Soto declararon ante el notario público que el diputado Humberto Serrano les dijo, cuando se planeaba la invasión, que tenían que echarle ganas porque ésas eran las instrucciones de su jefe de control político en la Cámara, Augusto Gómez Villanueva «y del señor presidente de la República, licenciado Luis Echeverría Álvarez».

Nadie hizo caso de las quejas de los paracaidistas y de nada les valió que se plantaran ante la Cámara de Diputados para exigir la reparación del engaño.

Tampoco sirvió que se plantaran con sus humildes atuendos y pancartas frente al balcón presidencial, en la Plaza de la Constitución, ni porque enarbolaron una manta con pintura chorreante que decía: «Nos usaron para una lucha política contra *Excélsior*».

Ya en su editorial del 9 de julio de 1976 anticipaban los nuevos directivos de *Excélsior* que la rectitud del presidente Echeverría les aseguraba la posesión tranquila de Paseos de Taxqueña. «Nos consta que el titular del Ejecutivo es respetuoso de la ley», dijeron. Y anunciaron en el mismo editorial:

En relación al tan debatido problema de los terrenos de Paseos de Taxqueña, que interesa tanto a los cooperativistas, el Consejo de Administración prometió abocarse a su resolución. Sabemos que la razón en este caso nos asiste. Que existe un decreto presidencial sobre el ejido de La Candelaria en que los ejidatarios ceden sus derechos a los cooperativistas de *Excélsior*. Ceñidos a la ley, lucharemos para que en este caso se haga la justicia a que tenemos derecho.

Ignoraba Díaz Redondo y desconocía el Consejo de Administración que son imprescriptibles los derechos de los ejidatarios sobre sus tierras, que no las pueden ceder. Ya no era de los ejidatarios La Candelaria. No la cedieron. La permutaron por tierras localizadas en los estados de Hidalgo y Veracruz el año de 1959 y recibieron 25 millones de pesos en 1974, acordados en aquella fecha, como acordado fue que serían de los ejidatarios 200 lotes sobre la avenida principal. No enfrentaba la cooperativa un problema legal. Enfrentaba un atropello. Pero las aguas volverían a su nivel. La Candelaria, ahora Paseos de Taxqueña, había cumplido su objetivo, arma para advertir a los cooperativistas que peligraba su patrimonio por la intolerancia de sujetos como Hero Rodríguez Toro y Julio Scherer García.

De un día para otro los noticieros de Televisa olvidaron que por las venas de Humberto Serrano corre sangre de Zapata. Poco a poco regresó el líder a la oscuridad. Pasó la inquietud, se olvidó el asunto. Los nuevos directivos de *Excélsior* recibieron los terrenos en paz, arrojados los invasores del fraccionamiento. Demolieron los granaderos 600 casuchas de cartón y adobe, 200 de doble loseta y 800 de una loseta. Entraron los buldozers y fluyó el dinero a la cooperativa igual que de una mina de oro.

Se extiende Paseos de Taxqueña por una superficie de 96 hectáreas divididas en 2 240 lotes. Hasta el 28 de noviembre pasado, de una área enajenable de 525 337.17 metros cuadrados habían sido vendidos 485 347.65. En números exactos, el negocio deja ya 1 565 450 622 pesos con 28 centavos, confundidos los millones de antes con los de ahora. Dan fe de estos pormenores documentos del archivo de Inmobiliaria Paseos de Taxqueña, S.A. y copias de los mismos papeles enviados al CPT Jesús Ortega Guerrero, director ejecutivo del Fideicomiso *Excélsior*.

PASA EL TIEMPO, irreversible. No hay manera de medir el daño causado por los últimos presidentes, de Díaz Ordaz a la fecha. Han sido años de crueldad, despilfarro, frivolidad, impotencia. La mentira y la manipulación se han hecho evidentes, abrumadores. Desde Palacio no se vela por el país. Se cuida la sobrevivencia del sistema.

Poco después del terremoto del 19 de septiembre de 1985, Luis Echeverría le pidió a Carlos Monsiváis que lo visitara en su casa de San Jerónimo. Los artículos del cronista sobre la tragedia, publicados en *Proceso,* habían dejado una marca en el ánimo del ex presidente. Horas permanecieron juntos, me diría Monsiváis más tarde. Me diría también que Echeverría le contó la historia de Diego Rivera; le habló de la influencia del arte negro en Picasso; le habló del grupo Monterrey. La carga del ex presidente contra la iniciativa privada unió las mil venas de su fuerza interna.

¿Cómo es Echeverría?, le pregunté a Monsiváis. ¿Cómo es a su juicio, sin prejuicios? Ensayó una respuesta. Le pedí unas notas, por escrito. Transcribo su médula:

No sé lo que debió pasar para que llegara a la Presidencia, pero sí sé que ya desde la campaña le entusiasmó la destrucción de las reglas del juego. Luego se glorió en la erosión de las vías escalafonarias, en los rápidos ascensos de los jóvenes, en la ignorancia de la lealtad como criterio de avance, en la gana de fastidiar a todos los Luis Echeverría que permanecieron en vela hasta muy altas horas aguardando la llamada del jefe, como él. Ya en el poder actuó Echeverría contra las tortugas escalafonarias, de las que él fue un ejemplo, y fue traidor a esa clase de hombres que dominan su ambición hasta el punto de la entrega total y se olvidó que en estos seres, en los que ahora se desconocía, radicaba una parte fundamental del conocimiento político del sistema. Me daba la impresión de un hombre profundamente escindido que gozaba físicamente el poder, lo hacía suyo cada instante y extraviaba su erotismo en la maraña de órdenes, ires y venires de los ayudantes, teléfonos que brotaban y desaparecían, el ropero revuelto y múltiple.

Al final sólo le quedó la soledad poblada, el aislamiento multitudinario de San Jerónimo. Como presidente podía estar en mil sitios, el cargo se lo exigía aunque la percepción de los mil sitios fuese errónea. Como ex presidente sólo puede estar en un solo lugar sosteniendo mil conversaciones, novecientas noventa y nueve de las cuales son imaginarias. No puede volver a hacer política, no porque no quiera, sino porque la política fuera del poder presidencial implica, en cualquier nivel, decisiones unificadas y visiones de conjunto. Echeverría legalizó su fragmentación, por así decirlo, y la exhibe como barullo. Así está ahora, desprovisto del último sentido de la realidad, el último que acompaña el mando. Así se extinguirá, a su hora, rodeado de las mil conversaciones que ni emprende ni deja emprender, febril en el trajín de las mil acciones que a ninguna parte conducen.

Hasta hace algunos meses coincidía con el secretario de Hacienda, licenciado Jesús Silva Herzog, en el Deportivo Chapultepec, quinto piso funcionarios, espacio de lujo, el baño turco y el baño ruso perfectos, el alivio a desvelos y crudas en manos de los masajistas, vivificante el agua helada de la regadera de presión.

—¿Cómo está, don Julio? —me dijo una mañana después de su partido de tenis.

—Mejor que usted, licenciado.

—¿Me lo dice en serio?

—No cargo sus problemas.

—¿En verdad los cree abrumadores?

—O más que abrumadores.

—A ver, a ver.

—Pues sí, licenciado.

—A ver, dígame.

—Para qué, usted los conoce.

—Le pregunto porque me interesa su punto de vista. ¿En verdad cree que son tan graves los problemas del país como dice su revista?

Intentamos bromear, como en otras ocasiones. Esta vez fracasamos.

—¿Usted qué haría si fuera presidente?

—No se me ocurre —dije en retirada.

—¿Qué haría? Se lo pregunto en serio.

—No, no se me ocurre.

Insistió Silva Herzog.

—Yo no sé lo que haría. Pero le voy a contar lo que dijo alguien que sí sabe de estas cosas, como pocos, más allá de lo que se piense de él, todo lo malo o todo lo bueno que se quiera.

—¿Quién, si se puede saber?

—Fidel.

—¿Fidel?

—Comentó un día que cuando un país va mal, pero muy mal, lo que se llama mal, al gobierno de ese país sólo le queda la epopeya. Y si no la emprende el gobierno con el pueblo, el pueblo la emprende sin el gobierno.

—¿La epopeya, comandante?, le pregunté.

—Realiza cosa grande, lo que se dice grande. Una cosa chica no te lleva a ningún lado, a ninguno.

Sonrió Silva Herzog. No sé del alma del exsecretario. Ignoro si le impresionó la cita de Fidel o sonrió desdeñoso.

Sobrevino el terremoto, la entereza que siguió a la conmoción, el valor frente a la tragedia. Unidos los mexicanos en un fervoroso ánimo de concordia, el 19 de septiembre de 1985 tuvo el presidente de la República el camino franco para avanzar al puesto de vanguardia que sólo a él corresponde y desde allí mirar el porvenir con otros ojos. Ese día pudo cambiar su lenguaje, hacerse creer. Pero ese día caminó entre cadáveres y ruinas, las lágrimas de muchos sin sus lágrimas; pospuso 36 horas su mensaje a la nación, que terminó en decepcionante informe burocrático por red nacional y canceló su viaje a la ONU, el mundo en espera de su palabra.

Ese día preciso perdió el presidente una oportunidad más para iniciar un cambio profundo en el país, cambio que un día cualquiera puede comenzar como nadie quiere.

Índice onomástico